Élève chercheur, enseignant médiateur

Donner du sens aux savoirs

Britt-Mari BARTH

CHENELIÈRE ÉDUCATION

RETZ
www.editions-retz.com
9 bis, rue Abel Hovelacque
75013 Paris

ISBN : 978-2-7256-3158-5
9 bis, rue Abel Hovelacque, 75013 Paris, France

Chenelière Éducation inc.
ISBN : 978-2-7650-3972-3
5800, rue Saint-Denis, bureau 900, Montréal (Québec) H2S 3L5, Canada

Je dédicace ce livre à tous les enseignants, formateurs et éducateurs qui contribuent,
avec leurs élèves, à créer une école en cohérence avec notre temps.

Sommaire

Annexes couleur disponibles sur le site www.editions-retz.com

Mémos :

- Mémo n° 1 « Conceptualiser »
- Mémo n° 2 « Le contrat d'intersubjectivité »
- Mémo n° 3 « Le dialogue cognitif »
- Mémo n° 4 « La démarche vers l'abstraction »

Schémas :

- Schéma « Une approche sociocognitive de la médiation »
- Schéma « La médiation des apprentissages »
- Schéma « Le modèle opératoire du concept »

Applications du « Modèle opératoire du concept » :

- Le conte classique (Élise Allard et Christine Bernou)
- Le conte dont l'enfant est le héros (Élise Allard et Christine Bernou)
- Le conte dont le héros est un jeune adulte (Élise Allard et Christine Bernou)
- Le graphe en biologie (Marie-Andrée Allard)
- Le vivant, unité autonome organisée (Marie-Andrée Allard)

Grilles d'observation d'une situation de médiation du savoir :

- Grille vierge
- Le portrait en classe de français, 2e secondaire (Marie Plouffe)
- L'apprentissage du concept « conte classique » (Élise Allard et Christine Bernou)
- La factorisation d'expressions complexes en classe de 3e (Sylvie Leone)
- Le projet d'accompagnement des tuteurs et des accompagnateurs (Donald Guertin, collège Saint-Charles-Garnier)

Vidéos disponibles sur le site www.editions-retz.com

- « Situation de transfert »
- « De l'action à la verbalisation »
- « Les liquides »

Vidéos disponibles sur le site http://vitrinefrancais.qc.ca/barth.html

- « Des élèves, une classe, un enseignant et un tableau numérique »
- « Démarche de conceptualisation vécue dans une classe de 2e cycle du primaire » : vidéos 1, 2, 3, 4 et 5
- « Constats : les enjeux de cette démarche pédagogique pour l'élève et l'enseignant (2e cycle du primaire) » : vidéo 6
- « Démarche de conceptualisation vécue dans une classe de 1er cycle du secondaire » : vidéo 7
- « Constats : les enjeux de cette démarche pédagogique pour l'élève et l'enseignant (1er cycle du secondaire) » : vidéo 8
- « Entretien avec Britt-Mari Barth » (table ronde) : vidéos 9, 10, 11, 12, 13 et 14

Introduction

À la recherche du sens perdu

Le mot n'est pas le sens. C'était le point de départ de mon premier livre, *L'Apprentissage de l'abstraction*[1], qui présente des « scénarios pour apprendre », conçus pour inciter les élèves, non pas à simplement mémoriser les mots, mais à comprendre leur sens et, chemin faisant, à prendre conscience de leurs processus d'apprentissage. Dans cette perspective, mon deuxième livre, *Le Savoir en construction*[2], analyse ces expériences à la lumière des trois questions suivantes : qu'est-ce qu'apprendre ? Qu'est-ce que le savoir ? Quel est le rôle de la médiation dans son élaboration et sa transmission ? Cette analyse aboutit à la conception d'une grille : cinq conditions favorisent les apprentissages à l'école et forment le cadre d'une *approche socio-cognitive de la médiation* qui est plus précisément l'objet du présent ouvrage. Cette approche se situe dans une orientation culturelle de la psychologie cognitive dont Jerome Bruner est l'un des pionniers[3]. Ce courant de pensée s'intéresse à la relation entre le fonctionnement cognitif et son contexte social, institutionnel et historique. Pour les enseignants que nous sommes, responsables de « la culture » que nous proposons dans nos classes, ce lien entre apprentissage et environnement est d'une importance capitale.

1. B.-M. Barth, *L'Apprentissage de l'abstraction*, Retz, Paris, 2011 [1987].

2. B.-M. Barth, *Le Savoir en construction*, Retz, Paris, 2009 [1993].

3. J. Bruner, … *car la culture donne forme à l'esprit – De la révolution cognitive à la psychologie culturelle*, Éditions Eshel, Paris, 1991 [1990].

Pourquoi un troisième livre ?

Au fil des années, mon expérience s'est constamment enrichie, dans un incessant aller et retour entre action et réflexion sur cette action, en collaboration avec des formateurs, des enseignants, des étudiants et des élèves avec lesquels j'ai eu le privilège de travailler, en France et au Québec, en Belgique et en Suisse, et dans un échange permanent avec les chercheurs dont je partage les interrogations. Ma conviction s'est ainsi renforcée que les apprentissages scolaires peuvent et doivent être améliorés, et que, pour ce faire, il faut être plus attentif à la manière dont les élèves apprennent. C'est également engager les enseignants à revoir la conception qu'ils se font de leur rôle, la façon dont ils enseignent, les méthodologies qu'ils emploient. L'idée, simple mais fondamentale, étant de redonner du sens aux savoirs.

De fait, le *sens*, ainsi que l'entend François Cheng[4], est au centre de cette démarche : le sens de la pédagogie, la *direction*, mais également le sens qu'elle conduit chaque élève à construire, la *signification*. Et le sens du plaisir, *la sensation*, vient du plaisir du sens, du sens partagé.

Enrichi par de nouvelles expérimentations en classe, cet ouvrage approfondit les thématiques déjà abordées tout en ouvrant de nouvelles pistes de réflexion : *qu'est-ce qui a évolué dans nos manières de comprendre l'apprentissage ? Quelles en sont les implications les plus importantes pour la pédagogie ?* Revisiter l'action est une manière de dégager ce qui est le plus important : « Se regarder soi-même comme un autre », selon la belle expression de Paul Ricœur[5], permettra peut-être par un double regard, « rétrospectif en direction du champ pratique et prospectif en direction du champ éthique », de mieux situer la visée de son action. Ce qui m'intéresse de souligner le plus est la visée éthique, celle qui concerne la construction des identités, des « êtres en devenir » par la construction des « savoirs », pris dans un sens large. Éduquer le regard des élèves – forger leur discernement, leur jugement –, c'est les aider à exercer leurs responsabilités au sein d'une société démocratique confrontée à un futur incertain. La question est de voir comment cette visée peut s'inscrire,

4. F. Cheng, *Le Dialogue – Une passion pour la langue française*, Desclée de Brouwer, Paris, 2006.

5. P. Ricœur, *Soi-même comme un autre*, Le Seuil, Paris, 1990.

concrètement, dans la pratique pédagogique de tous les jours. Tel est le but de ce nouvel ouvrage, dont la démarche cherche à concilier rigueur des apprentissages et ouverture aux élèves.

La première partie de l'ouvrage invite les lecteurs à se familiariser avec l'approche pédagogique élaborée au fil des années : la genèse d'un questionnement, le cadre théorique de référence, les valeurs qui la sous-tendent et, surtout, les outils pédagogiques qui guident l'action.

La seconde partie analyse des scénarios d'apprentissage expérimentés dans les classes, au Québec et en France, à l'aide de la grille présentée, qui servira d'outil d'analyse commun.

Les annexes[6] proposent des **outils pédagogiques** prêts à être utilisés, cohérents avec le cadre théorique présenté et rendus compréhensibles par les exemples qui les précèdent.

Des illustrations filmées en classe sont proposées en complément :
– sur le site des Éditions Retz : www.editions-retz.com ;
– et à l'adresse suivante : http://www.vitrinefrancais.qc.ca/barth.html.

Au-delà de la lecture linéaire de l'ouvrage, plusieurs itinéraires de lecture sont possibles :
– partir des scénarios pratiques et lire dans un second temps le cadre théorique de la première partie ;
– commencer par un scénario avant de revenir sur la démarche de la conceptualisation et faire ensuite des allers-retours entre la théorie et la pratique ;
– aborder la médiation sociocognitive des apprentissages par le biais des entretiens situés en début et en fin d'ouvrage avant de lire le cœur de ce dernier ;
– etc.

6. Certaines annexes sont disponibles à la fin de l'ouvrage et la totalité est disponible, en version couleur, sur le site des Éditions Retz : www.editions-retz.com

Partie 1

Présentation de la médiation sociocognitive des apprentissages

Introduction : Mettre la construction du sens au centre de l'acte pédagogique

Cette première partie a pour but de présenter une approche pédagogique issue des travaux de recherche que j'ai menés depuis de nombreuses années et que l'on peut appeler la *médiation sociocognitive des apprentissages*.

Cette approche réunit trois dimensions :
– **des outils méthodologiques**, sous forme de « scénarios[1] », qui ont été conçus et expérimentés sur le terrain pour stimuler et soutenir le potentiel affectif, cognitif et social des apprenants ;
– **un cadre explicatif** sous forme d'une **grille d'analyse**, construite à partir de l'analyse de ces expérimentations. Cinq conditions favorisant la médiation des apprentissages ont été retenues. Cette grille permet de guider la préparation ou

1. J'utilise le terme « scénario » dans le sens où Jerome Bruner parle de « format » : la construction d'un rituel qui encadre les actions des élèves en fournissant des conventions d'interaction pour favoriser la compréhension mutuelle.

l'évaluation d'une séquence d'apprentissage ; elle peut également servir à prendre conscience de ces conditions et à les formaliser ; celles-ci peuvent être conçues comme des « compétences » de l'enseignant-médiateur ;
– les **fondements théoriques interdisciplinaires** qui permettent de se référer à un cadre théorique cohérent. Ce troisième niveau, qui comporte une dimension éthique, se réfère aux sciences de l'éducation et aux sciences cognitives[2], qui sous-tendent cette approche pédagogique et qui cherchent, chacune à partir de sa perspective disciplinaire, de comprendre comment les personnes se construisent. La grille ne peut être séparée des théories qui la fondent et permet de croiser les regards des différentes disciplines impliquées.

La médiation sociocognitive, telle que je la conçois, se situe dans un large courant de pensée qui considère les êtres humains comme des êtres « situés » socialement, historiquement et culturellement. Deux présupposés issus de la théorie du développement de Vygotski étayent cette perspective : *celle de l'origine culturelle de la pensée et de l'apprentissage*, d'une part ; celle de la *nécessaire médiation*, d'autre part. Cette médiation est à comprendre dans le sens à la fois d'*accompagnement* (socio-) et d'instrumentation d'*outils de pensée* (cognitive).

Dans un premier temps, je me propose de présenter cette approche de façon synthétique, sous forme d'un entretien. En transcrivant ici les réponses que j'ai apportées aux questions de collègues belges, professeurs d'histoire, je souhaite mettre au jour de manière éclairante *les origines, les motivations, les différentes dimensions de cette approche.*

Dans un deuxième temps, je présenterai, à titre d'illustration, la mise en œuvre d'un des scénarios. Le but sera alors surtout de rendre visible le processus interne de conceptualisation qui est suscité auprès des élèves grâce aux interventions de l'enseignant. C'est en observant ce processus dans sa forme concrète que les enseignants pourront par la suite le reconnaître et favoriser sa mise en œuvre à leur manière. Il ne s'agit pas de prescrire une méthode, mais d'offrir un outil conçu pour induire un processus mental complexe – la conceptualisation – afin que tout un chacun puisse le reconnaître et comprendre par quels moyens on peut le susciter.

2. Les sciences cognitives (ou sciences de la cognition) désignent un champ de recherche interdisciplinaire qui étudie le « fonctionnement de l'esprit » (ou, plus précisément, les mécanismes de la pensée – que celle-ci soit humaine ou animale, voire artificielle – liés à l'acquisition des connaissances) à la lumière de chaque discipline : psychologie, philosophie, anthropologie, linguistique, neurosciences…

Dans un troisième temps, j'analyserai *la conception de l'apprentissage* qui sous-tend le scénario et qui décrit comment l'élaboration du sens passe par la *conceptualisation.*

Enfin, je me concentrerai sur *le rôle de l'enseignant* et les moyens qu'il utilise pour susciter l'engagement cognitif et affectif des élèves. La grille d'analyse et son utilisation seront alors exposées et illustrées de nombreux exemples.
Dans la seconde partie de l'ouvrage, cette grille d'analyse servira de cadre commun pour examiner de nouveaux scénarios, expérimentés plus récemment dans des classes de formation continue des enseignants.

Une approche sociocognitive de la médiation[3]

3. Voir ce schéma en couleur sur le site des Éditions Retz : www.editions-retz.com

ENTRETIEN[4]

1. Vos travaux vous ont conduite à réfléchir au processus enseigner/apprendre et à élaborer une approche pédagogique pour apprendre à conceptualiser. Quel est le point de départ de votre itinéraire ? Quelles questions initiales fondent votre démarche ?

C'est une prise de conscience de la complexité du processus enseigner/apprendre qui a été le point de départ de mon itinéraire de recherche. Je trouvais inacceptable que tant d'enfants poursuivent leur scolarité d'une façon passive, sans implication véritable de leur intelligence, sans plaisir apparent d'apprendre. J'étais frappée par l'attitude de nombreux enfants en difficulté scolaire, par leur découragement, leur manque de confiance en eux. Le plus souvent, on leur reprochait de ne pas être motivés... J'ai fini par me demander si ce qu'on appelle motivation ne pouvait pas être vu comme la conséquence d'un apprentissage réussi plutôt que comme une condition préalable. Au lieu de présupposer une « motivation générale », n'était-il pas possible de progressivement construire la motivation au fil d'expériences qui permettraient aux élèves d'avoir confiance dans leurs capacités d'apprendre ? Une première compréhension intuitive est ainsi apparue au cœur de mon interrogation initiale : la profonde interaction entre l'affectif et le cognitif pour apprendre, l'interaction entre l'environnement scolaire donné et l'implication des élèves dans leur propre apprentissage.

2. Quelles sont, d'après vous, les raisons, qui expliquent les difficultés de compréhension des élèves ? Une perte de sens par rapport à ce qu'on apprend à l'école ? Des savoirs qui ne rencontrent plus leurs préoccupations ?

Il n'y a pas une seule réponse à ces questions entrelacées. Pour comprendre, il faut s'impliquer, participer, à la fois intellectuellement et affectivement. Il faut en avoir l'intention, vouloir faire l'effort d'« entrer » dans les concepts qu'on étudie. Même si l'intention est présente au départ, on peut être découragé pour toutes sortes de raisons et renoncer à chercher à comprendre, voire chercher à ne pas comprendre et à se mettre en retrait. Il faut à tout prix éviter qu'une telle attitude

4. La version initiale de cet entretien, ici quelque peu modifiée, a été publiée par J.-L. Jadoulle et M. Bouhon (dir.), « Développer des compétences en classe d'histoire », coll. « Apprendre l'histoire », n° 3, Université Catholique de Louvain, Louvain-la-Neuve, 2001, pp. 23-33.

d'« impuissance conditionnée » (connue dans la littérature américaine sous le nom de *learned helplessness*) de ne s'installe chez le jeune élève[5] : cela peut être le début du décrochage et de l'exclusion scolaires.

Parfois, on ne comprend pas tout simplement parce qu'on ne sait pas ce que comprendre veut dire : Comment peut-on savoir si l'on a compris ? Suffit-il de donner la bonne réponse ? Comment s'y prendre pour comprendre ? Comment vérifier sa propre compréhension ? Beaucoup d'élèves en difficulté se mettraient volontiers à l'œuvre pour réussir ce qu'on leur demande à l'école s'ils avaient la réponse à ces questions. Malheureusement, elles ne sont généralement pas explicitées ni même posées.

Le manque d'assurance et de perception des enjeux personnels et du sens de l'apprentissage scolaire peut également expliquer qu'un élève ne s'implique pas. Un certain nombre de questions implicites ne trouvent pas de réponse : Qu'est-ce que je risque et qu'est-ce que je gagne en participant activement ? Puis-je avoir confiance ? Puis-je me sentir assuré qu'on va me donner une place, le droit à la parole, à l'écoute, à l'erreur ? À quoi cela va-t-il me servir ? Soulever ces questions et en préciser le sens rassurent les élèves et les incitent à participer à la construction du savoir. Cela leur assure une *sécurité psychologique* et une *liberté intellectuelle* qui favorisent l'implication de tous. Cette entente peut prendre la forme d'une consigne, invitant à la participation de chacun : une telle consigne constitue ce que j'appelle un *contrat d'intersubjectivité*[6], qui a pour but de faire connaître les attentes mutuelles, de proposer des activités qui offrent quelque défi et donnent sens à l'apprentissage[7]. La participation n'est pas gagnée d'avance ; il faut parvenir à susciter l'intention de chacun d'adhérer à un projet d'apprentissage, l'activité cognitive naît dans ces espaces relationnels qui la rendent possible.

3. Pour vous, qu'est-ce qu'« apprendre » ?

Quand on apprend, on apprend quelque chose : le processus ne peut pas être séparé de son produit, l'un participe à l'autre. Le savoir ne peut donc pas simplement être conçu comme un contenu à exposer ou à acquérir. Chaque discipline est liée à une façon de connaître, je dirais même à une manière d'être, aux questions qu'on se pose à son sujet, aux modes d'analyse qu'on utilise pour y réfléchir, aux ressources matérielles

5. B.-M. Barth, *L'Apprentissage de l'abstraction*, *op. cit.*, pp. 11-18.

6. B.-M. Barth, *Le Savoir en construction*, *op. cit.*, pp. 149-153.

7. Voir la « 3e condition », p. 75 et suiv.

et humaines dont il faudra se servir comme support pour la pensée. Le savoir est *distribué*, selon l'expression de David Perkins[8] ; il ne se trouve pas uniquement dans la tête d'une personne, mais également dans les ressources, matérielles ou humaines, que celle-ci utilise. Cette conception du savoir a des implications importantes pour l'apprentissage. Chaque discipline peut ainsi être conçue comme une *culture* à part entière, comme l'a montré l'anthropologue américain Clifford Geertz[9] : pour acquérir des connaissances disciplinaires approfondies, il faut pouvoir « participer » à la culture de la discipline concernée et comprendre comment on y pense, ce qu'on y fait et dans quel but. Il faut pouvoir penser avec les concepts principaux de la discipline, comprendre comment ceux-ci sont reliés entre eux, comprendre le type d'activités et de stratégies qu'on y emploie, le type de problèmes qu'on cherche à y résoudre. Il faut donc apprendre à utiliser les outils spécifiques à chaque discipline, mais également les modes de pensée qui traversent toutes les disciplines, comme la conceptualisation.

Je pense qu'une approche par compétences va dans ce sens. En histoire, par exemple, il s'agit moins de mémoriser des faits que de comprendre la manière dont ceux-ci ont été établis et interprétés. Si les élèves ont ainsi compris, par exemple, le concept de « migration », celui-ci pourra par la suite être mobilisé pour répondre à des questions comme : *La colonisation romaine de la Gaule peut-elle être considérée comme une migration ? Les Barbares de l'Antiquité tardive sont-ils des migrants plutôt pacifiques ou de rudes conquérants*[10] *?* Par la suite, le concept pourra être réactivé pour aborder le phénomène des *croisades*. En évoluant en complexité, il peut servir de « savoir-outil » pour comprendre les problématiques migratoires aujourd'hui. La plupart des savoirs qu'on apprend à l'école sont des concepts, il faudrait donc également les apprendre en les conceptualisant afin de leur donner sens. Le processus d'élaboration d'un concept devient alors peu à peu familier aux élèves ; il permet d'intégrer des observations concrètes dans un ensemble plus large qui lui donne sens, et se trouve ensuite disponible dans des situations nouvelles. Il s'agit, *in fine*, de penser pour apprendre afin d'apprendre à penser.

---

8. D. N. Perkins, « L'individu plus – Une vision distribuée de la pensée et de l'apprentissage », Dossier réuni et présenté par B.-M. Barth, *Revue française de pédagogie*, n° 111, 1995, pp. 57-71.

9. C. Geertz, *The Interpretation of Cultures*, Basic Books, New York, 1973.

10. In J.-L. Jadoulle, M. Bouhon & A. Nys (avec le concours de B.-M. Barth), « Conceptualiser le passé pour comprendre le présent », coll. « Apprendre l'histoire », Université catholique de Louvain, Louvain-la-Neuve, 2004.

Le *discernement*, le jugement sont au centre de ce processus qui, en quelque sorte, éduque le regard ; apprendre devient apprendre à maîtriser les outils de pensée qui permettent de donner sens à une réalité complexe. Progressivement, l'élève construit son système de savoir ; sa perception va fonctionner comme une *grille* lui permettant d'interpréter et de comprendre plus largement le monde dans lequel il vit.
Le sens dépend du contexte et de la façon dont on interprète une situation particulière. C'est ici que l'enseignant peut jouer son rôle de *médiateur* entre les apprenants et les concepts disciplinaires, en choisissant ces situations pour aider les élèves à comprendre. Ces situations peuvent prendre la forme de situations-problèmes, d'expérimentations, de lectures, de recherches de documents divers… Il ne s'agit plus d'une transmission uniquement unilatérale, les élèves y participent d'une façon active : la métaphore de la *transmission* est remplacée par celle de la *transaction*, et le sens naît dans cette rencontre. Planifier cette « rencontre » avec le savoir devient donc une tâche indispensable pour l'enseignant.

Par ailleurs, les TICE[11] qui ont envahi le monde quotidien comme celui de l'école confirment la nécessité de ce changement de paradigmes. Issus d'une nouvelle « cyberculture » dans laquelle ils baignent dès leur plus jeune âge, les élèves du XXIe siècle, qualifiés de « Digital Natives », ne sont plus disposés à recevoir un enseignement magistral dans lequel ils n'auraient aucune part. Intégrer les technologies de l'information et de la communication dans sa pédagogie, c'est, pour l'enseignant d'aujourd'hui, mettre l'apprentissage des élèves au premier plan : les parcours sont pluriels, non linéaires, en réseaux ; l'interactivité et la coopération prennent une place de plus en plus importante.

4. Les programmes de 2001[12] introduisent une série de concepts définis comme des savoirs-outils que les jeunes doivent pouvoir maîtriser au terme de leur parcours

11. Appelées TIC au Québec, les TICE désignent les technologies de l'information et de la communication mises au service de l'éducation.

12. Les nouveaux programmes auxquels il est fait ici référence sont les programmes en vigueur en Communauté française de Belgique. Mais l'approche par compétences concerne également la France, le Québec, la Suisse romande, et, au-delà même des pays francophones, la tendance s'étend à différents pays du monde : Nouvelle-Écosse, Mexique, Togo, Colombie, États-Unis, etc. Parallèlement à ces réformes pédagogiques menées dans différents pays, le Parlement européen approuve, entre 2000 et 2006, un cadre de référence définissant les « compétences clés [indispensables] à l'apprentissage tout au long de la vie, au développement personnel, à la citoyenneté active, à la cohésion sociale » (voir « Recommandations du Parlement européen et du Conseil de l'Europe, du 18 décembre 2006, sur les compétences clés pour l'éducation et la formation tout au long de la vie », *Journal officiel*, L 394 du 30 décembre 2006). Bref, la volonté de faire acquérir aux élèves des compétences est une vague de fond mondialisée au tournant du XXIe siècle et elle dépasse le cadre d'un seul pays.

scolaire. Ces concepts se distinguent quelque peu des traditionnels savoirs et savoir-faire, dans ce sens qu'ils ont pour fonction non pas simplement d'informer le jeune, mais bien de l'outiller intellectuellement dans son questionnement, sa réflexion, son effort de compréhension. Le choix d'inclure ces concepts dans le cahier des charges de l'enseignant se fonde, entre autres, sur vos ouvrages et sur une formation que vous avez animée et à laquelle nous avons eu l'occasion de participer. Comment un concept devient-il un savoir-outil ?

La définition des «concepts» comme *savoirs-outils* rejoint celle que j'ai donnée dans mes travaux. J'explique de façon plus détaillée ce choix et son opérationnalisation dans *L'Apprentissage de l'abstraction*[13]. Il s'agit bien d'offrir, aux élèves comme aux enseignants, un outil qui permet de prendre en compte le savoir à la fois dans sa forme générale, décontextualisée, et dans sa forme singulière, contextualisée. J'avais observé que les élèves mémorisaient des «faits», sans ayant nécessairement compris leur sens, ou bien ils avaient connaissance des situations contextualisées – mais ils ne savaient pas relier les deux, le concret et l'abstrait. En conséquence, ils ne pouvaient pas transférer leurs connaissances et s'en servir ailleurs que dans les exercices scolaires. Face à ces difficultés de compréhension des élèves, qui me semblaient surtout tenir au manque d'outils d'analyse, l'idée m'est venue d'emprunter à la philosophie la notion de «concept» pour transformer celle-ci en un outil permettant de se représenter le savoir dans sa forme complexe: comment il naît d'une interrogation contextualisée et se formule ensuite par des symboles, comment il évolue et se généralise à partir de situations nouvelles qui se présentent... Le «concept» m'est apparu comme un outil remarquable pour éviter cette confusion entre le mot et le sens, et, en même temps, faire comprendre comment le savoir se construit, en partant des situations singulières pour tendre vers un sens plus universel.

Qu'est-ce qu'un « concept » ? Dans le sens commun, il s'agit plutôt d'une généralisation large, quelque chose d'abstrait et plutôt difficile à cerner, comme par exemple «rivalité», «impérialisme» ou «populisme». Des termes comme «château» ou «armée» ne sont pas considérés comme désignant des concepts car trop concrets; il en va de même des verbes comme, par exemple, «*analyser*» ou «*argumenter*», qui désignent des procédures.

Mais définir le «concept» uniquement comme une *pensée abstraite désignée par un mot* est trop réducteur. Un concept est bien plus que cela ! Comme le disait déjà

13. B.-M. Barth, *L'Apprentissage de l'abstraction*, *op. cit.*, pp. 19-34.

Saint-Augustin, pour comprendre à quoi se réfère le terme « fromage », il ne suffit pas de le définir verbalement ; il est essentiel d'en avoir goûté ! Il en va de même avec les mots : pour les comprendre véritablement, il est important d'en avoir des expériences singulières et contextualisées. Un concept – une pensé abstraite – est donc une structure qui réunit trois éléments[14] :
- le mot qui le désigne ;
- les attributs qui l'identifient (la définition) ;
- une pluralité de cas auxquels les attributs s'appliquent (les exemples).

C'est dans ce sens que j'ai proposé un outil pédagogique, *le modèle opératoire du concept*, qui conduit à coordonner mentalement le *mot*, la *définition* et les *exemples.* C'est cette fonction opératoire du concept qui m'a semblé intéressante en pédagogie. Le « modèle opératoire » permet ainsi de structurer le savoir, et de rappeler qu'il faut toujours ces trois éléments pour lui donner sens. Il permet de comprendre que le concept n'a de signification que si ces trois éléments peuvent être mis en relation. Il permet de vérifier les attributs en fonction de la pertinence des situations-exemples. Si les exemples ne correspondent pas à la définition, il faut soit changer les exemples, soit élargir la définition. La définition peut ainsi évoluer, si l'on accepte des exemples nouveaux. C'est comme la jurisprudence : une situation nouvelle peut faire modifier la loi. Ce modèle du concept devient alors un outil de pensée commun entre le professeur et les élèves ; on acquiert un langage commun pour *négocier le sens* : quand les élèves sont capables de justifier les exemples d'un concept par la présence des attributs communs, on peut affirmer qu'ils ont compris le sens d'un mot. Bien entendu, il faut que le professeur détermine le niveau de compréhension voulu, cela dépend du contexte et du transfert recherché.

Dans cette perspective, le concept n'est pas conçu comme un type de savoir particulier, mais tout savoir peut être conçu comme conceptuel. Cela repose sur un présupposé : nous ne pouvons approcher la « réalité » qu'à travers les interprétations que nous en avons. Nos interprétations subjectives, nos conceptions d'un phénomène peuvent être justes ou fausses, par rapport à un savoir scientifique ; elles se transforment, évoluent

14. Le philosophe américain Charles Sanders Peirce est le fondateur du *pragmatisme*, courant selon lequel une idée n'a de valeur que dans ses conséquences pratiques. Peirce privilégie les concepts ternaires (signifiant/signifié/référent) tandis que la sémiologie saussurienne repose sur des concepts binaires (signifiant/signifié). Voir *Écrits sur le signe*, Le Seuil, Paris, 1978.

au fil d'expériences et d'interrogations nouvelles, mais elles restent nos conceptions personnelles. En revanche, les « conceptions » reconnues par une communauté scientifique à une époque donnée constituent nos connaissances scientifiques. Plus stables, elles peuvent cependant également évoluer et se modifier.

Pour apprendre, il faut *comprendre*, et c'est le processus de conceptualisation qui nous permet de distinguer les éléments pour ensuite les relier. Sans avoir compris le concept de « colonisation », par exemple, on ne peut pas répondre à la question : *en quoi la colonisation du Mexique peut-elle se comparer à celle du Congo ?* Sauf, évidemment, si l'on a appris la réponse par stimulus-réponse – c'est bien là le danger !

5. Quelles implications cette manière de voir le savoir et l'apprentissage a-t-elle dans la pratique ? Quels principes respecter pour favoriser la conceptualisation en classe ?

Pour être cohérent avec cette façon de concevoir le savoir et l'apprentissage, il y a effectivement des principes ou des « conditions » qui peuvent guider et rendre intelligible la pratique[15]. D'une façon plus générale, on pourrait en parler comme des défis qui se posent dans ce processus complexe qu'est l'« enseigner/apprendre ».

Défi 1

Un premier défi consiste à changer son rapport au savoir et à concevoir celui-ci comme un processus dynamique et non pas statique. Cela demande à l'enseignant de repenser le savoir à enseigner pour le transformer en des situations dynamiques permettant aux élèves de se familiariser avec ce savoir nouveau par une *activité* à laquelle ils peuvent participer, guidés par l'enseignant. Il s'agit en quelque sorte pour eux, avant même d'avoir appris, de participer à ce que *fait* quelqu'un qui « connaît » dans un domaine donné : quelles questions il se pose ; la nature des supports, des outils d'analyse qu'il utilise… Celui qui connaît la pratique du savoir concerné guide la recherche du sens et fournit aux apprenants des outils et des stratégies pertinentes. Au lieu d'apprendre par cœur une règle d'orthographe ou de grammaire, on examine comment elle fonctionne, en essayant de formuler la règle[16]. Au lieu d'apprendre par cœur l'analyse d'un texte, on apprend à analyser celui-ci. Au lieu d'apprendre des « définitions », par exemple en

---

15. Voir les p. 66 et suiv.

16. Voir l'exemple de « l'apprentissage du concept "attribut du sujet" » in B.-M. Barth, *L'Apprentissage de l'abstraction*, *op. cit.*, pp. 95-111.

histoire, on cherche à en vérifier la compréhension. On peut fournir aux élèves, en vue de faire évoluer et préciser leurs connaissances dans ce domaine, une grille d'analyse qui définit, par exemple, le terme « démocratie » par les attributs suivants :
– la participation au pouvoir du peuple ;
– contrôle et séparation équilibrée des pouvoirs ;
– des principes, un idéal, un contrat, une constitution[17].

En supposant que chaque attribut de cette définition soit déjà compris à un niveau « général », on peut demander aux élèves d'examiner des exemples et des contre-exemples, sous forme de documents soigneusement choisis, et de déterminer en quoi ceux-ci sont des exemples de démocratie ou pas, en justifiant leurs arguments par des « indices » dans les textes. Une série de documents peut se référer à *Athènes au ve siècle av. J.-C., Rome sous la République, L'Angleterre au xviie siècle, La France à la veille de 1789, La Belgique de 1830, Les démocraties parlementaires de l'entre-deux-guerres*... À l'aide de la grille, qui sert à « installer » le concept, les élèves peuvent explorer ensemble les documents, *négocier le sens* et essayer de rechercher les « indices » qui permettent de les classer en tant qu'exemple de démocratie ou non, en justifiant leur décision. Ce travail en sous-groupes peut par la suite être complété par une discussion en classe, avec des précisions apportées par l'enseignant à l'appui, pour bien comprendre les différentes formes que peuvent prendre les trois attributs choisis. Comment se concrétise la « participation au pouvoir du peuple » dans différents contextes, comment se traduit un « idéal » dans des cultures différentes ? Des traces écrites – une grille complétée en commun – peuvent préciser comment les caractéristiques générales s'expriment d'un cas à l'autre. Un tableau blanc numérique[18] serait ici très utile, à la fois pour chercher

17. in J.-L. Jadoulle et M. Bouhon (dir.), « Développer des compétences en classe d'histoire », *op. cit.*

18. Le tableau blanc interactif, TBI (ou tableau numérique interactif, TNI) est un grand écran tactile fonctionnant avec un ordinateur et un système de vidéoprojection. Doté de ressources internes, mais permettant également l'utilisation de logiciels développés spécifiquement pour lui, il offre un grand nombre d'actions et une interactivité remarquable. Il permet également de « garder la mémoire » de ce qui est tracé sur le tableau à l'aide d'un stylet et de « partager cette mémoire » avec l'ensemble de la classe. Le TBI/TNI, relié à l'ordinateur, lui-même connecté à Internet peut aussi servir à enrichir la séance d'enseignement en permettant de chercher des documents, de les présenter ou de les utiliser, de manière interactive pour soutenir une discussion, une argumentation. Pour l'enseignant, le TBI/TNI peut permettre de modéliser et de visualiser une réflexion, une recherche à laquelle il peut faire participer les élèves. Si, dans un premier temps, l'interactivité est surtout mise en œuvre et modélisée par l'enseignant, les élèves peuvent progressivement s'emparer de l'outil pour interagir entre eux, présenter leur travail, confronter leur compréhension des problèmes qu'ils étudient. En lien avec des ordinateurs ou des tablettes numériques, le TBI/TNI permettra de plus en plus d'interactions dans la classe, qui, dans une approche métacognitive, aideront les élèves à préciser leur pensée et à prendre conscience de

et partager des sources nouvelles trouvées sur Internet et pour produire un schéma commun visualisant une synthèse. Chacun en gardera la trace.

Cette conception systémique du savoir, qui situe chaque concept dans un réseau de relations dont il fait partie, demande en amont à l'enseignant (ou aux concepteurs des programmes) de visualiser cette structure, et, en fonction du transfert visé, de choisir le concept d'entrée le plus adéquat. Il faut que le niveau de compréhension choisi corresponde aux tâches ou aux problèmes qu'on veut soumettre aux élèves au moment de l'évaluation de leur compréhension. Cela demande également à l'enseignant de choisir des activités et des supports aussi « incarnés » et variés que possible pour que les élèves aient accès au sens du concept. Ici également, les TICE peuvent être d'une grande aide pour actualiser les supports proposés. La forme mentale (par exemple, une question se transforme en une inférence, qui, une fois vérifiée devient une certitude) que les apprenants donnent au savoir, à travers les activités proposées, le fait exister, le fait vivre et leur permet, en même temps, d'en approfondir leur compréhension.

Le fait que le savoir ne soit plus figé mais conçu comme un processus dynamique modifie le statut du *contenu* : il n'est plus la seule finalité du cours, mais le moyen pour apprendre à mettre en œuvre les compétences visées. Les supports fournis doivent permettre aux élèves d'approfondir à la fois leur compréhension des concepts en jeu et de manifester cette compréhension à travers les compétences visées.

Il n'y a pas de compétences sans connaissances, mais il peut y avoir des connaissances sans compétences. On ne peut pas apprendre *à « poser des questions pertinentes »* si on ne sait pas distinguer ce qui est pertinent dans un domaine donné. Les connaissances sont indispensables à toute réflexion ; on ne peut pas penser sans connaissances.

En classe, quelle que soit la discipline, c'est donc la *manière d'apprendre* qui va déterminer comment on saura mobiliser le « savoir acquis » par la suite. Dans cette perspective, on peut penser que la façon dont l'enseignant (ou les concepteurs des manuels) structure et rend vivantes les rencontres avec le savoir contribue à la formation intellectuelle des apprenants[19].

Défi 2

Le deuxième défi est d'abandonner l'idée que la motivation des élèves est un trait de caractère inné, et de **chercher à faire adhérer les élèves à ce projet**

---

leur manière d'apprendre et de ce qu'ils savent. Voir un exemple d'utilisation du TBI dans la vidéo « Des élèves, une classe, un enseignant et un tableau numérique » sur http://www.vitrinefrancais.qc.ca/barth.html.

19. Se référer au scénario 3 qui, portant sur le territoire industriel, est analysé dans cette perspective (p. 131 et suiv.).

d'apprentissage. Je pense surtout aux élèves qui ont déjà une scolarité douloureuse derrière eux. La pire des choses qui puisse arriver au jeune enfant, surtout à l'âge où l'image de soi se construit, est le phénomène de *l'impuissance conditionnée*. C'est l'état d'un enfant qui, petit à petit, par la force de choses, a acquis la conviction de son impuissance ; c'est comme ça, il n'a aucune chance de sortir de cet état d'échec, donc, il va le subir passivement – ou peut-être en se révoltant. Ce phénomène peut jouer au niveau d'un individu, mais aussi de tout un groupe défavorisé, avec des conséquences encore plus graves.

Ce que j'ai expérimenté et que je développe dans mes écrits pour combattre cette « impuissance » pourrait être résumé par ce que j'ai appelé le *contrat d'intersubjectivité*. Ce « contrat » cherche à rendre explicites les *attentes mutuelles*, dont certaines choses fondamentales dont on parle rarement en classe : ce qu'il faut *faire* pour apprendre, avec quels outils et quelles stratégies on peut réussir et de quelles manières on peut montrer qu'on sait. Il concerne également, et c'est tout aussi important, la « place » que l'élève va pouvoir occuper en classe, par exemple, dans quel groupement il va se trouver, dans quelles conditions il peut s'exprimer, sur quelle aide il peut compter, etc. Ce contrat propose aux élèves un défi, leur pose une question, un problème à résoudre…, mais assure en même temps une instrumentation et un accompagnement.

Établir un *contrat d'intersubjectivité* vise à établir la confiance, à veiller à ce que chacun se sente rassuré et soit donc dans des conditions optimales pour oser relever des défis. Un contrat, c'est une entente entre deux partenaires ; l'enseignant doit donc spécifier non seulement ce qu'il attend des élèves, mais également ce que les élèves peuvent attendre de lui. Les « règles du jeu » concernent à la fois *l'affectif* (se sentir sollicité et rassuré), *le cognitif* (être outillé pour apprendre) et *le relationnel* (être en interaction, prendre la parole, écouter). Ce contrat peut prendre la forme d'une « consigne », il peut varier dans sa forme, par rapport aux activités qu'on propose, par rapport aux structures d'interaction, mais il doit toujours prendre en compte ces trois aspects de la communication. L'établissement de la confiance – la confiance en autrui aussi bien que la confiance en ses propres capacités de réussir – suscite participation et motivation.

Dans cette perspective, *apprendre* n'est pas un acte solitaire. C'est dans l'espace même des activités et du dialogue que le sens s'élabore, y compris le sens de l'activité elle-même. Pour que ce dialogue puisse s'instaurer dans une classe ou un groupe, il faut qu'il y ait une *attention conjointe*, rendue possible par une *action conjointe* qui porte sur un *objet commun d'attention*[20]. L'action conjointe est initiée et structurée par l'enseignant qui offre un cadre de référence et un accompagnement pour que les élèves puissent avoir accès au sens.

Défi 3

Un troisième défi consiste à repenser les modes d'évaluation. Comment passer d'un mode qui donne une note chiffrée situant le résultat de l'apprentissage par rapport à la moyenne de la classe (sans information sur la qualité) à un mode qui évalue le niveau de la compréhension et qui permet à chaque élève de comprendre ce qu'il sait, ce qu'il ne sait pas et les lacunes qui sont encore à combler ? Dans *l'Apprentissage de l'abstraction*, je propose une évaluation de la compréhension à trois niveaux :
– Au premier niveau, on sait restituer un contenu, le nommer, donner les réponses. C'est plutôt un niveau de stimulus-réponse, de mémorisation.
– Le deuxième niveau mène plus loin : l'élève sait expliquer, justifier, donner ses propres exemples nouveaux. On est ici au niveau de la conceptualisation.
– Le troisième niveau rend compte de la capacité à faire des liens avec un autre contexte et à se servir d'une nouvelle connaissance pour reconnaître un phénomène étudié ailleurs, poser des questions nouvelles, situer des enjeux… On se situe ici au niveau du transfert des connaissances. C'est dire que ce mode d'évaluation n'évalue pas seulement le produit, mais aussi le processus, tout en reconnaissant un premier niveau. Au-delà de celui-ci, on peut démontrer de façons variées, individualisées, qu'on a atteint le même but.

---

20. Les travaux de Jerome Bruner sur l'acquisition du langage (voir, entre autres, *Comment les enfants apprennent à parler*, Retz, Paris, 2012 [1999]) permettent de mieux comprendre la fonction de la médiation dans l'acquisition des connaissances. Il observe que les mères mettent en œuvre toutes sortes d'activités pour favoriser les contacts langagiers avec leurs jeunes enfants. Il se réfère à ces activités en tant que « scénarios » ou « formats » pour signifier qu'il peut y distinguer une structure d'interaction entre un adulte et un petit enfant, laquelle se répète de façon rituelle et devient ainsi familière à l'enfant. Il montre comment cette interaction familière et routinière permet à l'enfant et à l'adulte de participer à une action commune, chacun ayant un rôle à jouer dans la participation. L'activité est conjointe en ce sens que la prise de parole de l'un est dépendante de la prise de parole de l'autre. Un tel scénario est asymétrique en ce qui concerne la connaissance dont disposent les partenaires, l'un étant plus expérimenté que l'autre. Le scénario devient une manière de soutenir l'enfant (ou celui qui est moins expérimenté) jusqu'à ce qu'il maîtrise son rôle et puisse le jouer tout seul. Les conditions de la participation ressortent clairement des scénarios. Pour aider l'enfant à construire la compréhension de la fonction référentielle – ici le lien entre le symbole et l'objet auquel il se réfère –, au moins 3 conditions ont été émises : l'*attention conjointe* est rendue possible par une *action conjointe* qui porte sur un *objet commun d'attention présent*. L'action conjointe est initiée par l'adulte, qui propose une activité ludique où chacun joue un rôle pour que le jeu puisse avancer. L'interaction est donc structurée, avec des « règles du jeu », ce qui permet à l'adulte et à l'enfant de coopérer pour réaliser ensemble une tâche. L'interrelation évolue dans cette activité commune.

Ce dernier niveau permet de différencier les situations d'évaluation[21] tout en évaluant les mêmes niveaux de compréhension, ce qui mène à une plus grande prise en compte des différences et une plus grande équité. Une approche par compétences, que ce soit, selon les programmes, en Belgique, en France ou au Québec, conduit à plutôt évaluer les *degrés de maîtrise* que des « bonnes réponses », genre QCM. En intégrant l'évaluation aux situations d'apprentissage (à travers les activités proposées), les élèves s'entraînent à comprendre les critères d'évaluation. Cela permet aux élèves de participer à l'évaluation de leur propre travail, d'apprendre à s'ajuster par rapport à un objectif. Cette prise de conscience a l'avantage de les impliquer davantage et de leur donner une prise sur leur propre réussite.

6. Quels sont les rôles de l'enseignant et des élèves engagés dans la démarche d'enseignement/apprentissage que vous décrivez ?

Le rôle traditionnel du professeur change, de toute évidence, et la relation pédagogique également. Plutôt que d'exposer le savoir pour qu'il soit mémorisé, il s'agit de le rendre accessible aux élèves, et de les outiller – en les accompagnant – pour qu'ils sachent se l'approprier. Il y a donc une tâche importante de préparation et d'analyse des objets de la connaissance. C'est une occasion de collaboration avec d'autres enseignants, l'idée étant de *négocier* la compréhension commune des compétences en question et la façon de les *faire vivre* par les élèves. C'est également l'occasion de faire un travail interdisciplinaire, en concertation avec les collègues concernés. Aborder l'histoire à travers l'histoire de l'art, rapprocher l'histoire de la géographie ou du français en sont de bons exemples.

Le rôle de l'enseignant est ici de mettre son savoir au service des élèves pour créer un environnement, une culture qui leur offrent ce dont ils ont besoin pour apprendre : une *communauté d'apprenants* où chacun a sa place, en toute sécurité ; des entrées et des supports variés qui permettent de prendre en compte la diversité ; des activités communes et pertinentes dans lesquelles « les intelligences multiples[22] » sont sollicitées. Le rapport à l'autorité a changé ; bien que l'enseignant demeure celui qui maîtrise le savoir de la discipline, son autorité réside plus dans sa façon d'accompagner les élèves pour qu'ils construisent le leur. Sa posture a changé, il est à l'écoute, prêt à chaque instant à trouver le *kairos*, le moment opportun, l'occasion à saisir pour faire passer le message.

21. Voir l'exemple du scénario 4 (Le process-folio), p. 159 et suiv.

22. Dans le sens de Howard Gardner, *Les Formes de l'intelligence*, Odile Jacob, Paris, 1997.

L'état d'esprit s'est modifié. On n'est plus dans le « *ex cathedra* ». L'initiative personnelle prend de l'importance. Elle peut devenir un ressort, Socrate l'a dit il y a des siècles.

Il s'agit de créer un « partenariat ». L'apprentissage individuel passe par le groupe ; on apprend *par* et *avec* les autres. Le rôle de l'élève change donc également. Il n'est plus un récepteur passif qui prend des notes en silence pour les mémoriser par la suite. Il devient un membre actif de sa classe où il assume certaines responsabilités : il adhère au projet défini en amont ; il participe ; il exprime ses interprétations ; il apporte sa pierre à la recherche commune ; il écoute les autres ; il accepte qu'on questionne ses arguments et qu'on les vérifie à la source. De fait, l'enseignant écoute les élèves pour *comprendre ce qu'ils comprennent*, il accompagne leur réflexion par le questionnement et leur offre des cadres conceptuels de référence pour interpréter leurs expériences. Il s'agit d'apprendre *ensemble*, de créer une « communauté d'apprenants », dans le sens d'Ann Brown[23]. L'enseignant cède ainsi une part de sa place traditionnelle afin de laisser les élèves y contribuer davantage. Respect et confiance deviennent les nouveaux maîtres mots. Son rôle est devenu plus exigeant que dans un cadre traditionnel.

7. Beaucoup de personnes craignent que les approches par compétences ne donnent plus une bonne culture générale aux jeunes. Dans vos recherches, vous semblez accorder une importance primordiale au rôle de la « culture » dans le processus d'apprentissage. Y a-t-il là une opposition ?

Construire son savoir, c'est construire sa personne. Si l'on considère les connaissances comme inséparables de la capacité d'agir et de participer à une société en évolution rapide, celles-ci sont indispensables pour comprendre les problèmes fondamentaux et globaux qui se posent et pour juger des solutions possibles. Je crois que nous sommes tous d'accord sur l'importance des connaissances. Il n'y a pas de compétences sans connaissances. Encore faut-il savoir lesquelles. Il y a effectivement aujourd'hui une tendance à compartimenter et à morceler le savoir, des penseurs comme Edgar Morin nous en avertissent. Or, l'histoire et la littérature, par exemple, sont indispensables pour saisir les nouveaux défis qui nous attendent, notamment éthiques ; il ne faudrait donc pas diminuer ou éliminer la place des sciences humaines dans les programmes,

23. A. Brown & J. Campione, « Concevoir une communauté de jeunes élèves : leçons théoriques et pratiques », in « Psychologie de l'éducation : nouvelles approches américaines », dossier réuni et présenté par B.-M. Barth, *Revue française de pédagogie,* n° 111, avril-mai-juin 1995, pp. 11-33.

y compris scientifiques. Celles-ci donnent accès à un autre mode de pensée, le narratif, également indispensable pour appréhender la réalité. Pour Jerome Bruner[24], notre culture se définit d'abord à travers nos histoires, nos récits, qui, en quelque sorte, sont l'incarnation de notre culture. Il nous rappelle que l'aptitude à construire et à comprendre des récits est essentielle dans la construction de notre vie.

Il est donc essentiel de bien comprendre l'esprit de cette réforme. Elle ne vise pas à diminuer l'importance des connaissances, mais à mieux cerner les connaissances nécessaires pour répondre aux exigences des transferts visés. Cela implique de se demander pourquoi on choisit tel ou tel contenu plutôt qu'un autre, en fonction des compétences visées. Pour faire ces choix, il est donc important de situer les contenus choisis dans des problématiques plus larges afin de leur donner sens. Je crois que ce dont témoigne cette tendance est un rapport au savoir renouvelé, la conviction qu'il ne faut pas séparer savoir et savoir faire, voire savoir être, mais plutôt chercher à les intégrer. Il ne faut pas non plus enfermer les problèmes à résoudre dans un nombre trop restreint de disciplines, mais, au contraire, pouvoir explorer ceux-ci sous différents angles. La finalité de ces « réformes » est bien que les élèves apprennent à *réfléchir* avec les connaissances ; un accent fort est mis sur la *compréhension* : c'est la qualité requise pour parvenir à mobiliser les connaissances face à un problème à définir ou à résoudre. Une approche par la construction d'un réseau de concepts vise également à équiper les élèves avec des outils de pensée leur permettant d'avoir une attitude critique et de s'engager dans des interactions qui demandent des capacités d'analyse et des prises de position, en passant par l'argumentation. Cela dit, les programmes étant de plus en plus ambitieux, il faut trouver des moyens de les structurer et de les relier davantage : en admettant que les savoirs s'organisent en réseaux conceptuels, les attributs de certains concepts peuvent servir à en organiser d'autres et ainsi de suite[25]. Même si on n'approfondit pas tout de la même façon, on peut appréhender l'ensemble, et distinguer ce qu'on a compris et ce qu'on peut approfondir ultérieurement.

Quant à la question d'une *bonne culture*, tout dépend de ce qu'on comprend à propos de ce terme. Quand je parle de *culture*, je le fais dans le sens de Lev Vygotski et de Jerome Bruner : c'est un produit historique jouant un rôle formateur essentiel. La culture est le « monde » dans lequel nos comportements assument une signification.

24. J. Bruner, *Pourquoi nous racontons-nous des histoires ?*, Retz, Paris, 2010.

25. Voir l'exemple du scénario 3 sur le territoire industriel, p. 131 et suiv.

C'est l'interaction entre culture et individu qui forme l'esprit. Bruner nous rappelle qu'« apprendre et penser sont des activités toujours situées dans un cadre culturel et elles dépendent toujours de l'utilisation de ressources culturelles. Même si l'individu semble mener seul la quête du sens, nul ne peut y parvenir sans l'aide des systèmes symboliques propres à la culture. C'est elle qui nous procure les outils qui nous permettent d'organiser et de comprendre les mondes qui nous entourent en termes communicables[26] ».

Ces outils renvoient aux concepts disciplinaires, bien sûr, mais aussi aux outils intellectuels (comme les modes de pensée), aux outils spécifiques à chaque discipline (comme des schémas, des grilles d'analyse), aux technologies diverses (comme les TICE), et à d'autres moyens symboliques, le plus important étant le langage. Pour s'approprier ces outils culturels, la médiation est nécessaire. Si l'on considère les façons de penser dans un domaine de connaissances donné comme des outils culturels, la question suivante se pose : quel équilibre garder pour que leur apprentissage ne se fasse pas au détriment des connaissances de la discipline elle-même ? Cet équilibre paraît préservé si l'on comprend les compétences comme l'occasion de s'approprier les concepts de la discipline tout en développant sa capacité de les déployer dans des tâches plus complexes.

Cet entretien donne un aperçu de ce qui sous-tend une approche pédagogique cherchant à mettre au centre, de l'acte pédagogique la construction du sens par les apprenants eux-mêmes.

Entrons maintenant dans une classe ordinaire pour suivre de près comment ce « sens » peut concrètement se construire. L'idée est ici de porter son attention sur la progression de la pensée collective et individuelle, et d'observer ainsi comment le sens naît et évolue grâce à la médiation de l'enseignant.

26. J. Bruner, *Pourquoi nous racontons-nous des histoires ?*, *op. cit.*

Un exemple authentique de la démarche de conceptualisation

Le sens n'est pas un « déjà-là »

Le mot n'est pas le sens, disions-nous. Le mot se réfère au sens, qui se trouve lui, dans le vécu, dans l'expérience subjective de chacun, dans le contexte singulier. Un même phénomène peut ainsi prendre des significations très différentes selon la perspective adoptée par les uns et par les autres. Au sein d'un groupe, une fois le mot chargé d'un sens partagé, il est possible de s'en servir pour évoquer un même phénomène. On se comprend, même si l'on utilise un mot qui n'est pas « officiellement » reconnu pour se référer au « phénomène » en question. Si l'on décide, par exemple, dans une classe, de se référer au verbe comme étant le cœur de la phrase, et si l'on y associe le même sens, tout sera cohérent pour ce groupe-là. Mais si un « étranger » arrive, il risque de ne rien y comprendre. De fait, chacun associe différemment les explications, selon sa « structure cognitive » existante, comme en témoigne ce jeune élève, qui, après avoir mémorisé la définition d'une « droite », demande si l'on apprendra la « gauche » demain... Ces confusions du mot et du sens sont bien connues. Cependant, quand on pense expliquer quelque chose de façon « claire et concise », on a tendance à supposer que tous vont comprendre la même chose. On oublie que les mots ne parlent pas de la même façon à tous, on oublie qu'il faut d'abord s'assurer qu'ils renvoient à un cadre de référence commun. Il n'y a pas que les mots pour semer la confusion ; il y a également la structure du discours ou de l'activité dans lesquels se prononcent les mots : les mots prennent sens dans un contexte, mais les élèves ne sont pas toujours au clair avec le sens des activités auxquelles ils prennent part : fabriquer une boîte pour la fête des mères ou apprendre ce qu'est un cube ? Faire une opération d'addition ou comprendre dans quelles conditions il faut faire une multiplication plutôt qu'une addition ? Une chose n'empêche pas l'autre mais, à un moment donné, il faut comprendre ce qu'est l'objectif de l'action engagée.

Le sens (qu'il intériorise) est toujours une construction de l'apprenant ; il se construit dans un va-et-vient entre l'expérience contextualisée et les mots qu'on utilise pour s'y référer. Il faut comprendre cette relation avant de pouvoir utiliser le mot à la place de la chose, pour l'évoquer. On ne perçoit que ce qu'on conçoit.

Mais pour concevoir d'une façon « partagée », il faut d'abord apprendre à percevoir de la même façon que les autres membres d'une « culture » donnée. L'élaboration du sens ne peut donc pas d'abord être individuelle, elle commence dans l'interaction avec les autres, par rapport à un objet commun, et c'est seulement dans un second temps que l'apprenant, une fois confronté à ce va-et-vient collectif, peut intégrer un sens nouveau dans sa propre « structure cognitive ». Dans cette perspective vygotskienne, l'apprentissage est conçu comme un processus social d'intériorisation qui demande une « médiation ». Pour donner du sens, il faut constamment faire des choix, qui demeurent généralement inconscients et qui permettent de « déterminer » ce que l'on perçoit et ce que l'on ressent.

Pour comprendre et se comprendre (même à deux !), il faut donc des repères communs : « Le sens est bien pour chacun ce qu'il peut inscrire dans son existence singulière parmi les significations culturellement disponibles. Selon cette perspective, le sens peut être dit subjectif. Mais l'existence est constitutionnellement co-existence, le devenir de chacun est corrélé à celui d'autrui.[27] » Ainsi, le sens peut être dit intersubjectif : il se crée dans l'interaction, il naît dans l'échange. On construit le sens, mais il s'agit d'une *coconstruction*.

Comment le sens vient-il aux mots ?

Pour illustrer ce point fondamental, je vous propose de revisiter ici une « leçon » transcrite aux débuts de mes expérimentations en classe.[28] Le but était de faire entrer tout le groupe-classe dans un processus de construction de sens, en guidant le regard des élèves pour s'assurer qu'ils arrivent tous à une même compréhension, prête à être mobilisée dans un autre contexte. Le rôle de l'enseignant est ici essentiel. C'est son action qui va d'abord leur donner envie d'adhérer au projet et ensuite les aider à faire naître le sens.

J'ai décidé de travailler d'abord à partir des contenus qui étaient moins présents dans les programmes, comme la peinture, la musique, la poésie. Je ne voulais pas hériter

27. J. Ladrière, « Note critique sur *Le Savoir en construction* », *Revue de l'Institut Catholique de Paris*, n° 52, octobre-décembre 1994, pp. 121-128 et *La Revue française de pédagogie*, n° 111, avril-mai-juin 1995, pp. 109-112.

28. Cette « leçon » s'est déroulée dans la classe de CE2 (élèves français de 8-9 ans) de M. Frager à l'école primaire Viollet-le-Duc à Louveciennes, au pays des impressionnistes.

des blocages éventuels qui existaient déjà dans les domaines disciplinaires traditionnels, notamment en mathématiques ou en lecture. Le domaine artistique était donc une bonne entrée non seulement pour « éduquer le regard », mais également pour d'autres raisons : les arts sollicitent tout naturellement notre sensibilité et notre implication personnelle ; ils sont « accueillants » et nous offrent quelque chose d'immédiat en retour ; ils permettent de faire des liens multiples avec notre propre expérience et tissent ainsi un lien affectif avec les apprenants. Une expérience positive dans ce domaine permettrait donc de révéler aux élèves leurs capacités d'apprendre, et les préparerait à aborder d'autres domaines de savoir par la même démarche.

Un « scénario pour construire le sens » : une procédure pédagogique qui induit un processus d'apprentissage

Les élèves auxquels je m'adresse sont au cours élémentaire et au cours moyen de l'école primaire. Ils ont entre 8 et 9 ans. Il est important de souligner que la démarche que nous allons suivre peut être transférée à n'importe quel domaine disciplinaire, à tous les niveaux. Je m'en sers moi-même avec mes étudiants de tous les niveaux. J'invite les lecteurs à la suivre, en même temps que les jeunes élèves.

L'activité des enfants consiste à observer des tableaux.

Premier tableau : Chemin montant dans les hautes herbes[29], *Auguste Renoir*

Dans un premier temps, je demande simplement aux enfants de me dire ce qu'ils observent. Ils regardent rapidement le tableau et me donnent quelques indications peu nombreuses, qui se limitent au contenu du tableau, rien d'autre :

« Il y a des personnages.
– Ils descendent un sentier.
– Il y a des fleurs rouges.

29. Voir la version couleur de ce tableau p. 233.

– Ce sont des coquelicots.
– Il y a des arbres.
– Il fait beau.
– On voit le ciel.
– Il y a un grillage. »

J'inscris les mots au fur et à mesure au tableau.

personnages
sentier
coquelicots
arbres ciel
grillage

L'observation initiale ne va pas plus loin. C'est comme s'il n'y avait rien d'autre à observer. J'aurais évidemment pu attirer leur attention sur d'autres aspects, poser des questions précises, mais ce n'était pas mon objectif à ce moment-là.

Dans un deuxième temps, je veux leur faire comprendre que ce n'est pas comme cela que l'on « regarde », au sens fort du mot : ce n'est pas un regard hâtif qui va nous révéler l'invisible. Il faut plus de patience et de persévérance pour cela. Surtout, pour bien voir, il faut savoir où porter son regard... Pour les inciter à découvrir ces deux facteurs importants – prendre le temps de chercher, se donner des critères pour diriger son regard –, je leur propose la consigne suivante : « *Continuez à regarder ce tableau, essayez de trouver encore autre chose à voir. Il y a peut-être quelque chose que vous reconnaissez ou qui vous surprend, des détails qui attirent votre attention ? Prenez votre temps. J'écrirai ensuite vos idées au tableau ; rien n'est juste ou faux, chacun peut voir autre chose que son voisin.* » Chacun est invité à chercher un lien avec sa propre expérience – évoquer un souvenir, une histoire lue – à prendre la parole.

L'inscription des observations de chacun au tableau est importante. Elle permet de donner à celles-ci une certaine valeur; elles peuvent inspirer d'autres élèves et les encourager à prendre la parole à leur tour:

«*Cela se passe dans le vieux temps, cela se voit sur les robes que les dames portent.*

– Oui, et sur leurs chapeaux! Aujourd'hui, si l'on portait un tel chapeau, ce serait pour se déguiser!

– Ou peut-être pour aller à un mariage.

– Ce sont des chapeaux de paille.

– C'est peut-être aussi pour se protéger du soleil. Il doit faire chaud.

– C'est l'été!

– Elles ont l'air contentes.

– C'est probablement dimanche puisqu'elles sont si bien habillées.

– Moi, ça me fait penser aux vacances. »

Le tableau se remplit ainsi petit à petit.

personnages		
		sentier
coquelicots		
	arbres	ciel
grillage		chapeaux de paille
le vieux temps		soleil
nature	chaud	vacances
dimanche		

Chacun peut trouver un lien, quelque chose à dire, même les plus timides. Le simple fait de donner du temps aux enfants pour observer et de valoriser leurs idées en les notant par écrit les stimule à chercher. Ils se sentent invités à participer. Cela leur donne envie de contribuer avec des observations personnelles. C'est satisfaisant pour l'individu d'apporter quelque chose au groupe. De toute façon, on ne risque rien : il ne s'agit pas de donner « la bonne réponse » ; tout est noté et digne d'intérêt. *Sécurité psychologique* et *liberté intellectuelle* caractérisent cette phase. L'enseignant en est le garant.

Les observations ci-dessus se limitent au *contenu* du tableau. Pour élargir le regard des enfants, je souhaite ensuite leur faire découvrir ce qui est de l'ordre du « style » d'un tableau : on peut regarder autre chose que le motif ; on peut observer la façon dont le peintre s'y prend, les couleurs qu'il utilise… De même, il est possible de s'interroger sur ce qui ressort du tableau, sur ce que le peintre cherche à nous dire… Je leur donne donc la consigne suivante : « *Nous allons maintenant regarder d'autres tableaux, qui sont différents. Mais, attention, il y a quand même des ressemblances avec le premier tableau. Cette fois, essayez de trouver* ce que ces différents tableaux ont en commun. *On retient les points communs et on barre les autres observations, non pas parce qu'elles ne seraient plus valables, mais parce que ce qui nous intéresse* maintenant, *ce sont les éléments qui reviennent à chaque fois, ce qui est pareil, les similitudes.* » Avec cette consigne, une tâche précise est proposée, qui ressemble à un jeu. Cette tâche demande de la concentration, il y a un problème à résoudre ; une question est posée. Les éléments pour y répondre sont là, mais il faut pouvoir déterminer ceux qui sont valables. Il y a une méthode pour les trouver, elle est explicitée. La tâche est maîtrisable, bien qu'elle offre un certain défi.

Deuxième tableau : **Les meules ; fin de l'été[30], Giverny, *Claude Monet***

L'effet de la consigne est immédiat : les mains se lèvent rapidement ; tout le monde veut répondre.
« *Il faut barrer les personnages !*
– Et les coquelicots, il n'y a plus de coquelicot !

30. Voir la version couleur de ce tableau p. 233.

– Il faut barrer le grillage.
– Et les chapeaux de paille !
– Non, il faut garder "paille" ! Il y a toujours de la paille ! Regarde !
– Oui, c'est vrai, et c'est toujours dimanche puisqu'il n'y a personne pour travailler les champs !
– Il y a toujours des arbres.
– Il fait chaud, c'est l'été.
– C'est la nature.
– Moi, ça me fait toujours penser aux vacances. »

On barre en conséquence et on ajoute les idées nouvelles :

~~personnages~~
~~sentier~~
~~coquelicots~~
~~arbres~~ ~~ciel~~
~~grillage~~ ~~chapeaux de~~ paille
le vieux temps soleil
nature chaud vacances
dimanche

Troisième tableau : Le Bassin aux nymphéas : harmonie verte[31], *Claude Monet*

© BIS/Ph. Sonneville ; Archives Nathan

Cette fois-ci on barre définitivement « paille ». On garde « nature » et « vacances ». On laisse également « dimanche » et « soleil ».
À ma question « *Y a-t-il autre chose de similaire ?* »,

31. Voir la version couleur de ce tableau p. 234.

un grand moment de silence suit. Je ne l'interromps pas. Finalement, un élève dit : « *C'est flou. C'est toujours flou !* » Tout le monde regarde cet aspect « *Ah, oui !* ». Ils sont d'accord. « *Oui, ce n'est pas bien dessiné.* » Je <u>renforce</u> cette idée par une question de reformulation : « *Tu dis que ce n'est pas bien dessiné ?* » Silence, vérification : « *En fait, ce n'est pas dessiné du tout, c'est comme une photo floue.* »

Je continue à poser des questions afin de maintenir l'attention sur cet aspect : « *Comment pensez-vous que le peintre s'y prend pour obtenir cet effet ?* »

« *Il ne dessine pas !*

– Il n'utilise pas de crayon.

– Il prend ces pinceaux tout de suite, il y va par petites touches et ça prend forme quand même.

– Mais ça fait flou.

– Oui, ça fait flou. »

~~personnages~~		~~sentier~~
~~coquelicots~~		
	~~arbres~~	~~ciel~~
~~grillage~~		~~chapeaux de~~ paille
		soleil
le vieux temps	chaud	vacances
nature		
dimanche		
flou		pas de dessin
touches		traces du pinceau

Cet aspect du tableau attire l'intérêt de tout le monde. Je propose aux enfants de regarder un nouveau tableau pour voir si c'est toujours flou. Ils continuent à être très attentifs, sans doute parce qu'ils savent où diriger leur attention.

Quatrième tableau : La Balançoire[32], *Auguste Renoir*

Les remarques viennent rapidement :
« *C'est un peu moins flou, on voit bien ce que ça représente.*
– Mais il n'y a toujours pas de dessin.
– On voit bien les traces du pinceau.
– On peut noter au tableau qu'il n'y a pas de dessin !
– Dans aucun des tableaux !
– Que cela paraît flou. »

Maintenant, ce sont les enfants qui me rappellent spontanément ce que je dois noter ! On vérifie rapidement en faisant défiler les tableaux déjà vus. On note : « flou, pas de dessin, touches, traces du pinceau… » Je note ces remarques par exemple en rouge et leur demande à quoi cela se rapporte. Ils hésitent, échangent un peu entre eux. Quelqu'un suggère que c'est la manière de peindre. On se met d'accord sur ce terme. On le marque, en majuscules, comme un titre : « MANIÈRE DE PEINDRE ». Une nouvelle catégorie d'observation a été construite, disponible maintenant pour tout le monde. Elle est écrite au tableau, sa trace est visible.

MANIÈRE DE PEINDRE

flou	pas de dessin
touches	traces du pinceau

Je demande ensuite aux élèves s'il y a d'autres choses qui attirent leur attention. Personne ne dit rien. Je leur propose alors de changer un peu les « règles du jeu ». Je leur dis que les tableaux que l'on a vus et *comparés afin de voir ce qu'ils avaient en commun*, on va les appeler les « tableaux oui ». Ensuite, je vais leur présenter

32. Voir la version couleur de ce tableau p. 235.

de nouveaux tableaux, on va les appeler les « tableaux non » parce qu'ils sont différents. La question est alors la suivante : « *Est-ce que les "tableaux non", parce qu'ils sont précisément différents, peuvent nous aider à trouver d'autres ressemblances que nous n'aurions pas encore vues dans les "tableaux oui"?* » En effet, ce sont toujours ces « tableaux oui » qui nous intéressent le plus ; ce sont eux que l'on cherche à identifier. La tâche devient maintenant plus complexe, le défi augmente et la concentration trouve un deuxième souffle.

Premier « tableau non » (le premier contre-exemple) : Albert Cuyper[33], *Rembrandt*

© Dist. RMN-Grand Palais (musée du Louvre) / Hervé Lewandowski

Ce tableau relance la discussion :
« *Là, il y a bien un dessin !*
– Oui ! C'est très net.
– Ce n'est pas la même manière de peindre que dans les "tableaux oui". »

Je remarque avec satisfaction que l'idée d'une « manière de peindre » est devenue une catégorie qui guide maintenant l'observation. Les enfants continuent leur échange :
« *Donc on garde "flou" et "pas de dessin".*
– Ça, on l'a déjà dit.
– D'accord, mais on peut le dire encore une fois.
– Oui, c'est important.
– Moi, je pense à autre chose : il n'y a pas de couleur !
– Ah oui, c'est tout noir.
– Dans les "tableaux oui", les couleurs sont toujours très douces.
– C'est comme des pastels, c'est doux, c'est agréable. »

Les mots « pastel » et « couleurs douces » semblent convenir aux enfants pour désigner des couleurs particulières, que les « tableaux oui » ont en commun. On écrit donc, en vert cette fois-ci, pour bien faire remarquer qu'encore une nouvelle catégorie d'observation s'est dégagée qui a trait au « choix de couleurs » : « doux, pastel. »

33. Voir la version couleur de ce tableau p. 236.

MANIÈRE DE PEINDRE

flou — pas de dessin

touches — traces du pinceau

CHOIX DE COULEURS

doux — pastel

Reste le mot « agréable ». Je pose la question suivante : « *Que veux-tu dire par "agréable" ?* »

« *Mais c'est agréable, quoi !*

– *Mais oui !*

– *On préfère ce tableau-là à celui qui est tout noir.*

– *Pourquoi ?*

– *On s'y sent bien !* »

Je laisse l'idée reposer pour y revenir en temps utile.
Je propose un deuxième « tableau non », qui représente un paysage dont les couleurs sont claires.

Deuxième « tableau non » : À Nemi : rochers et buissons[34], *Pierre Henri de Valenciennes*

Devant ce tableau, il y a une nette hésitation. Finalement, un élève se lance et prend la parole : « *Il ressemble un peu aux "tableaux oui" !* » Je confirme que c'est cependant bien un « tableau non ». Silence. Étonnement. Doute. Je relance l'idée émise précédemment : « *Lequel préfères-tu : celui-ci ou les "tableaux oui" ?* »

© Dist. RMN-Grand Palais (musée du Louvre) / Daniel Arnaudet

34. Voir la version couleur de ce tableau p. 237.

Les élèves n'hésitent plus :
« *Les "tableaux oui"!*
– Moi aussi!
– Ah oui, moi aussi!
– Pourquoi? »
Ils cherchent le mot juste :
« *C'est plus ensoleillé.*
– Oui, c'est vrai!
– Celui-ci est un peu triste. »

Les enfants s'écoutent. Le mot « ensoleillé » parle à tout le monde. Une discussion suit, qui porte sur la présence de la lumière et sur ce qui fait que c'est « ensoleillé ».

Un nouvel exemple (*Les Nymphéas : Le matin*[35], Claude Monet) permet de renforcer cette idée.

Les enfants prennent conscience des ombres et des reflets qui prouvent bien la présence du soleil. On note, en bleu : « Beaucoup de lumière ; ombres et reflets. » L'enseignante est bien présente, elle pense avec eux, elle écoute, elle suit le cheminement de leur pensée. Les mots sont maintenant disponibles pour tous.
Quelqu'un revient ensuite sur le mot « agréable » en l'approchant de l'idée de vacances, déjà exprimée : « *Les "tableaux oui" font penser à des vacances agréables.* »
On se met d'accord pour noter, en orange : « ambiance agréable »

35. Voir la version couleur de ce tableau p. 237.

MANIÈRE DE PEINDRE	
flou	pas de dessin
touches	traces du pinceau
CHOIX DE COULEURS	
doux	pastel
PRÉSENCE DE LUMIÈRE	
ensoleillé	ombres
reflets dans l'eau	reflets dans l'eau
AMBIANCE	
on se sent bien	agréable

On peut alors prendre un temps pour faire le point sur tout ce que ce « jeu » a permis de révéler, tout ce qu'on a pu découvrir et qui n'avait pas été vu dans un premier temps. Les notes multicolores sur le tableau témoignent de ces nombreuses découvertes, et permettent de prendre conscience du fait qu'on a enrichi son regard afin de mieux observer la complexité. À cette étape, on peut modifier un peu les règles du jeu, pour vérifier, ensemble, si les catégories d'observation retenues permettent de reconnaître d'autres « tableaux oui », sans en être informés à l'avance. À présent, l'enseignant ne dira plus s'il s'agit d'un « tableau oui » ou d'un « tableau non ». Chacun doit être capable de porter ce jugement et de le justifier, à chaque fois. Les enfants sont contents de se mettre à l'épreuve parce qu'ils savent qu'ils ont maintenant les moyens pour réussir – cela montre l'importance d'être conscient de ce qu'on sait : nous sommes ici au début de la métacognition, qui permet de faire un retour sur sa propre pensée.

Pour renforcer leur confiance en eux, je choisis ensuite un exemple très différent, qui permet à tout le monde de déterminer aisément qu'il ne s'agit pas du tout d'un « tableau oui ».

Portrait de Dora Maar[36], Pablo Picasso

Portrait de Dora Maar, Pablo Picasso © Succession Picasso 2012 © Dist. RMN-Grand Palais / Jean-Gilles Berizzi

Quelques justifications rapides permettent de l'exclure : tableau non figuratif, bien dessiné, couleurs fortes, pas de lumière visible…

Ensuite, un ou deux exemples de tableaux très « typiques », par exemple *Jeune femme assise dans un jardin*[37] d'Auguste Renoir, permettent de confirmer, preuve à l'appui, ce que l'on est devenu capable de *distinguer*.

© Dist. RMN-Grand Palais (musée d'Orsay) / Jean Schormans

36. Voir la version couleur de ce tableau p. 238.

37. Voir la version couleur de ce tableau p. 240.

La confiance s'affirme. C'est le moment de « déstabiliser » un peu les élèves, tout en les mettant en garde : *« Attention, maintenant cela va se compliquer, il va falloir regarder très attentivement avant de répondre !* [Trois tableaux sont successivement présentés] *En quoi ces tableaux sont-ils différents ? »*

Port-en-Bessin, avant-port, marée haute[38], Georges Seurat

Le Coucher de soleil écarlate[38], Joseph Turner

La Bouée rouge, Saint-Tropez[39], Paul Signac

38. Voir la version couleur de ces tableaux p. 239.

39. Voir la version couleur de ce tableau p. 240.

Les différences sont maintenant subtiles, mais le regard s'est affiné, l'œil est devenu plus intelligent, car il est outillé : il peut distinguer les subtilités. Certains enfants analysent déjà de façon sûre, ils détectent des différences fines des techniques, et ils arrivent à les expliquer avec leurs mots. D'autres découvrent qu'ils ne savent pas encore détecter des nuances aussi subtiles. Mais en écoutant les explications des autres enfants et en vérifiant par eux-mêmes, ils ajustent leurs regards et finissent par y arriver. Ils prennent peu à peu plaisir à utiliser un vocabulaire précis qu'ils ne maîtrisaient pas avant.

Si cela paraît utile à ce moment-là, on peut résumer une telle observation collective en faisant la synthèse de ce qui caractérise un style de peinture, ou la « manière de peindre » des peintres impressionnistes, en élaborant une « carte conceptuelle » avec eux, où l'on reprend les catégories d'observation retenues, en se mettant d'accord sur le vocabulaire choisi.

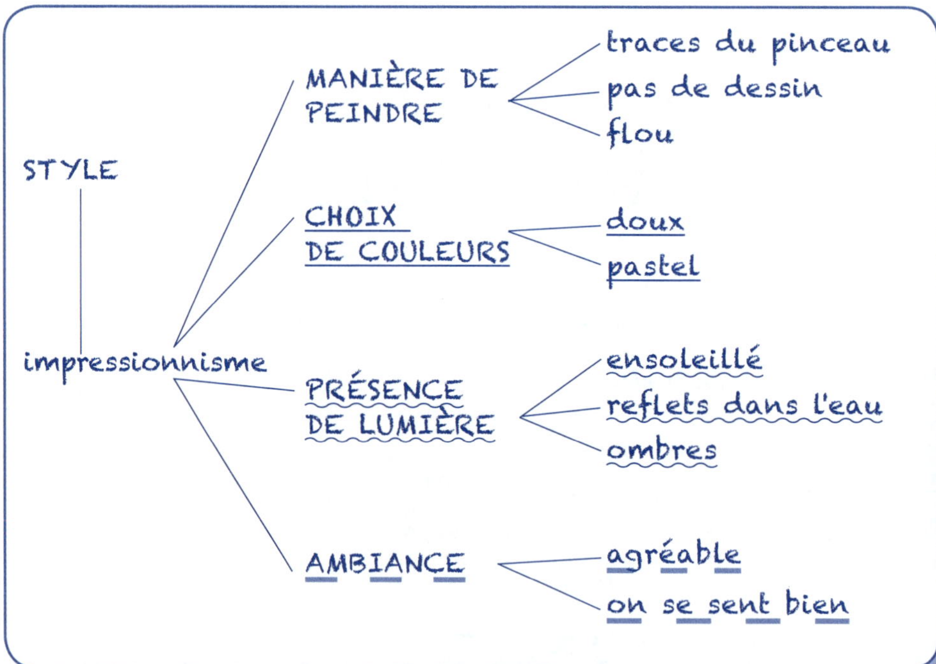

Cette « carte » permet de structurer les caractéristiques retenues et de visualiser les liens, facilitant ainsi la mémorisation. Chaque élève doit en conserver une trace écrite.

Construire son regard

Ce que j'ai voulu illustrer par cet exemple n'est pas tant l'apprentissage d'un contenu spécifique (style de peinture, impressionnisme…) que le déroulement d'une *médiation cognitive* qui cherche à susciter et à rendre visible ce qui est autrement invisible : l'activité mentale de *la conceptualisation*. Ce qui est important ici, c'est de comprendre en quoi la démarche, *la procédure,* a permis à tous les élèves ayant participé à cette leçon d'entrer dans un *processus* de conceptualisation afin de construire le sens d'un concept qui était l'objet de l'apprentissage. Bien entendu, ce n'est pas la seule façon de le faire, ce n'est pas la question ici, mais il semble important de pouvoir susciter et de reconnaître la mise en œuvre d'une telle activité cognitive, d'abord pour l'enseignant et, progressivement, pour les élèves. Quel que soit l'apprentissage en cours, cette formation de la pensée est primordiale. Cette prise de conscience s'exprime déjà dans les commentaires des enfants qui participaient à cette expérience. Voici les verbatim.

Cours élémentaire

– « *Le jeu nous a appris beaucoup de choses et j'ai beaucoup aimé et il était très intéressant et les photos étaient très belles !* » (Il est incontestable que l'élève a ressenti du plaisir.)

– « *C'était très bien, superchouette, dément parce que c'était bien expliqué !* » (Cet élève est content parce qu'il a eu accès au sens.)

– « *C'était un peu amusant parce que la maîtresse ne servait à rien !* » (Cet élève est heureux d'avoir lui-même créé du sens.)

– « *Ça m'a beaucoup intéressé ! Pourriez-vous recommencer avec les poètes, du plus connu au moins connu, de Victor Hugo à Michel Nicolletie ?* » (L'enthousiasme est tel que l'élève aimerait recommencer.)

Cours moyen

– « *C'était instructif, intéressant, c'est une bonne façon d'apprendre à reconnaître les tableaux impressionnistes et à <u>reconnaître d'autres choses</u>. Ça m'a beaucoup plu !* »

– « *Cette leçon est passionnante : ça m'a appris à regarder les détails importants. C'était bien expliqué.* »
(Ces deux élèves ont déjà compris l'importance d'observer les « détails », c'est-à-dire les attributs du concept et le transfert possible de la démarche elle-même à d'autres situations d'apprentissage.)
– « *La façon d'apprendre était bonne car tout le monde participait, on disait ce que l'on pensait, sans avoir peur, on a envie de deviner l'idée donc on cherche.* »
(Cet élève a tout compris !)

On se rend compte qu'on sous-estime les enfants quand on pense qu'ils ne remarquent pas ou qu'ils n'ont pas un avis sur la façon dont on les fait apprendre. Ils savent quand cela se passe bien, et ils sont heureux de participer à une activité « intelligente » qui les invite à donner le meilleur d'eux-mêmes.

Le sens du plaisir et le plaisir du sens

L'enthousiasme des élèves est palpable ! Cette démarche implique les élèves parce qu'elle part d'eux, de ce qu'ils peuvent voir et comprendre, en ouvrant progressivement leur regard, tout en les invitant à rechercher les mots justes pour en rendre compte. Chaque élève peut s'exprimer, la compréhension s'affine, y compris grâce aux réponses des autres élèves. Les pensées se trouvent dans une mouvance commune et s'ajustent les unes aux autres. Il ne s'agit pas de donner LA bonne réponse, mais de chercher à porter un regard interprétatif sur un « objet d'attention commune ». Cette manière de faire permet aux enfants de participer à un dialogue qui part de chacun pour tendre vers un sens commun. Le sens du plaisir est sans doute induit par le plaisir du sens – du sens partagé.

L'évaluation de la compréhension du sens

Un premier niveau d'évaluation est intégré à l'apprentissage et prépare à l'auto-évaluation : à chaque fois que les élèves se trouvent devant un nouvel exemple à justifier, ils ont l'occasion de rectifier leur compréhension et de prendre conscience de ce qu'il faut retenir. L'évaluation telle qu'elle est conçue ici ne cherche pas à contrôler une définition figée à mémoriser, mais à observer si les élèves savent bien se servir de cette nouvelle connaissance : *ont-ils bien compris les éléments qu'il faut observer ? Ont-ils maintenant les mots communs pour en discuter ? Sont-ils capables de se servir de leur nouvelle connaissance dans un autre contexte ?* Cette évaluation de la compréhension du sens peut prendre différentes formes. Dans notre cas, on peut, lors d'une visite à un musée d'art, proposer aux élèves de trouver des tableaux impressionnistes et de donner leur avis informé. Ou bien comparer des tableaux différents et observer les différences à partir d'un certain nombre d'attributs (comme le motif, la technique, les couleurs…). Ou bien inviter les élèves à peindre à la manière des peintres impressionnistes et à expliquer aux autres leurs productions. En faire un exposé ? Une exposition ? Au fur et à mesure de la mise en place d'activités diversifiées, la compréhension va évoluer et se complexifier[40]. Le vocabulaire s'enrichit également, et se trouve accessible, et ceci à plusieurs niveaux d'abstraction. On peut alors faire évoluer la carte conceptuelle en conséquence :

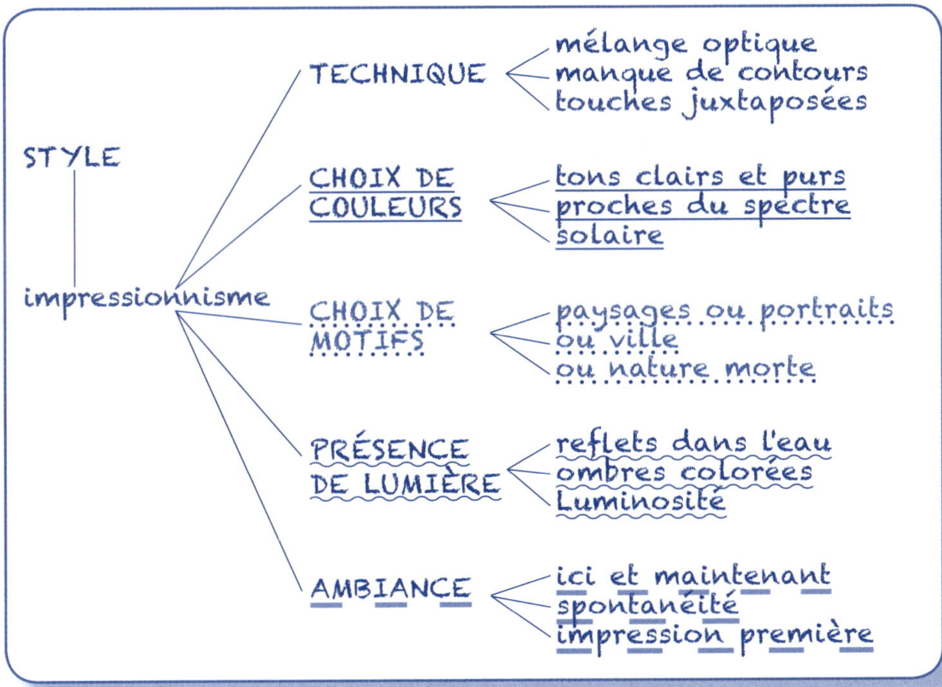

40. Une classe de CE2 de Toulon a repris cette expérience à l'automne 2011. Voir la vidéo « Situation de transfert » sur www.editions-retz.com.

Le plus important est de commencer à entrer dans le monde de l'art visuel, d'avoir des « lunettes conceptuelles » qui permettent de diriger son regard, de savoir ce qu'on cherche dans ce domaine-là, d'apprendre à observer plus finement les choses – et d'en avoir plaisir ! Par la suite, si c'est important dans le contexte, on peut décider sous quelle forme on va définir « le contenu », comment le mettre en mémoire : sous forme d'une carte conceptuelle ? Sous forme d'un texte, d'une liste d'attributs avec un exemple à côté ? L'important ici est que les élèves commencent à comprendre l'utilité d'une définition, et que celle-ci peut prendre différentes formes, selon le besoin. La définition doit permettre d'identifier son « objet », de le reconnaître dans d'autres contextes. Une fois que le sens est acquis, il n'y a pas de danger à apprendre « par cœur » une définition. C'est utile de confier à la mémoire à long terme une définition qui « condense » le sens – à condition qu'elle se réfère à un sens « opérationnel », mobilisable pour des besoins d'utilisation futurs.

Ce que l'on cherche à évaluer dans le contexte de la construction d'un concept est surtout la profondeur de la compréhension et la capacité des élèves à utiliser le savoir nouveau dans des situations différentes. Ce transfert n'est jamais automatique, il faut le préparer lors de l'apprentissage initial, en donnant l'occasion aux élèves d'utiliser le savoir nouveau dans des contextes différents et en rappelant les contextes d'utilisation qu'ils connaissent déjà[41]. Cette façon d'évaluer progressivement la compréhension des élèves, en observant ce sur quoi ils portent leur attention (*la pertinence des critères d'analyse*), le nombre d'éléments observés (*la profondeur d'analyse*) peut se pratiquer dans toutes les disciplines[42]. L'important – et la difficulté – est de trouver des tâches cohérentes, comprises par les élèves, où ils peuvent faire la démonstration de leur compréhension. S'il n'y a pas eu compréhension au départ, il n'y a rien à transférer – transporter – ailleurs. Il faut également comprendre l'intérêt d'un transfert – c'est là où la métacognition intervient.

---

41. Voir B.-M. Barth, *Le Savoir en construction*, *op. cit.*, pp. 171-174. Voir également les vidéos « Entretien avec Britt-Mari Barth » (http://www.vitrinefrancais.qc.ca/barth.html). Cette table ronde, qui a réuni différents enseignants québécois autour de B.-M. Barth, explicite la démarche et insiste particulièrement sur la question du transfert. À noter que ces vidéos peuvent constituer un outil de formation.

42. Voir B.-M.Barth, « Les valeurs implicites d'une pratique pédagogique », *L'Apprentissage de l'abstraction*, *op. cit.*, pp. 181-197.

Notre observation de la « leçon » s'arrête là. Tous les élèves de la classe sont arrivés à donner du sens à ce que l'on fait quand on observe des tableaux ; vers quoi on dirige son attention quand on cherche à observer un style, voire un style particulier. Ils ont acquis un vocabulaire pour en parler et ils se sont montrés capables, dans des contextes nouveaux, de « transporter » leur compréhension, en l'appliquant de diverses façons, notamment par leur propre création de « tableaux impressionnistes ». Ils ont commencé à prendre conscience de la manière dont ils ont appris et du fait que cette méthode peut être utile dans des apprentissages ultérieurs. Ils ont eu une expérience positive « d'apprendre ensemble » qui les a entraînés dans une dynamique créative. Ils ont exprimé l'envie de recommencer d'apprendre de cette façon.

Comment expliquer alors ce processus d'apprentissage ? Quels sont les obstacles ? Que faut-il *faire* pour apprendre ?

L'élaboration du sens par les élèves

Les difficultés de la compréhension

Apprendre, au sens fort de comprendre, c'est donc donner du sens. À l'école, il s'agit de comprendre un savoir culturel, d'entrer dans des concepts déjà élaborés dans les différentes disciplines. C'est un certain sens qu'il faut construire, ou plutôt *re*construire. L'enseignant doit «négocier» avec les élèves ce qui résiste en eux pour y arriver, en leur donnant l'occasion de diriger leur attention sur ce qui est essentiel et pertinent dans une situation donnée, et de négliger ce qui ne l'est pas. Ce qui rend l'apprentissage difficile à l'école, c'est, entre autres, qu'il s'agit d'un «monde sur le papier[43]». Ce monde abstrait est sans relation directe avec l'expérience des apprenants. La difficulté consiste justement à savoir comment on peut relier le savoir empirique et le savoir conceptuel. Comprendre comment les mots, ou d'autres systèmes symboliques, se réfèrent à des situations contextualisées, qui leur donnent sens. Les élèves connaissent des mots, mais ils confondent leur sens et ne les utilisent pas à bon escient. S'ils donnent une «bonne réponse» à une question, on peut penser qu'ils ont compris, mais il s'avère, à l'usage, que ce n'est pas toujours le cas. Ils ne savent pas toujours se servir de ce qu'ils «ont appris». On pense qu'ils ont «oublié», mais le fait est qu'il n'y avait pas grand-chose à retenir. Quand les mots sont vides de sens, ils ne sont que des «bruits». À l'origine de cette difficulté, il y a des lacunes d'abstraction et de conceptualisation. Mais les élèves ont-ils eu l'aide adéquate pour entrer dans ce mode de pensée?

Dans l'enseignement classique, on commence souvent par une explication – sans toujours vérifier si celle-ci est comprise par les élèves. On suppose que l'information se trouve dans la clarté du message et que tout le monde comprend la même chose[44]. Or, les mots utilisés par l'enseignant sont souvent d'un niveau d'abstraction trop élevé, certains élèves n'arrivent pas à faire le lien avec le sens voulu, d'autres font une confusion qui les met sur une fausse piste. Il n'y a pas eu d'interactions suffisantes – ni entre les élèves et le «contenu», ni entre l'enseignant et les élèves, ni entre les élèves eux-mêmes – pour s'assurer, de tous les côtés, que le sens était compris.

43. *The World on Paper* est le titre en anglais du livre de D. Olson, *L'Univers de l'écrit: comment la culture écrite donne forme à la pensée*, Retz, Paris, 2010.

44. C'est le «mythe identitaire» d'A. de Peretti. Voir *Pour une école plurielle*, Larousse, Paris, 1987.

Pour cela, il faudrait disposer de supports variés et multiples, permettant une réflexion commune à haute voix, guidée par l'enseignant. Tant qu'il n'y a pas d'outils d'analyse communs (comme, par exemple, la comparaison d'exemples et de contre-exemples) pour clarifier la compréhension, les élèves ne savent pas comment s'y prendre pour penser et pour comprendre. Le mots si clairvoyants de Piaget me reviennent : « Ce ne sont pas les matières que les élèves ne comprennent pas, ce sont les leçons. »

Après l'explication de l'enseignant, on procède souvent directement à des exercices individuels, qui tendent à ressembler à des situations d'évaluation précoce. Si l'élève ne réussit pas, l'explication est répétée. Mais l'aide apportée, qui se limite le plus souvent à répéter les mêmes mots que précédemment, n'est pas suffisante pour faire le lien entre l'explication abstraite (le dire) et l'exercice (le faire). Si l'élève se trompe encore, il est rapidement jugé – souvent par une note chiffrée qui ne renseigne pourtant pas sur ce qui est compris (ou non), mais qui situe simplement l'élève noté par rapport à une moyenne de la classe. Le « contrôle » arrive trop tôt, avant que l'apprentissage ne soit intériorisé ; les élèves n'ont pas le temps de comprendre ce qu'ils sont censés avoir appris, ni de situer ce qu'ils viennent d'apprendre dans un contexte plus large que celui de la leçon. Ils restent avec un savoir morcelé. Ils n'ont surtout pas eu l'occasion de relier de façon » simultanée » l'abstrait et le concret. Que ce soit pour une leçon de grammaire ou pour une formation professionnelle, on a tendance à séparer la partie « explication » de la partie « application », comme si celles-ci constituaient deux voies parallèles. Et on s'étonne souvent que les élèves (ou les apprentis) ne sachent pas appliquer les règles qu'ils connaissent pourtant par cœur. Il aurait fallu relier les deux avec plus de précision. C'est ce que j'appelle « l'alternance simultanée » ou « la théorie de la fermeture Éclair[45] » : pour avancer, il faut faire des allers-retours rapprochés entre le concret et l'abstrait, pour bien saisir par quels liens ils sont reliés.

À ce stade, si l'on n'aide pas le « mauvais élève » à apprendre, en utilisant ses erreurs comme un outil d'analyse, celui-ci risque de se décourager et ne cherchera plus à *comprendre*. Au mieux, il apprendra par cœur pour s'en sortir, mais un cercle vicieux risque de s'enclencher. Il peut devenir l'un de ces *« voiceless »*, ces « sans-voix » – dans le sens de Carol Gilligan[46] – qui n'ont confiance que dans la voix des

45. B.-M. Barth, *Le Savoir en construction*, *op. cit.*, pp. 162-164.

46. C. Gilligan, *In a Different Voice*, Harvard University Press, Cambridge, 1982.

autres. Nous sommes loin de rendre les apprenants autonomes, nous les influençons plutôt à avoir une attitude de dépendance passive, voire d'« impuissance apprise », qui les prive de toute initiative et d'intention d'apprendre. Les élèves adhèrent vite aux attitudes auxquelles ils sont confrontés dans leur « culture » environnante, et il y a là une question importante : quelle culture souhaitons-nous valoriser à l'école ?

L'affectif et le cognitif

Pour comprendre, ce n'est pas la clarté de l'exposé qui nous informe d'abord, mais la signification que nous pouvons donner à cet exposé, dans une situation donnée. C'est notre histoire singulière, notre cadre de référence qui orientent le sens que nous donnons à la « réalité », que celle-ci soit existentielle, mathématique, littéraire ou autre. Le *passé* (nos expériences, nos connaissances, nos croyances, nos attitudes et valeurs), le *présent* (la façon dont nous ressentons les enjeux personnels impliqués dans la situation proposée, liés à nos émotions) et le *futur* (la façon dont nous inscrivons le présent dans un projet futur) sont donc tous au rendez-vous pour influencer notre perception. L'élève qui a accumulé des retards, qui se sent inquiet face aux contrôles annoncés, et qui n'est même pas convaincu que ce qu'on va lui proposer lui servira à quelque chose dans sa vie, est évidemment dans une position bien moins avantageuse pour adhérer au projet que celui qui a eu une expérience scolaire positive, qui a plutôt confiance dans ses capacités d'apprendre et qui pense que ce qu'il apprend lui sera utile. Ce sont sans doute les perceptions qu'on a de la situation qui déterminent si l'on est « motivé » ou pas[47].

Cette perception de bien-être ou de « mal-être » face aux tâches proposées à l'école est de nature émotionnelle, et peut-être n'avons nous pas assez pris la mesure de l'interdépendance de l'implication affective et cognitive : ce sont là deux faces de notre intelligence ; l'une ne fonctionne pas séparément de l'autre. Être rationnel n'est pas se couper de ses émotions ; au contraire, ce sont plutôt nos émotions qui guident notre raison, nous rappelle Antonio Damasio[48]. L'affectif et le cognitif ne sont pas séparables, et cela ne peut plus s'ignorer. Pascal avait raison : « Le cœur a ses raisons que la raison ne connaît point. » L'enjeu pédagogique est d'aider l'apprenant à construire une image de lui-même qui soit valorisante à ses propres yeux.

47. R. Viau, *La Motivation en contexte scolaire*, De Boeck Université, Bruxelles, 1994.

48. A. R. Damasio, *L'Erreur de Descartes*, Odile Jacob, Paris, 2010.

Que faut-il *faire* pour donner du sens ?

Le sens est le fruit d'un travail permanent d'interprétation et de sélection. S'il faut choisir un seul mot pour dire ce qu'il faut *faire* pour donner du sens, mon choix se porte sur le mot suivant : *DISCERNER*.

Pourquoi « discerner » ? En latin, *cernere* veut dire « trier » et *dis* « en séparant », soit « trier en séparant ». Selon le dictionnaire, il s'agit de « distinguer des éléments en fonction d'un jugement, distinguer avec justesse ». Dans la vie de tous les jours, ce processus de « sélection » est en général inconscient, il est limité par nos connaissances antérieures, par nos croyances, liées à notre culture ambiante. Ce sont nos « conceptions » subjectives qui nous rendent conscients du monde. Ce que nous percevons est toujours interprété par nous. Ce processus d'interprétation et de sélection, qu'on pourrait appeler une conceptualisation informelle, est un processus fondamental qui traverse toute pensée. L'activité principale de tout être humain, où qu'il soit, consiste à donner une signification à ses rencontres avec le monde, nous rappelle Jerome Bruner. Chacun le fait selon son meilleur « jugement », en fonction d'un contexte donné. Il n'y a que nous-mêmes pour juger de la « justesse » de ce fait.

Apprendre à l'école est différent : les élèves doivent *apprendre à « distinguer avec justesse*, avec jugement », mais la norme qui détermine « la justesse » est décidée par l'école. Le problème pédagogique commence là ! Pour apprendre à discerner quelque chose de précis qui ne fait pas encore partie de la structure cognitive de chacun, il faut une médiation : il faut d'abord avoir de quoi observer – un objet d'attention. Ensuite, il faut passer par un processus d'abstraction et de conceptualisation formelle par lequel nous pouvons juger ce qui est à retenir et ce qui est à laisser de côté. C'est ce jugement qu'il faut éduquer chez nos élèves, mais, sans critères conscients, ils ne peuvent pas juger. On ne perçoit que ce qu'on conçoit. Si on ne conçoit pas encore, il faut une méthode – un outil de pensée – et une médiation pour y arriver. Abstraire, ou conceptualiser, c'est « voir à part », séparer par la pensée ce qui n'est pas séparé dans la réalité. On « découpe » pour ainsi dire le monde en en rapprochant certains éléments, tout en en négligeant d'autres, par un processus de conceptualisation.

Que veut dire « conceptualiser » ?

Pour parler et pour pouvoir observer un processus cognitif, nous avons besoin de mots communs, que nous pouvons partager, même avec les élèves. Edmond Goblot, Albert Burloud, Jerome Bruner et Jean Ladrière furent mes références principales sur ce sujet complexe. Des biologistes, comme Francesco Varela et Antonio Damasio, m'ont permis de compléter ma compréhension en soulignant le caractère interactif (avec le milieu environnant) de ce processus. Dans mes ouvrages précédents, j'ai proposé les termes suivants pour analyser ce processus, en voici un résumé.

Percevoir

Le processus de la conceptualisation commence par la perception (sachant que percevoir, c'est déjà conceptualiser, même si cette conceptualisation est rudimentaire) : « À l'origine du processus par lequel va se constituer la perception extérieure, on trouve un simple phénomène de dégagement : l'image perceptive n'est d'abord qu'une sorte de souvenir de la sensation.[49] » On peut parler d'une perception « primaire », déterminée par des stimuli sensoriels. À partir d'une image déjà constituée, réactivée par une nouvelle perception, l'individu peut reconnaître et donc « se souvenir » de la chose perçue. « Les données de l'expérience ne sont données qu'autant qu'elles sont saisies ; l'acte de l'esprit qui les saisit est un jugement.[50] » Percevoir veut donc dire donner une signification aux sensations. Mais qu'est-ce qui détermine ce dont on va se souvenir ? La perception, selon Jerome Bruner, est un processus qui demande une prise de décision puisque celui qui perçoit doit déterminer ce qu'il croit percevoir. Cette décision sur la nature des perceptions est basée sur des « indices » que les structures mentales, déjà organisées, lui permettent de distinguer. Cette explication « psychologique » est aujourd'hui confirmée, dans d'autres termes, par les neurosciences. Francesco Varela, par le concept de « l'énaction », explique la perception en termes « d'actualisation des potentialités auto-organisatrices d'un système cognitif[51] ». Autrement dit, un « système cognitif », comme d'autres systèmes vivants, une cellule par exemple, n'est pas une entité « close », car, dépendant de l'extérieur pour sa survie énergétique, c'est un système ouvert

49. A. Burloud, *Cours de philosophie, psychologie*, Hachette, Paris, 1948.

50. E. Goblot, *Traité de logique*, Armand Colin, Paris, 1918.

51. F. J. Varela, *L'Inscription corporelle de l'esprit*, Le Seuil, Paris,1993.

qui organise, de façon autonome, sa structuration interne. Il faut donc qu'il y ait un « terrain commun » pour que les « systèmes vivants » puissent se rencontrer afin de réaliser un « couplage structurel ». Edgar Morin renforce cette compréhension : « L'intelligibilité du système ouvert doit être trouvée, non seulement dans le système lui-même, mais aussi dans sa relation avec l'environnement, et que cette relation n'est pas qu'une simple dépendance, elle est constitutive du système. »
Les cadres théoriques interdisciplinaires confortent notre compréhension de l'importance de trouver « un terrain commun » avec nos élèves. C'est à partir de ce terrain commun que l'on peut faire évoluer la compréhension d'un phénomène.

Comparer

La comparaison est très liée à la perception : il s'agit de distinguer des ressemblances et des différences *en fonction d'un critère qu'il faut déterminer*. La comparaison est une pensée analytique qui sépare les éléments d'une entité pour les examiner et en déterminer les liens. La difficulté consiste à comprendre que les caractéristiques que l'on rapproche doivent être de la même catégorie : on ne peut pas dire « en été, il fait beau, et en hiver, je fais du ski ». Une autre difficulté est d'avoir des connaissances dans le domaine où la comparaison va se faire ; si l'on n'a pas de critères d'analyse disponibles, on ne peut pas « opérer » une comparaison, quelle que soit son aptitude par ailleurs. D'où l'importance d'avoir également des méthodes qui permettent de mobiliser des critères d'analyse[52]. Quand un jeune enfant a compris la logique d'une classification, effectuée sur un seul attribut, il est prêt à aborder la classification multiple, à partir de la présence de plusieurs attributs reliés entre eux par la relation et envisagés simultanément. Quand le lien envisagé sur la relation entre les attributs est soit/soit, cela devient plus complexe – comme, par exemple, un verbe qui peut soit être un verbe d'action, soit un verbe d'état. Un être humain qui peut être soit un homme soit une femme. L'électricité dont la charge peut être soit positive soit négative.

Une comparaison opérée de façon cohérente et complète est donc déjà une opération mentale complexe. Elle prépare l'étape suivante, le choix, la sélection, le jugement : c'est l'inférence.

52. B.-M. Barth, « Entraînement à la comparaison », *L'Apprentissage de l'abstraction*, *op. cit.*, pp. 152-160.

Faire une inférence

L'inférence (inductive) permet, à partir d'éléments observés, de tirer une conclusion hypothétique sur la nature de ces éléments. Cette opération mentale consiste donc à suggérer une conclusion à partir d'une source limitée de données. C'est comme une hypothèse réduite. C'est la capacité d'aller au-delà de l'information donnée pour arriver à une nouvelle conclusion hypothétique (à partir de quelques cas) : « La caractéristique du raisonnement inductif est de comporter au moins une démarche arbitraire de la pensée : c'est un saut dans l'inconnu, son audace fait sa fécondité.[53] » C'est ce que Guilford appelle une « pensée divergente[54] ». La pensée fonctionne alors de façon globale, analogique (et non de manière linéaire et analytique) ; elle s'ouvre vers plusieurs interprétations possibles. C'est sans doute ici qu'une pensée intuitive, imaginaire, innovatrice a sa place – à condition toutefois de vérifier les « conclusions hypothétiques » qu'elle a produites. Inférer comprend la capacité de reconnaître la relation cause effet : *si… alors…*

Vérifier l'inférence

Il faut vérifier l'inférence et la justifier par la présence des éléments observés dans *tous* les exemples, donc, retourner à la source. En cas d'échec, il convient de modifier l'inférence, de recommencer la vérification. Il faut, en conséquence, prévoir un nombre suffisant d'exemples pour permettre aux inférences d'être faites. Cela conduit à verbaliser et à vérifier, en commun, les arguments. L'argumentation permet de prendre conscience de ce qui est en train de se vérifier et chacun peut alors, individuellement, intégrer le savoir nouveau. L'argumentation est donc une phase importante qu'il faut favoriser, voir induire, notamment par le choix d'exemples et de contre-exemples qui peuvent étonner, surprendre… et par l'incitation à expliciter, à justifier, à écouter les arguments de l'autre, ne serait-ce que pour pouvoir contre-argumenter !

Faire une hypothèse, vérifier, généraliser

L'hypothèse est l'anticipation d'une règle ou d'un principe général. Pour généraliser, il faut étendre l'inférence à tous les cas qui présentent ces mêmes caractéristiques.

53. E. Goblot, *op. cit.*

54. J.-P. Guilford, *The Nature of human intelligence*, Mc Graw-Hill, New York, 1967.

Si cela peut se vérifier (jusqu'à nouvel ordre), on a confirmé l'hypothèse ; si non, on l'a infirmée. La conclusion-généralisation confirmée peut être soit une nouvelle « production de l'esprit » (un savoir scientifique nouveau est formalisé), soit la reconstruction d'un savoir qui existe déjà, ce qui est le cas à l'école. Pour nous, enseignants, l'important est que *le processus* soit mis en œuvre par tous les élèves et donc savoir le susciter, reconnaître les indices de son déploiement et le soutenir jusqu'au moment de son aboutissement. Une règle de grammaire, par exemple, s'inscrit également dans la structure du concept, comme l'accord du participe passé : si « avoir » est le verbe auxiliaire et si le complément d'objet direct est placé avant le verbe, alors le participe passé s'accorde en genre et en nombre avec celui-ci.

Le *modèle opératoire du concept* permet d'ordonner l'approche du savoir : si les attributs choisis sont présents dans tous les exemples présents, alors, je me trouve face à tel concept. Qu'il s'agisse d'un savoir nouveau pour un chercheur ou d'un savoir à reconstruire pour l'élève, le processus est le même : « L'esprit ne comprend que ce qu'il sait construire », nous enseigne Goblot[55].

Inférences inductives et déductives

Dans la démarche que nous avons observée, les inférences sont *inductives*, c'est-à-dire qu'on infère une règle (une conclusion) à partir de l'observation de faits particuliers. La vérification par confrontation avec les faits est nécessaire. À partir des mêmes faits, plusieurs inférences sont possibles ; dans ce cas-là, c'est le contexte qui déterminera celle qui est la plus pertinente. Un jugement est nécessaire. Dans le cas d'une inférence *déductive*, la règle est donnée au départ, en tant que connaissance antérieure ; on conclut que si les prémisses sont vraies, la conclusion, qui y est contenue, est nécessairement également vraie. C'est un modèle classique :

A = B L'article déterminant s'accorde en genre et en nombre ;
C = A *Le* est un article déterminant ;
C = B *Le* s'accorde en genre et en nombre.

Il est important de comprendre que même si l'enseignant procède par une démarche inductive, comme dans l'exemple de l'impressionnisme, les élèves,

55. E. Goblot, *op. cit.*

eux, avancent soit par induction, soit par déduction, selon leur niveau de connaissance. Par exemple, une fois que tous ont pu remarquer que « c'est flou », il suffit de vérifier cette « règle » à chaque fois ; on n'a plus besoin de la découvrir. Les uns vérifient, les autres sont en train de découvrir. Les connaissances préalables et le rythme de chacun déterminent comment on procède. D'où l'importance de laisser le temps et de trouver des exemples pertinents qui permettent à tous de « voir ». La « méthode » (comparer les « exemples oui » pour voir ce qu'ils ont en commun) est évidemment essentielle : d'une minute à l'autre, la perception peut changer, on voit ce qui n'était pas visible avant. Ce moment procure beaucoup de satisfaction chez les élèves qui avaient du mal à comprendre dans un premier temps.

À l'inverse, on peut transformer la démarche inductive en une démarche déductive. On peut alors commencer par nommer le mot (et/ou la définition), pour ensuite mettre les élèves à l'épreuve face à des exemples et des contre-exemples non identifiés. La tâche consiste alors à faire le tri, en exigeant une justification pour chaque exemple. Cette « variante » peut également induire un processus de conceptualisation ou de vérification de la compréhension. Celle-ci est particulièrement pertinente quand on pense que les élèves connaissent déjà les attributs essentiels, mais qu'ils éprouvent de la difficulté à savoir ce qui va avec quoi et qu'ils confondent les concepts ; ceci est particulièrement flagrant en grammaire et en géométrie. Opposer systématiquement deux concepts est également une variante efficace. Une fois que le processus de conceptualisation est bien intégré par les enseignants, ils peuvent varier les « procédures » à l'infini, l'essentiel étant de s'assurer que tous les élèves atteignent le niveau de compréhension (et donc de conceptualisation) visé. La médiation cognitive consiste essentiellement à pouvoir s'assurer que tous les élèves apprennent à maîtriser des outils cognitifs, et ceci à travers des tâches qui les exposent à une activité intellectuelle exigeante. Mais il faut les accompagner ; *« Learning by doing »* est toujours d'actualité. John Dewey a été l'un des premiers à l'affirmer dans l'histoire moderne de la pédagogie : c'est le raisonnement et la compréhension qui explique l'apprentissage ; l'éducation intellectuelle consiste à former une pensée réfléchie.

Dans cette perspective, la capacité d'abstraction (ou de conceptualisation) n'est donc pas d'abord liée à l'âge, mais à notre « base » de connaissances et d'expériences (notre structure cognitive) qui nous permet de faire de liens avec des expériences nouvelles, de discerner de plus en plus de nuances[56]. Plus on connaît déjà, mieux on peut discerner du nouveau. Mais pour mieux se servir de son expérience, on a besoin de la formaliser, c'est-à-dire de la structurer par la langue ou d'autres langages symboliques.

Écoutons le philosophe américain Nelson Goodman : « Quand on examine un tableau, un concerto ou un traité scientifique jusqu'à voir ou saisir des caractéristiques et des structures qu'on n'arrivait pas à distinguer auparavant, alors, dans tous ces cas, on accroît l'acuité de la pénétration et la portée de l'entendement... Une telle croissance de la connaissance ne provient pas de la croyance, mais du progrès de la compréhension. Reconnaître des régularités est en grande partie les inventer et les imposer. *Compréhension et création vont ensemble.*[57] » Dans cette perspective, comprendre devient une façon active d'explorer l'inconnu pour trouver une signification. Il s'agit d'une réflexion engagée, d'une intentionnalité certaine. On n'a pas peur d'explorer, de prendre une initiative, de se tromper, d'être frustré, d'argumenter, d'accepter la critique ; on y prend même plaisir ! À partir de mondes différents, on crée un monde commun : « Comprendre n'est certes pas aimer, mais mieux comprendre fera peut-être plus aimer », nous rappelle Jean-Pierre Changeux dans son beau livre *Raison et plaisir*[58]. Écoutons à nouveau François Cheng : « Le diamant du lexique français, pour moi, c'est le substantif *sens.* » Condensé en une monosyllabe – sensible donc à l'oreille d'un Chinois – qui évoque un surgissement, un avancement, ce mot polysémique cristallise en quelque sorte les trois niveaux essentiels de notre existence au sein de l'univers vivant : sensation, direction, signification.[59] »

Mais pour que la sensation devienne signification partagée, il faut une direction. Cette direction, dans les apprentissages scolaires, c'est l'enseignant qui doit la donner. **Quelles sont les nouvelles compétences que ce dernier doit ainsi développer** ?

56. Bien entendu, celle-ci ne fonctionne pas indépendamment des contextes et des interactions. Il ne s'agit pas d'un « moteur d'inférences » qui « traite l'information » comme un logiciel informatique, mais bien d'une démarche intellectuelle qui cherche à comprendre le sens d'une situation contextualisée en la rapprochant d'une unité plus large.

57. N. Goodman, *Manières de faire des mondes*, Gallimard, Paris, 2006 (souligné par l'auteure).

58. J.-P. Changeux, *Raison et plaisir*, Odile Jacob, Paris, 1994.

59. F. Cheng, *op. cit.*

La médiation du sens

Le rôle de l'enseignant

Dans la perspective qui est la nôtre, le rôle de l'enseignant change ; il devient ici un médiateur entre les élèves et le savoir, celui qui organise des rencontres avec ce dernier, dans ses formes vivantes, pour que *tous* les élèves puissent interagir avec ce savoir, et entre eux. La métaphore de la *transmission* est remplacée par celle de la *transaction* : une « communauté d'apprenants[60] » se crée. C'est grâce à l'action de l'enseignant que les élèves peuvent construire leur regard, en leur laissant la place pour participer, pour prendre des initiatives, pour mettre en commun des idées diverses, pour poser des questions, pour demander des clarifications : l'apprentissage est coopératif ; une forme de « partenariat » s'installe. En étant lui-même le modèle, l'enseignant s'efforce de cultiver chez ses élèves une « posture du chercheur », qui consiste à dépasser une première interprétation stéréotypée pour aller au cœur de la compréhension. Il guide un dialogue qui conduit à l'écoute et à l'argumentation et, *in fine*, à une « négociation » sur le sens à retenir de la « chose » observée. Ainsi, les élèves sont initiés à une forme de communication qu'il faut apprendre à pratiquer : *le dialogue*. Le dialogue dont nous parlons ici est très différent de la juxtaposition d'opinions qui se termine par quelque réponse imposée, soit par l'enseignant, soit par un élève. Le sens va émerger dans cet *aller-retour entre les exemples que chacun peut vivre comme une expérience personnelle et les mots abstraits* que l'on va chercher ensemble pour s'y référer. C'est par des approximations successives, *guidées* par l'enseignant, que l'on s'oriente vers un sens partagé.

Trace, sens et mémoire

Grâce aux traces écrites sur le tableau qui accompagnent notre démarche de conceptualisation, les élèves peuvent suivre « en direct » cette *négociation du sens*. Ils ont un support pour se souvenir des différentes *inférences* émises. Ils se rendent compte qu'on peut comprendre un exemple de plusieurs façons, le tableau en témoigne. Mais avec la règle du jeu – « on ne garde que ce qui revient

60. A. Brown & J. Campione, *op. cit.*

dans chaque exemple » –, ils ont également une méthode pour déterminer l'interprétation la plus juste. On peut donc modifier son inférence en cours de route, sans être pénalisé. On barre tout simplement au tableau ce qui ne va plus. Stimulés par ces traces écrites, les élèves peuvent proposer d'autres hypothèses – ils ont devant les yeux ce qui a déjà été dit et ce qui a été retenu ou rejeté. Ainsi, une idée en fait naître une autre par association ; tout le monde peut participer, s'exprimer, même les plus timides. La justification, rappelée à chaque fois, oblige à la cohérence des propos, et permet à chacun d'approfondir sa compréhension à travers la diversité des réponses. On profite de la diversité comme moyen de créer une cohérence.

On n'est plus uniquement dans « un monde sur papier », mais dans une activité culturelle et collective qui conduit à relier le savoir conceptuel et le savoir empirique. Pour qu'un savoir soit « pertinent[61] », il faut pouvoir relier la connaissance abstraite à ses référents concrets et vice versa. L'expérience, qui contextualise le savoir, est ici offerte aux élèves pour leur donner l'habitude cognitive de faire des allers-retours rapprochés entre contextualisation et décontextualisation, en vérifiant toujours si l'on est dans « le juste » ou dans « le faux ». Une pensée subjective, interprétative évolue par une pensée explicative, il faut combiner les deux. Le savoir « pertinent » qui est ainsi construit est un savoir flexible, prêt à être mobilisé dans des situations différentes.

Quelles conditions cet enseignant-médiateur met-il en œuvre ? Quelles compétences nouvelles développe-t-il ?

Cinq conditions pour favoriser la coconstruction du sens

À partir de l'analyse des conditions mises en œuvre dans les expérimentations en classe, cinq « points d'attention incontournables » ont émergé. Ils constituent un cadre explicatif de ce qui avait permis de conduire les élèves vers la conceptualisation et la coconstruction de sens. Ils forment ainsi un outil, qui prend la forme d'une grille d'analyse, dont les cinq « conditions » constituent les « attributs » de la médiation socio-cognitive, à comprendre dans le sens

61. Au sens où l'entend Edgar Morin in *La Voie*, Fayard, Paris, 2011.

à la fois d'*accompagnement (socio-)* et d'instrumentation d'*outils de pensée (-cognitif)*[62].

La médiation des apprentissages
Conditions qui influencent le processus enseigner – apprendre

Avant la situation d'apprentissage : rendre le savoir accessible	✓ Condition 1 : **définir le savoir** à enseigner en fonction du transfert recherché. ✓ Condition 2 : **exprimer le sens** dans des formes concrètes.
Pendant la situation d'apprentissage : négocier le sens pour comprendre	✓ Condition 3 : **engager les apprenants** dans un processus d'élaboration de sens. ✓ Condition 4 : **guider le processus** de coconstruction de sens. ✓ Condition 5 : **préparer au transfert des connaissances** et à la capacité d'abstraction par la métacognition.

Nous allons voir en quoi cette grille, issue donc de l'analyse de la pratique, peut maintenant servir d'outil de travail plus général pour la *préparation* et/ou l'*analyse* des séquences d'apprentissage (quelles qu'elles soient) visant la conceptualisation. Elle peut également servir de cadre pour rendre intelligibles certains concepts qui sous-tendent cette approche.

Dans un premier temps, nous allons examiner comment le scénario que nous venons d'observer peut entrer dans cette grille. Par la suite, dans la seconde partie de l'ouvrage, nous allons l'appliquer sur d'autres « scénarios » afin de mieux comprendre sa finalité et ses outils. Les conditions à mettre en œuvre pourront alors être considérées comme des compétences de l'enseignant.

62. Voir B.-M. Barth, *Le Savoir en construction*, *op. cit.*, chapitres 5 à 8.

Telle qu'elle est ici présentée, la grille, qui constitue un outil de travail pour préparer ou analyser une séquence d'apprentissage[63], peut paraître trop linéaire. Comme nous le verrons p. 85, la forme de la spirale conviendrait mieux pour indiquer que ces « conditions » sont en interaction incessante, qu'il n'y a pas de début ni de fin.

Première condition : Définir le savoir à enseigner en fonction du transfert recherché

La première condition consiste à définir le savoir à enseigner en fonction du transfert visé. Elle souligne l'importance de l'analyse du contenu à enseigner, en fonction du niveau de compréhension attendu. Afin de bien anticiper la conceptualisation que les élèves en feront, l'enseignant doit donc effectuer un travail en amont : bien déterminer ce qui va être au centre de la séquence d'apprentissage, et choisir le ou les concepts dont les élèves auront besoin pour le transfert recherché. Le transfert recherché – la manière dont les élèves doivent savoir utiliser ce qu'ils sont censés apprendre – doit également être conçu en amont. C'est ce transfert visé qui va guider le choix de concepts pertinents, de leurs attributs et des situations-exemples. Quel que soit l'objet principal de l'apprentissage visé, on peut le structurer selon le schéma du concept, qu'il s'agisse de *concepts disciplinaires*, *des règles* (de grammaire ou d'orthographe, par exemple) ou d'*outils spécifiques* à chaque discipline (comme un schéma fonctionnel ou un graphe[64] en biologie ou une carte en géographie). Les *activités cognitives* (comme comparer, faire une inférence[65]), les *modes de communication* (comme le dialogue ou l'argumentation) ou les *procédures* (comme « factoriser » en mathématiques) peuvent également être conçus comme des concepts et faire l'objet spécifique d'un apprentissage conceptuel[66].

Il y a un outil pour faire ce travail préparatoire : le *modèle opératoire du concept*. En philosophie, un *concept* est défini comme :
– une pensée abstraite ;
– désignée par un (des) mot(s)... ;

63. Voir « Grille d'observation d'une situation de médiation du savoir » sur www.editions-retz.com.

64. Voir « Modèle opératoire du concept : le graphe en biologie » (M.-A. Allard) sur www.editions-retz.com.

65. Voir « Grille d'observation d'une situation de médiation du savoir : la factorisation d'expressions complexes en classe de 3e » (Sylvie Leone) sur www.editions-retz.com.

66. Voir « Entraînement à la comparaison », in B.-M. Barth, *L'Apprentissage de l'abstraction*, *op. cit.*, p. 152 et suiv.

– … qui se réfère(ent) à :
– un ensemble de caractéristiques… ;
– … qui sont communes ;
– une pluralité d'exemples ou de cas réels.

Le modèle opératoire du concept sert de base pour déterminer et définir le savoir à enseigner.

Le modèle opératoire du concept[67]

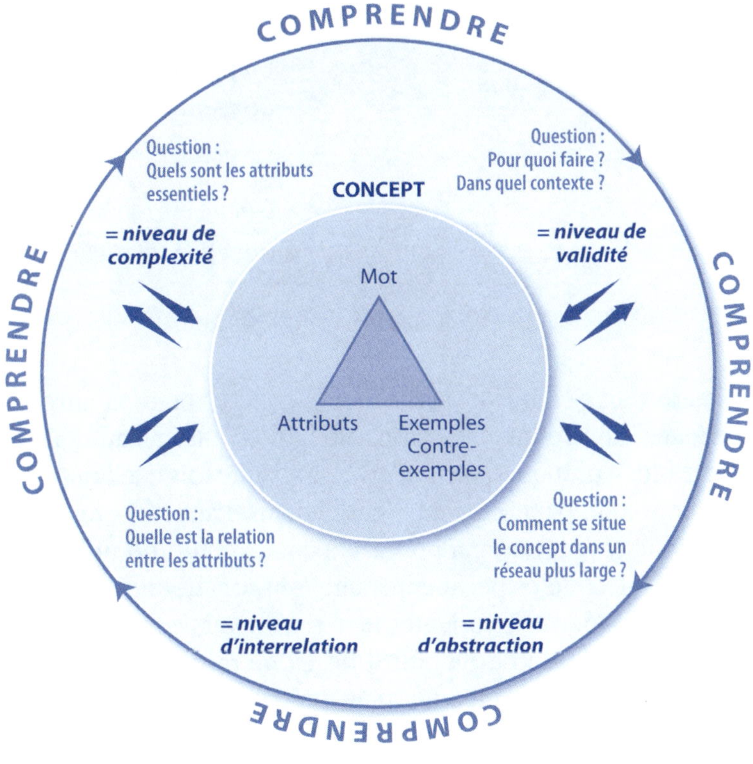

67. Voir ce schéma et son application « Le vivant : une unité autonome organisée » (M.-A. Allard), pp. 230-231. Des versions couleur sont également disponibles sur www.editions-retz.com.

On retrouve le schéma du concept au milieu – l'*étiquette*, *les attributs*, *les exemples* et les *contre-exemples* – avec ses quatre niveaux d'interrogation. Ceux-ci conduisent les enseignants à analyser le concept choisi pour réfléchir à ce qui est essentiel :

◆ LE NIVEAU DE COMPLEXITÉ	*Qu'est-ce qui est essentiel ?* *À quel niveau de compréhension ?*
◆ LE NIVEAU DE VALIDITÉ	*Pour quoi faire ?* *Dans quel contexte ?*
◆ LE NIVEAU D'ABSTRACTION	*Comment ce concept s'inscrit-il dans un réseau conceptuel ?*
◆ LE NIVEAU D'INTERRELATION	*Quelle est la relation entre les attributs qui définissent le concept ?*

À première vue, ce *modèle opératoire du concept* peut paraître compliqué. Mais l'expérience montre que c'est la partie la plus engageante, que les enseignants aiment le plus à pratiquer, surtout en équipe, une fois que l'outil est bien compris. Faire ce travail préparatoire, entre enseignants d'abord, permet de bien choisir et de clarifier le concept par rapport à son contexte futur d'utilisation, et de choisir les situations-exemples pertinentes qui vont fonctionner comme supports pour la réflexion des élèves et orienter leur regard vers ce qui est essentiel et ce qui est secondaire. L'outil devient ainsi un *guide d'investigation,* dans un premier temps pour les enseignants. On peut prévoir ensemble comment le sens d'un même concept peut s'approfondir tout au long de l'année, voire de la scolarité, en le faisant évoluer, telle une spirale qui s'ouvre, montant vers les « sphères ». Selon la belle métaphore d'Edgar Morin, « la structure de la pensée ressemble plus à une musique qu'à un édifice, à une symphonie qui se déroule dans le temps en prenant son propre élan sur soi-même ». On pourrait donc parler d'une symphonie inachevée...

Cette planification est fondamentale. À elle seule, elle pourrait sauver beaucoup d'élèves de « l'impuissance conditionnée ». Il est également important d'initier progressivement les élèves eux-mêmes à l'utilisation consciente de cet « outil intellectuel ». Regardons, à titre d'exemple, la préparation faite préalablement pour guider les élèves à conceptualiser le mouvement de peinture qu'est l'impressionnisme.

– Qu'est-ce qui est essentiel ?

Dans notre scénario, l'enseignant avait choisi de faire prendre conscience par les élèves de ce qui permet d'appréhender un style de peinture, en général : notamment, la technique, le choix de couleurs, le choix des motifs, la présence de lumière, l'ambiance, en partant d'un certain style, l'impressionnisme. Dans notre cas précis, ce mouvement a été choisi parce que les élèves concernés, habitant un village où les peintres impressionnistes ont trouvé leurs motifs, pouvaient être sensibilisés à s'y réinvestir par la suite.

– Pour faire quoi ? Dans quel contexte ?

Le but est d'initier les élèves au domaine de la peinture, en les outillant avec cette « définition » qui leur permettra à la fois de comprendre en quoi consiste un « style de peinture » en général, et le mouvement de l'impressionnisme en particulier. *Qu'est-ce qu'on peut observer dans le monde de la peinture ?* Ces attributs choisis (technique, choix de couleurs, choix de motifs, présence de lumière, ambiance) seront par la suite disponibles et valables pour observer et apprécier d'autres peintures, d'autres mouvements.

– Comment ce concept s'inscrit-il dans un réseau conceptuel ?

Ici, c'est le domaine de la peinture, la notion de « style » et les différents mouvements, ainsi que leurs caractéristiques qui forment le réseau ; selon le besoin, on peut complexifier ou simplifier.

– Quelle est la relation entre les attributs qui définissent le concept ?

Dans l'exemple de l'impressionnisme, la relation entre les attributs est *et – et – et* : il y a présence, simultanément, de tous les attributs choisis. C'est le cas pour un grand nombre de concepts, et c'est la relation la plus facile à saisir pour les élèves. Ce n'est pas le cas pour tous les concepts : parfois, la relation est « soit/soit », comme pour « motif » dans notre exemple : *soit* un paysage, *soit* des personnages. Cela veut dire que des exemples qui ne possèdent pas tous les attributs en même temps peuvent quand même être des exemples du même concept. Cela peut causer des difficultés, alors il vaut mieux en être averti. Parfois, c'est la nature de la relation elle-même qui définit des concepts (comme grand, petit, au-dessus, devant, derrière, le contraire…), ceux-ci pouvant être définis que par rapport à autre chose. Cela doit être observable dans les exemples[68].

Deuxième condition : Exprimer le sens dans des formes concrètes

La deuxième condition consiste à exprimer le sens dans des formes concrètes. Elle souligne l'importance d'exprimer le savoir abstrait dans une forme accessible aux élèves. L'enseignant doit donc transformer un contenu abstrait (une définition, une règle) en une forme plus concrète, une mise en situation. En quelque sorte, il s'agit d'organiser des « rencontres » avec le savoir dans des formes plus « vivantes » qu'une explication orale ou écrite. Tous les savoirs peuvent s'exprimer dans des formes et des langages différents, il s'agit de multiplier et de varier ces formes selon le contexte et le transfert visé. Ces situations de *savoirs-en-action* véhiculent le sens d'une façon beaucoup plus directe que des explications abstraites. Cela permet de susciter une pensée analogique (qui appréhende le global) et une pensée analytique (qui appréhende le linéaire et les détails), toutes deux se complétant.

Le choix du premier « exemple positif » est particulièrement important, car il va servir d'hypothèse de travail pour les élèves. Il doit clairement contenir tous les attributs essentiels, sans ambiguïté. Les suivants doivent également contenir, à chaque fois, tous les attributs essentiels, mais on doit varier ce qui n'est pas essentiel ; ceci vise à ne pas induire en erreur les élèves. Dans nos exemples impressionnistes, on pouvait varier les motifs pour ne pas induire l'idée qu'un tableau impressionniste a toujours un paysage comme motif. Les contre-exemples sont tout aussi importants : par le contraste, ils permettent de cerner le sens et de le limiter. Le premier contre-exemple doit être très contrasté pour bien guider la perception des élèves sur ce qu'on cherche. Dans notre exemple, un tableau de Picasso a bien servi ce but. Par la suite, on peut s'approcher de plus en plus des

68. Voir B.-M. Barth, *L'Apprentissage de l'abstraction*, *op. cit.*, chapitre 2 « Le savoir et son élaboration », pp. 35-52.

« exemples oui » (comme le pré- et le postimpressionnisme) pour mettre les élèves à l'épreuve : sauront-ils encore faire la différence ? C'est une occasion d'autoévaluation et de rectification des conceptions qui prépare les élèves à une plus grande autonomie ; ils savent ce qu'il convient d'observer dans un domaine donné.

Les exemples sont donc une entrée pour se familiariser avec un contenu abstrait. Leur choix est important, car ce sont eux qui vont déclencher, catalyser, faire progresser la réflexion. Les exemples ont au moins quatre fonctions :

1. Ils offrent des expériences multiples et contextualisées avec le savoir nouveau.
Les exemples doivent être suffisamment nombreux et variés pour inciter les apprenants à faire des mises en relation multiples, et les engager dans une véritable interrogation commune. C'est le rapprochement des situations multiples et variées, les unes avec les autres, qui conduit à discerner ce qui est essentiel dans un contexte donné. C'est particulièrement important pour ceux qui n'ont pas encore eu ce genre d'expérience. Ces situations-exemples donnent l'occasion aux élèves de s'entraîner à *comparer* (les exemples contextualisés) et à faire des *inférences* (afin de les décontextualiser) avant même d'en être conscients. Progressivement, ils peuvent en prendre conscience. Ils sont en train d'acquérir des ***habitudes cognitives***, qui consistent à ne pas séparer les situations singulières et contextualisées d'un ensemble plus large auquel elles sont rattachées. C'est une habitude très utile – voire indispensable – à transférer à d'autres situations d'apprentissage.

2. Ils expriment le savoir dans une forme globale et analogique, dans toute sa complexité, par opposition à une forme linéaire et analytique (comme une définition ou une explication).
Cela rend l'accès au sens plus immédiat. Une image parle parfois plus que mille mots ! Selon le contexte, les situations-exemples peuvent prendre des formes très diverses : études de cas, expérimentation, simulation, manipulation, observation de documents divers : textes, images, films, vidéos, TICE.

Place donc à une autre façon d'appréhender l'inconnu, par un autre mode de pensée plus global que linéaire. Tout ce qui peut aller dans ce sens stimule la pensée et sollicite des « intelligences multiples[69] ». Cela permet de capter l'intérêt d'élèves

69. H. Gardner, *Les Intelligences multiples*, Retz, Paris, 2008.

par définition différents dans le même groupe-classe. Par exemple, si l'on travaille le concept de *métaphore* (en tant qu'outil littéraire) avec les élèves, au lieu de leur donner une définition sous la forme d'une phrase, leur proposer un support différent : en quoi les tableaux d'Arcimboldo ressemblent-ils à une métaphore ? En les observant – le nez est remplacé par une patate, l'oreille par un champignon, les cheveux par des feuilles –, on infère facilement que, quand un mot remplace un autre pour dire la même chose, il s'agit également d'une métaphore. Une définition plus formelle peut alors devenir accessible : « Procédé de langage qui consiste à employer un terme concret dans un contexte abstrait par substitution analogique, sans qu'il y ait d'élément introduisant formellement une comparaison.[70] »

3. Ils permettent d'avoir *une attention* et une *action communes* au sens de Jerome Bruner. On ne peut pas réfléchir avec les autres dans le vide. Les exemples invitent au dialogue, à l'argumentation, à la recherche des mots justes. Le langage ainsi sollicité devient un outil, un moyen, pour développer la pensée, et non pas un effet du développement de celle-ci. Il permet de préciser la pensée et d'en prendre conscience. Ces rencontres avec le savoir-en-action, déclenchant les interactions verbales, sont donc centrales pour le développement du vocabulaire et de la capacité d'abstraction : argumentation et apprentissage sont en étroite relation.

4. C'est peut-être la fonction la plus importante : la suite des exemples permet de dévoiler le mécanisme de la construction du savoir. Au départ, il y a une situation concrète, un problème à résoudre, une question : « Toute connaissance est une réponse à une question », nous rappelle Gaston Bachelard[71]. Même le savoir le plus abstrait – comme une formule mathématique – se construit à partir de l'observation de situations concrètes, contextualisées, où l'on cherche à répondre à une question. Face à des œuvres picturales, elle peut se formuler ainsi : *Que veulent nous transmettre ces peintres ? Comment s'expriment-t-ils ?* L'explication vient dans un deuxième temps, une fois que ces œuvres ont été explorées. « L'abstraction, c'est aller à l'essentiel, nous enseigne Georgia O'Keeffe : c'est seulement par sélection, par élimination qu'on atteint le sens vrai des choses.[72] » C'est vrai dans le domaine

70. *Le Petit Robert*.

71. G. Bachelard, *La Formation de l'esprit scientifique*, Librairie philosophique Vrin, Paris, 1999, premier chapitre [1938].

72. « *It is only by selection, by elimination, that we get at the real meaning of things* », nous dit cette peintre

de la peinture, de la poésie, mais également dans les domaines scientifiques. Par la suite, la signification peut progressivement évoluer. Perçue de cette façon par les élèves – chercher à aller à l'essentiel –, la tâche peut devenir un défi qu'on a envie de relever !

Ces deux premières conditions de la grille prennent ainsi en compte, en amont, la façon dont les élèves vont appréhender le savoir et sa construction. On est déjà dans le « métasavoir » et la métacognition.

Troisième condition : Engager les apprenants dans un processus d'élaboration de sens

La troisième condition de la grille souligne l'importance de solliciter *l'intention d'apprendre* chez les élèves. Le plus dur – nous le savons tous – est de faire en sorte que les élèves s'engagent, s'impliquent dans les activités proposées, qu'ils aient véritablement l'intention d'apprendre. Le rôle de l'enseignant est essentiel. C'est son propre engagement et son invitation à relever un défi qui vont d'abord leur donner envie de se lancer dans les activités proposées. Cette attitude, ou posture, est au cœur de la démarche. La motivation peut alors se construire au fur et à mesure que le travail avance et que les élèves y trouvent un sens personnel. Les « scénarios » pour apprendre sont conçus dans cet esprit. Vous avez eu un aperçu de l'un d'eux. Bien entendu, il y en a d'autres[73], et l'on peut les varier à l'infini, comme nous allons le voir. Mais ils ont en commun certains éléments :

– Premièrement : Il y a une activité, une tâche, à laquelle les élèves participent, en collaboration avec les autres, pour produire quelque chose qui a du sens pour eux. L'activité doit avoir un début et une fin, anticiper un but compréhensible, qui offre quelque défi, sans être trop difficile, et un espace de dialogue et d'argumentation, avec un feed-back tout le long, qui permet quelque maîtrise du succès de l'entreprise. L'évaluation est intégrée à la situation de l'apprentissage et prépare à la capacité d'auto-évaluation.

---

américaine (1887-1986), connue pour ses peintures à la limite de l'abstraction, à laquelle une exposition au Whitney Museum of American Art (New York) a été consacrée en octobre 2009.

73. Voir B.-M. Barth, *L'Apprentissage de l'abstraction*, *op. cit.*, chapitres 8 et 9, pp. 165-180.

– Deuxièmement : proposer une tâche, même si elle offre un beau défi, n'est pas suffisant pour susciter l'intention d'apprendre. Les élèves n'apprennent pas uniquement avec leur tête ; leurs émotions sont tout autant impliquées, et ils ont besoin de se sentir rassurés quant à leurs capacités de réussir la tâche. Apprendre en classe peut être une entreprise risquée, cela concerne les enjeux personnels. Il est donc indispensable de clarifier les attentes mutuelles, d'*établir l'intersubjectivité*, dans le but de créer la confiance.

Établir un **contrat d'intersubjectivité**, c'est répondre, explicitement, à des questions implicites de la part des élèves, comme : *Que faut-il faire pour apprendre dans cette classe ? Comment est-ce que je sais quand je sais ? Puis-je avoir confiance ? Ai-je le droit de faire des erreurs, d'explorer, de poser des questions (même celles qui peuvent sembler évidentes), d'argumenter – sans être jugé ?*

Ce contrat a trois dimensions :
– le cognitif (ce qu'il faut faire pour apprendre) ;
– *l'affectif* (l'assurance d'aide, ce qui rassure) ;
– *le social* (la place que chacun peut avoir dans ce scénario, le relationnel, les structures d'interaction).
Ces trois dimensions[74] sont prises en compte dans la consigne de notre exemple qui peut être modélisée comme suit.

Scénario pour apprendre

… à la recherche d'une signification commune…
On se met d'accord sur le fait que, dans notre groupe, apprendre consiste à chercher une signification commune d'un mot à partir d'exemples et de contre-exemples que *l'enseignant met à notre disposition.*

74. Dans ce texte, l'*italique maigre* correspond au « social » (la place que chacun peut avoir dans ce scénario, le relationnel, les structures d'interaction) ; l'*italique* correspond à l'« affectif » (l'assurance d'aide, ce qui rassure) ; le reste renvoie au « cognitif » (ce qu'il faut faire pour apprendre).

... exprimée par des attributs...

Celle-ci sera exprimée par des mots *choisis ensemble* et qu'on appellera les attributs. Les attributs sont les mots qui sont plus importants que les autres et qui désignent les éléments qui reviennent dans tous les exemples ; les attributs ont pour fonction de définir. *Notre tâche* consiste à comparer les exemples entre eux pour trouver ce qu'ils ont en commun à chaque fois. Les contre-exemples servent à délimiter le sens. ***L'enseignant notera toutes les idées au fur et à mesure sur le tableau.***

... pertinents...

Pour savoir ce qui est important, *nous avons une règle* : il faut retrouver les éléments proposés dans tous les exemples, à chaque fois. Si ce n'est pas le cas, on les barre. En cas de désaccord, les exemples sont la référence et il faut aller vérifier. Il ne suffit pas de répondre « oui » et « non », ou de simplement donner une réponse, il faut toujours savoir justifier sa réponse et *être prêt à argumenter. Chacun a son tour pour argumenter et partager ses interprétations avec les autres.*

... dont les critères sont déterminés ensemble...

Chacun peut être juge, les critères se déterminent ensemble, ***l'enseignant aide à confirmer et à infirmer les exemples en cas de besoin.*** Quand on est capable de vérifier la cohérence entre le mot, les exemples et les attributs, et qu'on se trouve capable d'analyser des exemples nouveaux de la même manière, on peut considérer qu'on a compris. *Cette compréhension peut être évaluée par chacun et discutée ensemble,* ***les critères étant connus par tous.***

... avec comme outils d'analyse nos erreurs et les exemples et contre-exemples proposés ou construits...

Les erreurs sont admises et servent d'outils d'analyse et on peut s'en servir tant qu'il le faut. On peut demander autant d'exemples nouveaux que nécessaire. L'enseignant est là pour nous aider. Pour aller plus loin, on peut proposer ses propres exemples et essayer de voir comment ils peuvent être utilisés dans des situations et des domaines différents.

Dans cette perspective, quel que soit le « scénario » mis en œuvre, il faudrait inclure ces trois dimensions en même temps. S'attacher uniquement à l'affectif, ou uniquement au relationnel ou uniquement au cognitif ne suffit pas ; les trois dimensions doivent être prises en compte simultanément.

La prise en compte de l'affectif des élèves s'inscrit ici dans les outils cognitifs qui sont mis à leur disposition. Le but de ces derniers est de leur rendre le savoir et les processus d'apprentissage accessibles, et de les outiller intellectuellement pour réussir l'apprentissage : c'est en aidant les élèves à réussir qu'on peut en effet les convaincre que c'est possible. La motivation peut ainsi se construire pendant l'apprentissage. Elle devient alors une conséquence de celui-ci, plutôt qu'une condition. Quand les élèves savent clairement ce qu'on attend d'eux, quand la tâche leur est accessible et maîtrisable et qu'ils sont assurés d'une aide pour réussir, ils n'ont pas de réticence pour adhérer au projet ; au contraire, ils se lancent. On les touche dans leur existentiel : ils peuvent participer avec ce qu'ils sont, ce qui est déterminant pour que l'apprentissage à l'école ait un sens pour eux. S'il n'y a pas de sens (voire de « sensation »), il n'y a pas de motivation.

Quatrième condition : Guider le processus de coconstruction de sens

La quatrième condition met l'implication cognitive des élèves au cœur du processus. C'est maintenant que le scénario choisi doit susciter et guider la conceptualisation[75]. Je voudrais souligner l'importance du *dialogue cognitif* entre les élèves et l'enseignant qui accompagne la confrontation des exemples et des contre-exemples. C'est un moyen important pour clarifier, rectifier et faire évoluer les conceptions que les élèves sont en train de construire, en confrontant leurs observations. Cette confrontation se passe en trois temps :

– D'abord, le savoir nouveau (sous forme de situations-exemples) est confronté au savoir existant des apprenants. Ils sont invités à exprimer leurs observations qui ne sont pas jugées à ce moment-là. Au contraire, il est important de laisser chaque élève s'exprimer librement en utilisant le vocabulaire dont il dispose. Dans un premier temps, l'enseignant note tout ce qui est dit au tableau. Cela lui

75. Voir le mémo « Conceptualiser » p. 227 et sur www.editions-retz.com.

permet, par la même occasion, de comprendre ce que les élèves peuvent reconnaître et de rebondir à partir de là. Les élèves ont également ce temps pour observer les différentes propositions. Ils peuvent se rendre compte que tout le monde ne voit pas forcément la même chose – et ils peuvent en profiter pour enrichir leur propre regard.

– Ensuite, il y a la confrontation entre les conceptions des uns et des autres : ce « conflit » conceptuel entre les élèves se manifeste par la discussion et l'argumentation, avec, toujours, une *validation* à la source : les exemples. À présent, il faut *discerner avec justesse*, la preuve à l'appui ! On a le droit de s'entraider pour trouver les mots pour s'expliquer. Si un élève n'arrive pas à justifier sa réponse, un autre peut prendre la relève. L'enseignante guide, veille à la cohérence, rappelle la nécessité de justifier les réponses. La justification, demandée à chaque fois, oblige à anticiper la cohérence des propos, et permet à chacun d'approfondir sa compréhension à travers la diversité des réponses. On profite de la diversité comme moyen de créer une cohérence. Au lieu d'être un obstacle, les différentes perspectives (y compris les « fausses conceptions ») conduisent à une compréhension plus approfondie de l'objet de la connaissance, mais également de la manière dont celui-ci se construit.

– Enfin, il y a une clarification entre les élèves et l'enseignant, qui se manifeste par ses *questions élucidantes* visant à affiner l'analyse et le jugement critique ainsi que la recherche des nuances et des mots justes. Parfois, ce sont les mots des autres élèves qui expliquent mieux la compréhension. Les exemples nouveaux, notamment les contre-exemples, choisis pour mettre en question, pour étonner, relancent l'interaction et l'argumentation. Reprenons les propos de Vygotski : « Le langage ne sert pas d'expression à une pensée toute prête. En se transformant en langage, la pensée se réorganise et se modifie. Elle ne s'exprime pas, mais se réalise dans le mot.[76] » C'est dire l'importance du temps qu'il faut laisser à ce travail intellectuel, pour permettre à la pensée de se réaliser et de prendre forme. Pour les élèves qui ont des difficultés d'abstraction, c'est particulièrement important. On croit qu'il faut leur donner du concret, quand ce sont justement les mots pour le dire qui leur manquent ! Parfois, les mots passent par les gestes : l'enfant a compris, mais, ne trouvant pas le mot, il fait un geste à la place. À la question

76. L. Vygotski, *Pensée et langage*, La Dispute, Paris, 1998 [1934].

«*Comment le peintre a-t-il posé la peinture pour obtenir cet effet?*», il peut ainsi répondre en mimant le geste du peintre: «*Il a fait comme ça!*» Un autre enfant traduit son geste et propose un mot: «*Il a* tapoté.» Un troisième enfant, en difficulté dans la communication verbale, répète le geste, sans rien dire, mais il a eu le temps de montrer qu'il a compris, lui aussi. À charge pour l'enseignante, attentive à ce qui se passe dans le groupe, de demander aux enfants de répéter le mot. La «sensation» (la première perception) a eu le temps de devenir consciente et de se préciser par le langage[77].
Même si les élèves ne le savent pas encore (mais cela peut arriver très vite), ils se trouvent ici dans la structuration et la formation d'un concept, et font bien la différence entre les mots, les exemples et la définition.

Lorsque les élèves sont habitués à travailler de cette façon, ils commencent en effet à prendre conscience de la démarche elle-même. La méthode de pensée pour conceptualiser, mise en œuvre systématiquement, leur devient progressivement familière et routinière. Un élève remarque, par exemple, «*qu'on s'y prend toujours de la même façon*». Qu'est-ce que cette «même façon»? C'est le moment de verbaliser ce qu'on fait et de se mettre d'accord sur les mots à utiliser pour s'y référer. De cette manière, les mots viennent pour exprimer le sens, déjà incarné dans l'action. Le «scénario pour apprendre» devient une méthode de pensée interactive dans le sens où elle permet au groupe d'entrer dans une démarche collective de coconstruction de sens qui fonctionne comme un «format» ritualisé[78]. Pour l'enseignante, c'est un outil permettant de solliciter la participation de tout le monde. Progressivement, la méthode peut être utilisée dans d'autres domaines pour répondre à d'autres questions*: comment fonctionne un verbe? Quelle est la différence entre médiane, hauteur, médiatrice et bissectrice? Comment créer un portrait, un poème ou un conte? À quoi sert une justification? Comment s'y prendre pour faire une inférence? Comment formuler une bonne question?*

Une fois la démarche acquise, les élèves peuvent donc travailler de façon plus autonome en petits groupes; ils savent comment il faut procéder, la démarche est

77. Cet épisode s'est déroulé dans une autre classe (moyenne et grande sections de maternelle – élèves de 5/6 ans), qui s'est intéressée à la peinture. Voir la vidéo « De l'action à la verbalisation» sur www.editions-retz.com.

78. J'utilise le terme «scénario» dans le sens où Jerome Bruner parle de «format»: la construction d'un rituel qui encadre les actions des élèves en fournissant des conventions d'interaction pour favoriser la compréhension mutuelle.

devenue une routine, ils peuvent se concentrer sur le contenu. Ils ont acquis un langage pour communiquer entre eux sur leur progression, ils peuvent s'exprimer en termes d'attributs et d'exemples pour vérifier le sens d'un concept. Ils sont devenus capables de faire la différence entre ce avec quoi ils pensent et ce sur quoi ils pensent. Une « microculture » commune s'établit[79], on peut le constater par les échanges spontanés des élèves : « *Je ne retrouve pas tous les attributs dans ton exemple. – Oh, il ne manque qu'un seul attribut, ce n'est pas grave ! – Si, c'est grave ! On a dit que tous les attributs doivent s'y retrouver, sinon, on n'est pas sûr de comprendre la même chose.* » Les élèves prennent conscience du fait que, si un seul attribut manque, le concept n'a plus le même sens.

Avec le temps, ils comprennent que ces outils de pensée sont valables dans d'autres situations. Comme le disait cet élève, jusqu'alors peu assidu, à son professeur d'histoire qui avait suivi notre démarche : « *Monsieur, est-ce qu'on peut se faire un concept aujourd'hui ?* » L'enseignant est devenu une « personne ressource » avec qui l'on a un langage commun pour solliciter une aide précise. La demande concernait un contenu, certes, mais, implicitement, surtout une *manière d'apprendre*, devenue consciente et appréciée par l'élève. C'est un premier pas vers la métacognition, condition de l'autonomie.

Cinquième condition : Préparer au transfert des connaissances et à la capacité d'abstraction par la métacognition

La cinquième condition de la grille, qui concerne le transfert par la métacognition, est présente tout au long de ce scénario. *Meta* veut dire « revenir sur », et « cognition » renvoie aux opérations mentales et aux savoirs et croyances ainsi élaborés. La métacognition consiste donc à faire un retour réflexif sur sa pensée et son contenu pour en prendre conscience. L'enseignant est déjà dans ces préoccupations en préparant la leçon (notamment, par le choix des situations-exemples), et progressivement il aide les élèves à structurer le nouveau savoir et à prendre conscience de la démarche utilisée pour y arriver. La métacognition a pour but d'élargir le champ de conscience des apprenants et donc leur capacité à réutiliser

79. L. Mottier-Lopez, *Apprentissage situé – Les microcultures de classe en mathématiques*, Peter Lang, Berne, 2008.

ce qu'ils savent dans des contextes différents. D'où l'importance, à un moment approprié, de formaliser ce qu'on a appris et de choisir une forme dans laquelle on va le mémoriser.

À un moment donné, il faut savoir exprimer sa compréhension dans des termes reconnus, « échanger » son propre mot contre un mot usuel ; par exemple, l'enfant qui a proposé « tapoter » pour la manière de peindre des impressionnistes, pourra ensuite passer au terme plus juste de « juxtaposer ». Une définition doit d'abord être au service des personnes qui s'en servent ; on peut donc proposer des choix pour l'exprimer, tout en s'assurant qu'une référence commune est accessible. La métacognition peut, par exemple, consister, à la fin de la « leçon » ou de la journée, à prendre un temps pour *revenir sur ce qu'on a appris* : faire une carte conceptuelle, rappeler un exemple, formuler une définition commune par écrit, se donner des références de lecture... Il importe également de comprendre le contexte dans lequel ce savoir peut être utile, de faire des liens avec des situations concrètes différentes. Dans notre démarche, chaque exemple peut devenir une expérience d'un contexte d'utilisation. C'est de cette manière que le savoir s'inscrit dans une compétence plus large, prête à être mobilisée, au bon moment. Dans notre exemple, les élèves se familiarisent d'abord avec « le monde de la peinture » à travers l'observation (guidée) des exemples et des contre-exemples. Ensuite, ils vont avoir l'occasion d'observer d'autres tableaux dans un autre contexte, le musée. Ils vont s'entraîner à mobiliser leur nouveau « savoir-outil » pour reconnaître les tableaux connus et savoir observer et apprécier les tableaux inconnus. Par la suite, ils vont se mettre à la peinture eux-mêmes, pour essayer de peindre à la manière des peintres impressionnistes. Ils vont peut-être aller se promener le long de la Seine et reconnaître les motifs de ces peintres, évoquer leurs tableaux...

La démarche elle-même mérite donc une prise de conscience : revenir sur sa démarche de pensée est même fondamental. Quand l'enseignant a su provoquer et observer le *processus* de la conceptualisation auprès des élèves, grâce à la *procédure* conçue à cet effet, il peut faire le lien entre les deux. Il sait maintenant comment induire le niveau de la comparaison ou celui de l'inférence et de sa vérification par la façon dont il guide la démarche, pose les questions et choisit les exemples. Il sait maintenant reconnaître la différence entre une mémorisation des définitions et une construction de la signification. Progressivement, les élèves peuvent également devenir conscients de ces activités cognitives et les mettre en œuvre consciemment. On commence par prendre l'habitude de *penser pour apprendre* et, *in fine*, on apprend à penser. *Il ne s'agit pas d'un apprentissage superficiel de quelques outils isolés, mais d'une formation intellectuelle véritable à travers une approche ordonnée des connaissances.*

La métacognition permet ainsi de devenir davantage conscient de ce que l'on sait, de comprendre comment on a appris, ce qui permet, progressivement, de mobiliser ces savoirs et de reproduire consciemment ces processus dans un autre contexte. Quand l'enseignant accompagne les élèves dans ces activités de prise de conscience, il fait de la métacognition avec les élèves. Mais... il n'y pas de métacognition sans cognition préalable... On ne peut pas revenir sur quelque chose qui n'a pas eu lieu ou qui est passé inaperçu, sans mots pour s'y référer. L'« acquisition » d'un savoir nouveau passe par la prise de conscience, par l'intériorisation active de celui-ci dans la structure cognitive existante de chacun, qui va s'en trouver transformée. Le plus important n'est donc pas la quantité des savoirs à enseigner, mais la qualité des apprentissages : faire prendre conscience aux élèves des outils cognitifs qui donnent forme aux savoirs fait partie de ces savoirs – sans quoi il n'y a pas d'intégration, ni transfert à d'autres situations. L'avantage d'utiliser des « scénarios » qui deviennent des « routines » est que les élèves « entrent » dans la démarche (la procédure) qui, par sa mise en œuvre régulière, devient familière ; par la suite, il est facile d'en prendre conscience et de pouvoir dire ce qu'on a fait. De là, on peut traduire ce qu'on a fait, et qui est observable, en un langage qui exprime ce qu'on fait dans sa tête : *observer*, *comparer*, *faire une inférence*... Si la métacognition était vraiment introduite à l'école, ce serait une « révolution cognitive » qui permettrait à un plus grand nombre d'enfants d'entrer dans le monde des symboles.

L'expérience montre qu'une fois le sens de ces mots compris, les élèves aiment bien s'en servir. Comme disait cette petite fille, dans une classe de l'enseignement spécialisé : « *Comme c'est drôle, on* compare *partout !* » Elle savait reconnaître et mettre en œuvre une comparaison, notamment dans les rédactions. Ou cet autre élève qui prenait l'habitude d'annoncer son argument : « *Maintenant, je vais faire une inférence.* » Avec ces outils disponibles, les élèves apprennent à devenir plus autonomes et à prendre plus de responsabilité pour leurs propres apprentissages – et, pourquoi pas, pour ceux de leurs camarades. On est loin de la compétition et de la notation excessive, c'est une école pour apprendre, une école pour donner sens, à la fois à son expérience scolaire et à ses études.

Dans cette perspective, il est évident que le rôle de l'enseignant est très exigeant et comporte une responsabilité intellectuelle et relationnelle accrue. Cela demande une formation, à la fois personnelle et professionnelle, qui les outille dans ce sens car il s'agit d'être à la fois modèle et inspirateur, inventeur et catalyseur, « connaisseur » et accompagnateur.

Nous avons parcouru le sens des cinq conditions de la grille d'analyse, conçue dans une perspective de *médiation sociocognitive des apprentissages* :
– définir le savoir ;
– exprimer le sens ;
– engager les apprenants ;
– guider le processus ;
– préparer au transfert par la métacognition[80].

Cette grille va maintenant nous servir d'outil pour observer des séquences d'apprentissage qui ont été conçues et mises en œuvre dans les classes. Tout en étant souple et ouverte à différentes façons de faire, elle cherche à attirer l'attention sur les conditions de mise en œuvre qui ont permis de bien accompagner les élèves dans la construction même de leur savoir en leur rendant accessibles les outils pour apprendre.
En résumé, pour mieux montrer que les conditions sont interconnectées, que la métacognition commence en amont de la planification, la forme d'une spirale convient mieux pour les représenter.

80. Voir la « Grille d'observation d'une situation de médiation du savoir » (version vierge et versions appliquées) sur www.editions-retz.com.

La médiation des apprentissages[81]

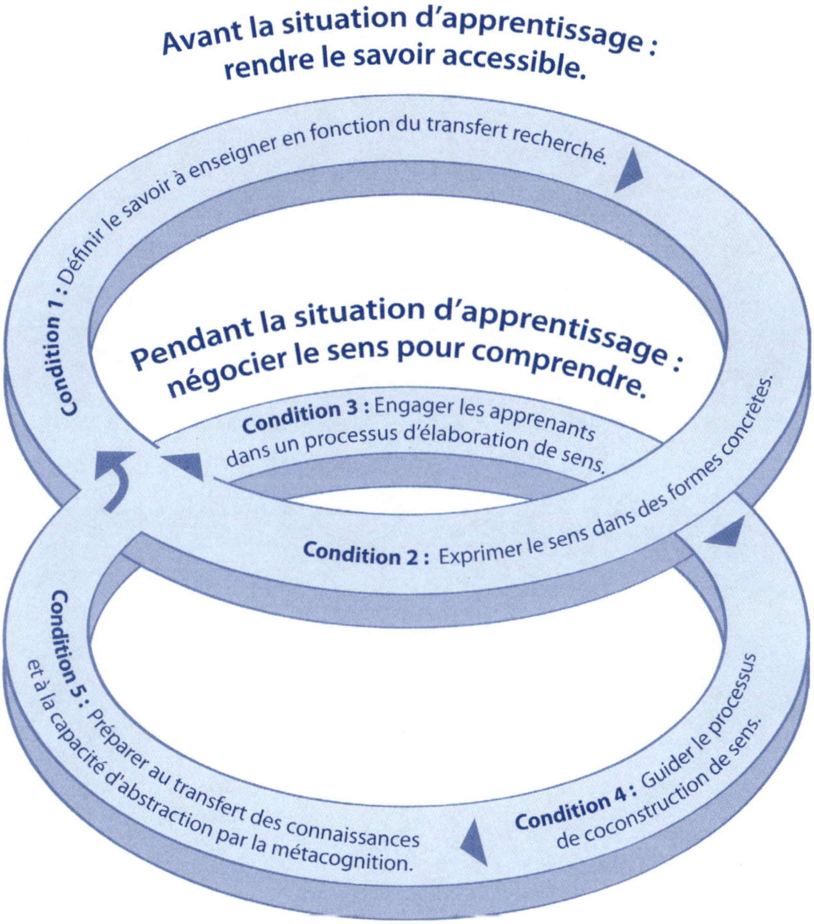

81. Voir ce schéma en couleur sur www.editions-retz.com.

Partie 2

Expérimentation de la médiation sociocognitive des apprentissages

Introduction : Mettre l'accompagnement au centre de la formation continue des enseignants

Les scénarios qui vont suivre sont tous des séquences d'apprentissage qui ont été expérimentées en classe, dans le cadre de la formation continue des enseignants, au Québec et en France. Le but était surtout d'observer et de documenter ce qui se passe quand on cherche à mettre en œuvre certains principes pédagogiques, issus de la recherche en éducation, ainsi que certains outils, cohérents avec ces principes. Qu'est-ce que l'application de ces principes et l'introduction de ces outils changent pour les élèves ? Pour l'enseignant ? Ainsi introduit au cœur de la formation, le lecteur est invité à entrer dans le « jeu » pour se créer sa propre opinion.

Les quatre situations présentées ici sont très différentes. L'âge des apprenants, leur culture d'appartenance, les domaines de connaissances abordés, les activités proposées, la durée dans le temps, les structures d'interaction et les supports varient. Mais le fil conducteur est toujours le même : dans tous les cas, il s'agit d'engager des apprenants dans des activités qui les impliquent, qui les font réfléchir, entrer en communication avec les autres, négocier le sens, le vérifier, afin d'arriver à la compréhension de ce qui constitue l'objet de l'apprentissage. *La grille d'observation de la médiation socio-cognitive* va servir d'outil d'analyse commun à ces situations.

Le premier scénario, qui porte sur la compréhension d'un texte narratif, fait le lien avec la première partie de l'ouvrage. On y retrouve en effet la démarche qui a été suivie dans l'exemple de l'impressionnisme (voir p. 35 et suiv.). L'idée est d'observer ce qui se passe dans une classe de primaire, au Québec, puis dans le secondaire.

Le deuxième scénario nous amène à observer une activité d'écriture, mise en œuvre sur une année scolaire entière dans une classe de CM1, en France[1], en grande difficulté de lecture : l'écriture d'un roman policier.

Le troisième scénario met en scène une « procédure » différente, d'autres activités, mais la conceptualisation est toujours au centre : il s'agit pour des élèves québécois en classe d'« univers social », niveau primaire secondaire (équivalent de la géographie, niveau 4e en France) de pénétrer le sens d'un réseau de concepts autour du concept organisateur de « territoire industriel ».

Le quatrième et dernier scénario se situe au niveau master de mon propre cours universitaire qui porte sur « la médiation cognitive ». Il cherche à créer une communauté d'étudiants en utilisant *l'évaluation individualisée* comme un moyen pour les étudiants d'entrer dans le sens des concepts étudiés.

Chacun de ces scénarios vise ainsi l'apprentissage d'un contenu disciplinaire précis et spécifique, tout en mettant l'accent sur le processus qui mène vers sa compréhension. Il est important d'observer le plaisir manifeste des apprenants à s'engager et à persévérer au cours de ces activités intellectuelles, ce qu'ils confirment d'ailleurs, on le verra, par leurs propres mots.

C'est quand l'enseignant en formation saisit le sens des activités, en lien direct avec sa pratique professionnelle, que la formation permet de changer son regard, de faire évoluer sa pratique, de donner plus de sens à ses gestes professionnels. Théorie et pratique sont indissociables : c'est le même principe que dans les scénarios conçus

1. Le CM1 français correspond à la dernière année du cycle 2 du primaire (4e primaire) au Québec.

pour les élèves. L'accompagnement des enseignants « se formant » est aussi important que celui des élèves et le *formateur médiateur* agit en pleine cohérence avec l'enseignant médiateur. En ce sens, le formateur médiateur n'a d'autre choix que celui de s'inscrire dans un modèle d'accompagnement en cohérence avec les objets de la formation pédagogique. Les expériences des uns (en incluant celles que vit le formateur médiateur en accompagnant les enseignants) servent de support pour la réflexion des autres ; un langage commun se crée qui permet de prendre de la distance et de situer les expériences contextualisées dans un cadre théorique renouvelé. La possibilité d'un retour métacognitif, par des supports filmés[2], afin d'observer ce qui s'est passé, permet d'approfondir la compréhension et la reconnaissance des opérations mentales mises en œuvre. Ce regard nouveau conduit chacun à être plus attentif aux processus d'apprentissage des élèves, et à analyser et à ajuster sa pratique pédagogique en conséquence. Il permet également de mieux comprendre quand et comment les outils numériques peuvent favoriser une réelle interactivité dans la classe.

Les quatre scénarios sont introduits par l'un des enjeux qui sous-tendent l'approche, à savoir : *les outils de pensée, l'engagement affectif/cognitif, la structuration du savoir, l'évaluation individualisée au service de la diversité des étudiants à l'université.*

C'est mon souhait que quelque chose de ce vécu devienne perceptible à travers ces récits, sachant que je ne présente, bien sûr, ni des prescriptions, ni des modèles parfaits à reproduire à la lettre, mais des tentatives pour changer de paradigme et pour enrichir cet enseignement que nous voulons toujours plus stimulant et plus signifiant pour ceux que nous accompagnons.

2. Le lecteur est ainsi invité à visionner des vidéos illustrant les passages analysés du scénario 1 à l'adresse suivante : http://www.vitrinefrancais.qc.ca/barth.html (les renvois sont notés dans les pages qui suivent).

Scénario 1

Les outils de pensée et l'apprentissage de la justification dans une tâche de compréhension d'un texte narratif

Les outils de pensée

Dans une perspective vygotskienne de la médiation culturelle, on pourrait définir les *outils de pensée*[1] comme étant ce avec quoi l'on pense, ce qui structure et prolonge notre pensée et, *in fine*, la transforme. La « culture », dans un sens large – notre environnement – devient importante dans cette optique, car elle nous fournit ces « outils », y compris nos modes de pensée. « La culture constitue le monde auquel nous devons nous adapter en même temps qu'elle est la boîte à outils dont nous avons besoin pour y parvenir », nous dit Jerome Bruner. La « culture » n'est donc pas indépendante de notre pensée, elle en fait intégralement partie. *Poser une question, analyser un problème, faire une inférence, justifier sa réponse…* font partie de la pratique d'une culture scolaire, la « boîte à outils » dont les élèves ont besoin pour apprendre. Ces « outils culturels » permettent de donner une forme mentale à notre pensée ; c'est grâce à eux que le savoir devient dynamique, vivant,

1. Vygotski utilise les termes « instruments psychologiques », Bruner « outils culturels ». On entend également souvent les termes « outils intellectuels » ou « outils cognitifs ». « Outils de pensée », dans ce texte, se réfère aux cadres théoriques de Vygotsky et de Bruner. Les termes « outils intellectuels » ou « outils cognitifs » peuvent également être utilisés comme des synonymes.

utilisable, une façon de connaître, voire une manière d'être au monde. La pensée n'existe pas dans le vide, elle a une forme, une direction, une profondeur, une sensation « ... car la culture donne forme à l'esprit », nous rappelle Jerome Bruner[2]. Pour penser, il faut des supports, et l'on peut supposer que de la qualité de ces supports dépend la qualité de nos pensées. « Dans l'acte instrumental, l'homme se contrôle lui-même de l'extérieur, à l'aide des instruments psychologiques », nous enseigne Vygotski. Dans cette optique, la pensée est *distribuée*, l'espace du travail intellectuel se trouve pour une bonne part dans l'environnement physique, c'est ce que David Perkins appelle « l'individu-plus[3] ». L'interaction, dont on parle beaucoup aujourd'hui, n'est donc pas seulement une interaction entre personnes, mais également, et c'est tout aussi important, avec des supports de tout genre qui se trouvent dans l'environnement. Ce sont ces *interactions* – sociales et sémiotiques – qui se transforment en pensée individuelle, et qui développent notre potentiel. L'idée de travailler sur *l'individu-plus* paraît particulièrement importante pour les enfants qui ont des difficultés d'apprentissage. Avoir des routines et des outils transférables à d'autres situations d'apprentissage évite d'avoir continuellement besoin de se demander comment s'y prendre. De fait, on peut s'appuyer sur ces « habitudes cognitives » et se concentrer sur le contenu.

La pensée évolue donc en interaction avec l'environnement social et physique. À part les modes de pensée, quels sont ces outils intellectuels ? Pour Vygotski, qui est à l'origine de ce cadre théorique, ils comprennent des supports divers, comme des schémas, des grilles d'analyse, des représentations graphiques, des symboles algébriques, des notations musicales et d'autres systèmes symboliques, le plus important étant la langue. Ces outils peuvent également être matériels, comme un boulier, une calculatrice, un texte, un dictionnaire ou autres technologies de l'information plus sophistiquées dont nous disposons aujourd'hui. Les concepts disciplinaires – comme, par exemple, *la phrase* en grammaire, *la symétrie* en géométrie ou *le vivant* en sciences de la vie –, une fois compris et disponibles dans notre « structure cognitive », sont également des outils de pensée qui informent notre perception et qui guident nos actions. Ils peuvent servir de *lunettes conceptuelles* pour comprendre l'inconnu ou réexaminer le connu.

2. J. Bruner, ... *car la culture donne forme à l'esprit, op. cit.*

3. David Perkins est professeur au Graduate school of education, à l'Université Harvard, États-Unis. Pour en savoir plus, voir « L'individu-plus – Une vision distribuée de la pensée et de l'apprentissage », *op. cit.*

Ces concepts deviennent des savoirs-outils, on peut penser avec eux, *« aller au-delà de l'information donnée*[4] ».

Dans cette perspective, *apprendre devient apprendre à se servir des outils cognitifs*, que ces derniers désignent des modes de pensée, des concepts disciplinaires, des langages symboliques de tout genre, des schémas ou d'autres formes de modèles, des outils matériels ou technologiques... Ces outils se trouvent dans notre culture, notre environnement, mais c'est par la médiation d'une personne plus expérimentée qui peut l'accompagner dans une activité commune, que chacun peut apprendre à s'en servir réellement. « Il n'est donc plus possible de baser une théorie du développement sur le modèle de l'enfant isolé, et [...] il est impossible de prendre en compte la façon dont l'enfant apprend ces systèmes sémiotiques sans spécifier les formes d'interaction qui permettent des rencontres avec eux[5] », nous confirme Jerome Bruner.

Sans cette médiation humaine, il n'y a pas de prise de conscience et pas d'intégration individuelle de ces outils. De fait, on n'apprend pas seul, mais en interaction avec les autres et avec les systèmes symboliques et autres supports, qui se trouvent dans notre environnement. Ces formes d'interaction sont multiples, c'est ce que nous allons observer dans l'exemple qui suit.

Première expérimentation

C'est dans cet esprit que j'ai accompagné des formateurs québécois dans le but de concevoir une expérimentation en classe[6]. L'équipe de français souhaitait centrer ses efforts sur une tâche qui est régulièrement demandée aux élèves dans le cadre

4. Selon l'expression de Jerome Bruner.

5. J. Bruner, *Le Développement de l'enfant : savoir faire, savoir dire*, PUF, Paris, 2011 [1983].

6. Un séminaire a eu lieu en juillet 2007 sous l'égide du ministère de l'Éducation, du Loisir et du Sport du Québec avec Britt-Mari Barth afin de permettre à des conseiller(ère)s pédagogiques de différentes disciplines, déjà initiés à l'approche de la conceptualisation, de planifier une démarche de formation permettant à des enseignant(e)s de s'approprier cette approche et de l'expérimenter en classe. Des séances vécues par les enseignant(e)s au moment de l'appropriation et de l'expérimentation en classe ont été filmées et présentées, par la suite, dans le cadre de la formation continue des conseiller(ère)s pédagogiques de français du Québec. L'expérimentation présentée ici a été menée par Danièle D'Aragon et Josée De Repentigny, conseillères pédagogiques de français œuvrant au sein du ministère de l'Éducation, du Loisir et du Sport du Québec, à titre de collaboratrices.

de la compréhension d'un texte : savoir *justifier sa réponse.* L'analyse du contenu, en fonction de son utilisation future, s'est faite, à l'aide du *modèle opératoire du concept*, à partir de notre grille[7].

Rendre le savoir accessible

– Définir le savoir à enseigner en fonction du transfert recherché.
– Exprimer le savoir dans des formes concrètes.

Pourquoi le choix de *la justification* ? Selon l'équipe, c'est un procédé langagier qui revient dans toutes les matières pendant toute la scolarité (à des niveaux de compréhension différents, certes). Nous allons observer une première séquence de classe, où des élèves de primaire doivent justifier leur *compréhension* d'un texte, puis une seconde séquence de classe, où des élèves de collège doivent justifier *l'appréciation* qu'ils font d'un texte.

Dans la première séquence, les élèves sont âgés de 9 et 10 ans et ils sont en cours de français[8]. Ils doivent justifier leur réponse à une question de compréhension de texte qui leur est posée après la lecture d'un album de littérature de jeunesse. Les enseignants soulignent que cet apprentissage est récurrent d'une année sur l'autre. On constate, cependant, année après année, que les élèves ne savent « justifier » que très partiellement. Mais comment leur apprend-on à *justifier* ? En général, on leur demande simplement de « dire pourquoi » et on tient alors pour acquis que les élèves savent formuler des justifications. Ce procédé n'a jamais fait l'objet d'un apprentissage explicite. C'est ce qui va être tenté ici. Pour déterminer le sens recherché de ce nouveau concept « Justifier sa réponse pour fonder son interprétation d'un texte », il fallait donc que les enseignants soient très attentifs à bien choisir les attributs essentiels, en se mettant dans la perspective du transfert souhaité*: qu'est-ce qui est essentiel ? Pour faire quoi ?* Après avoir examiné le sens de ce type de « justification », l'équipe a décidé de retenir les attributs suivants pour outiller les élèves à formuler une interprétation fondée dans ce contexte.

7. Voir p. 69.

8. Au Québec, l'école primaire se fait sur trois cycles de deux ans (6 à 12 ans). Les élèves concernés par l'expérimentation faisaient partie du deuxième cycle du primaire.

Après la lecture d'un texte, on doit :
– répondre à la question posée ;
– donner une explication personnelle (« parce que… ») ;
– prendre un exemple dans le texte (citation).

Le travail en classe a été fait à partir d'un album que les élèves connaissaient déjà bien : *Ami-Ami*[9]. Il s'agit de l'histoire d'un lapin et d'un loup qui rêvent, l'un et l'autre, d'avoir un ami. Le lapin imagine un ami végétarien comme lui, qui partagerait les mêmes passions. De son côté, le loup souhaite avoir un ami qu'il se promet d'aimer profondément. Les exemples ont été tirés de séances effectuées dans différentes classes au cours desquelles la question suivante a été posée : *est-ce que le loup et le lapin vont devenir des amis ? Justifie ta réponse.*

De multiples réponses d'élèves ont été collectées, dont la plupart ne correspondaient pas, ou seulement partiellement, aux attributs retenus. Cela permettait d'avoir un éventail de contre-exemples plus ou moins nuancés et, surtout, authentiques. Les « exemples oui » ont été complétés par les enseignants. L'idée était donc de mettre les élèves à l'épreuve, face à des exemples et des contre-exemples de « justifications », concept dont les attributs n'étaient que partiellement connus. Il s'agissait ainsi d'observer leur capacité à reconnaître ce concept, et de guider leur regard en conséquence pour que tous les élèves finissent par arriver à juger ces « réponses » comme étant, oui ou non, de « bonnes » justifications. Il convient de noter que la situation est ici assez complexe, car il s'agit de déterminer, quelles que soient les interprétations différentes qui apparaissent dans les exemples et les contre-exemples (« *Oui, je pense que le loup et le lapin deviendront des amis* » tout aussi bien que « *Non, le loup et le lapin ne seront jamais des amis !* »), pour quelles raisons il s'agit ou non d'une « bonne » justification.

9. Rascal et S. Girel, *Ami – Ami*, Pastel, L'École des loisirs, Paris, 2002.

Négocier le sens

– Engager les apprenants dans un processus d'élaboration de sens.
– Guider le processus de coconstruction de sens.
– Préparer au transfert par la métacognition.

Les élèves ont déjà eu une expérience de cette démarche de conceptualisation à partir d'un concept inventé[10]. Ils sont également initiés à l'idée du «*concept*» (avec ses *attributs* et ses *exemples*), et sont donc prêts à recommencer, sachant que le défi consiste à découvrir le concept en question.

L'enseignant commence par leur rappeler la démarche à suivre, brièvement reprise ci-dessous[11].

Engager les apprenants dans un processus d'élaboration de sens

Qu'est-ce qu'une bonne justification ? Vous allez essayer de le trouver.

Les «exemples oui» contiennent tout ce qu'il faut pour comprendre.
Il faut comparer les «exemples oui» pour trouver ce qu'ils ont en commun.
Les «exemples non» nous aident à limiter le sens.
On note tout au tableau.
Pas besoin d'avoir peur de se tromper.
On vérifie, on efface si cela ne va plus.
Il faut justifier ses réponses.
L'enseignant donne tous les exemples qu'il faut.
Après, on trouve ses propres exemples, et on explique pourquoi.

L'enseignant montre l'album avec l'histoire que les élèves ont lue en classe, et la consigne qui a été donnée : «*Est-ce que le loup et le lapin vont devenir des amis ?*

10. Pour se préparer à participer à cette démarche, les élèves ont d'abord été initiés par une démarche identique, qui portait sur un concept inventé : le «wez». Voir la transcription d'une séquence d'apprentissage de ce concept en classe au chapitre 5 de B.-M. Barth, *L'Apprentissage de l'abstraction*, *op. cit*.

11. Voir le mémo 4 «La démarche vers l'abstraction» et la «Grille d'observation d'une situation du savoir» sur www.editions-retz.com.

Justifie ta réponse. » Il rappelle que certains d'entre eux ont dit oui, d'autres non. Il leur explique qu'il a rassemblé leurs réponses ainsi que des réponses d'autres élèves qui, dans d'autres écoles, ont fait le même exercice. « *Ce sont ces exemples que tous ensemble, nous allons observer.* » Les élèves sont ainsi bien mis dans le contexte de la tâche. Le maître rappelle que celle-ci consiste à observer ces *exemples* pour chercher à découvrir ce qu'ils ont en commun : « *Il y a une idée derrière. Laquelle ? Qu'est-ce qui revient à chaque fois dans tous les "exemples oui" ?* » Il ajoute qu'il y a également des *contre-exemples* qui ne contiennent pas les attributs ou seulement certains, jamais tous à la fois. Le but ultime consiste à découvrir les attributs qui forment le concept. Est-ce que ce « rappel » va suffire pour que les élèves reconnaissent aussitôt le concept en question ? Il s'avère que non.

Guider le processus de coconstruction de sens

Un premier « exemple oui » est affiché au tableau, la question initiale étant rappelée pour mémoire (il est important que les élèves gardent toujours en tête cette question) : « *Est-ce que le loup et le lapin vont devenir des amis ? Justifie ta réponse.* »

Est-ce que le loup et le lapin vont devenir des amis ? Justifie ta réponse.

– Oui, je crois que le loup va convaincre le lapin de devenir son ami.

– Le loup lui dit des mots gentils comme à la fin de l'histoire quand il dit : « Moi, je t'aime comme tu es ! »

Ce premier exemple est sans ambiguïté ; les trois phrases sont alignées pour bien faire ressortir les attributs recherchés.

D'abord, les élèves semblent hésitants. Ils observent les phrases. Ils ne disent rien et ne lèvent pas la main pour répondre. L'enseignant leur demande alors de dire ce qu'ils remarquent, ce qu'ils observent : *Qu'est-ce qui est essentiel* ? Et il ajoute que toutes les réponses sont acceptées. Il dit même « bonnes ». Là, les élèves lèvent rapidement la main : l'idée qu'on ne risque rien libère les voix. Pierre-Olivier a la parole. Il est très sérieux et réfléchi, en disant : « *Moi, ce que je remarque, à la fin, quand il dit* "Moi, je t'aime comme tu es !", *moi, à la place, je n'aurais pas mis une virgule, la virgule n'est pas essentielle dans cette phrase-là.»* Les autres élèves écoutent cette remarque et ils relisent la phrase. L'enseignant, évidemment, ne s'attendait pas à une telle remarque, «hors sujet» en quelque sorte. Mais il reprend ce que l'élève dit, sans la moindre expression d'étonnement ou de critique, et il note au tableau: «La virgule n'est pas essentielle.» La réponse est acceptée, selon les règles du jeu, c'est une remarque possible. Les autres élèves l'acceptent alors également. Nous sommes là dans une situation qui arrive souvent: lorsqu'un élève répond «à côté», il est d'usage de ne pas prendre en compte sa remarque. Au pire, quelqu'un se moque... Cela induit une habitude chez les élèves de ne répondre que si l'on connaît la bonne réponse. Cela induit également l'idée qu'explorer et se tromper n'est pas vraiment admis, qu'apprendre consiste seulement en une question nécessairement suivie de la bonne réponse. La situation d'apprentissage devient alors une situation d'évaluation où l'on risque d'être prématurément jugé! En fait, il n'y a pas eu de situation d'apprentissage; on passe sans transition de la question à l'évaluation. Les élèves les plus fragiles risquent dès lors de se retirer et de ne plus participer. C'est pourquoi cette posture d'écoute et de prise en compte de la parole des élèves est un enjeu important.

L'enseignant donne alors la parole aux autres enfants. Léa répond, en situant les personnages: «*Il y a un loup et un lapin.*» L'enseignant note et commente: *«Voici des réponses possibles»* et il marque une pause. Cette deuxième remarque a le mérite de recentrer l'attention sur la piste de la compréhension du texte plutôt que sur l'analyse de la ponctuation. Mégane rebondit rapidement: *«Dans la dernière phrase, il y a une explication.»* Ginette reprend cette piste et remarque que *«ça dit quelque chose qui est dit dans le livre*[12]*»*. L'attention des élèves se dirige maintenant vers ce que «ça» cherche à *exprimer*. L'enseignant reprend les mots de l'élève et demande pourquoi elle fait le lien avec le livre et lui laisse le temps de chercher les mots pour s'exprimer. Elle aboutit à l'idée que les élèves qui ont répondu *«ont pris la phrase dans le livre pour donner un exemple d'explication»*. Elle reprend donc ce qu'a dit l'élève précédente et, dans la suite des idées, elle fait le lien entre l'explication et l'illustration de cette explication par une phrase prise dans le livre. C'est donc en «pensant ensemble» que ces liens apparaissent. Tous les élèves n'auraient sans doute pas remarqué ces liens, mais

12. Se référer à la vidéo n° 1 «Démarche de conceptualisation vécue dans une classe de 2e cycle du primaire» à l'adresse http://www.vitrinefrancais.qc.ca/barth.html.

témoins de l'interaction entre les deux élèves, aidés par les mots retenus notés sur le tableau, visibles par tous, ils peuvent eux aussi « entrer dans la conversation ». Sans que les élèves en soient encore conscients, deux des trois attributs essentiels sont déjà notés au tableau. L'enseignant rappelle qu'il va falloir être attentif à ce qui va *revenir* dans les exemples suivants : c'est cela qui va indiquer les attributs essentiels. De cette manière, il oriente le regard des élèves, sans leur donner la réponse.

Le deuxième exemple proposé invite les élèves à chercher les ressemblances. Conscients de ce qu'ils recherchent, les élèves l'observent attentivement.

– Selon moi, le loup et le lapin ne deviendront pas des amis parce qu'ils ne cherchent pas le même genre d'amis.

– Dans le texte, le lapin veut un ami végétarien et les loups mangent de la viande d'habitude.

C'est encore une élève qui, suite à la remarque de l'enseignant, trouve rapidement une ressemblance : « *Il y encore une explication.* » Sans cette guidance, elle n'aurait sans doute pas eu l'idée de comparer les exemples et de faire cette suggestion (inférence). L'enseignant lui demande alors *d'identifier l'explication* dans le texte. D'autres élèves lèvent la main et l'enseignant donne la parole à Pascal : « *Ça parle d'amitié…* » il cherche, réfléchit… conscient qu'il manque quelque chose, son expression en témoigne – l'enseignant garde le silence. Pascal, après avoir revu les deux exemples affichés, continue en expliquant qu'il n'avait pas bien regardé l'autre exemple, mais qu'il y a « *parce qu'…* » L'enseignant note la locution au tableau ; tout le monde peut alors faire le lien entre « l'explication » (dans le premier exemple) et le « *parce qu'* » (dans le deuxième exemple), qui en est un indicateur. Il confirme ainsi qu'il y a bien une *explication* dans les deux exemples. Un élève attire l'attention sur autre chose : « *Je remarque qu'il n'y a pas d'exemples du livre.* » De fait, il a remarqué la différence qu'il y a entre la citation (terme que les élèves n'utilisent pas encore) à la fin du premier exemple et la dernière phrase qui illustre le propos dans le deuxième. L'enseignant rebondit immédiatement pour clarifier : « *Cette phrase vient bien du texte ? Oui. Donc, c'est bien également un exemple qui vient renforcer l'explication ? Oui.* » Ces « questions élucidantes » incitent à la réflexion ; elles visent à faire confronter les interprétations au réel, soit l'exemple, afin de trouver des repères pour la confirmer ou l'infirmer[13].

Le travail avance. Un premier « exemple non » avec seulement une réponse, une seule phrase, permet de concentrer l'attention sur les trois éléments qui doivent être présents et qui manquent ici. Par ce contraste, on comprend donc immédiatement pourquoi ce n'est pas un « exemple oui ». Parfois, les élèves, souvent les mêmes, « retombent » dans une autre analyse, plus grammaticale, et l'enseignant, pour maintenir « l'attention conjointe », doit rappeler ce qu'on cherche, à partir de ce qu'on a noté sur le tableau. Ainsi, on peut à présent définitivement effacer ce qui a trait à la ponctuation. On peut cependant constater que quand quelqu'un est parti sur une certaine piste d'analyse, il n'est pas évident de lui faire « changer de regard ». D'où l'importance de laisser les élèves expliquer spontanément leurs observations pour que l'on puisse réorienter leur regard, si besoin est. D'autres, qui ne se sont pas encore exprimés, sont peut-être également en train de « s'égarer » ; le feed-back de l'enseignant leur permet de le réaliser et de se concentrer sur ce qui est en jeu ici : *le sens* que les phrases communiquent.
Certains élèves remarquent que, même quand les trois éléments ne se présentent pas séparément dans le texte, sur trois lignes, on peut trouver ce qui les identifie : ils font le lien entre les mots comme « parce que », « comme » et « car », qui sont des indicateurs de *l'explication*. Mais l'explication peut également se passer de ces indicateurs, et c'est important de le comprendre. Les élèves s'efforcent de trouver des mots pour exprimer des liens aussi subtils ; l'enseignant écoute et reformule, tout en vérifiant avec l'élève qu'il ne trahit pas sa pensée. Son attitude de « partenaire » est appréciée, on peut le remarquer sur le sourire rapide qui éclaire le visage de l'élève qui se sent reconnu dans ses reformulations, malgré sa propre difficulté à trouver les mots justes. Il y a une complicité qui se développe, palpable dans la vidéo[14].

Les observations et les analyses s'affinent. Les élèves commencent maintenant à faire la différence entre une explication qui a un lien logique avec la question

13. Se référer à la vidéo n° 2 « Démarche de conceptualisation vécue dans une classe de 2e cycle du primaire » à l'adresse http://www.vitrinefrancais.qc.ca/barth.html.

14. Se référer à la vidéo n° 3 « Démarche de conceptualisation vécue dans une classe de 2e cycle du primaire » à l'adresse http://www.vitrinefrancais.qc.ca/barth.html.

du départ et une explication qui ne répond pas à cette question (qu'il faut garder en tête pour en juger, l'enseignant le rappelle constamment).

Est-ce que le loup et le lapin vont devenir des amis ? Justifie ta réponse.

Non, parce que ils vont rester dans leur maison.

Dans son analyse de cet exemple, l'élève juge que ce n'est pas une bonne explication, malgré sa forme et son introduction par « parce que » : *« Il y a une explication sauf qu'elle n'a pas de sens, elle ne répond pas à la question du début. »* Les autres élèves vérifient et ils comprennent eux aussi que la seule présence d'une explication ne suffit pas ; celle-ci doit également répondre de façon cohérente à la question initiale. Les élèves ajoutent eux-mêmes un attribut, qui n'avait pas été prévu par l'enseignant : *il faut que l'explication soit « en lien » avec la question.*

Un nouvel exemple est présenté :

Non, parce que le lapin ne veut pas être l'ami du loup, car il n'a pas les mêmes goûts. Par exemple, le lapin aime manger des légumes.

L'élève qui ne regardait que les virgules et les formes verbales au départ est maintenant sur la piste du sens et donne une explication « érudite » (à partir de ses connaissances personnelles) pour dire que le lapin est un rongeur, qu'il ne mange donc pas de la viande, et c'est une bonne raison pour ne pas être amis. Ces commentaires sur la « qualité » des explications (et non seulement sur leur *présence* en tant qu'attribut recherché) étonnent même l'enseignant. Mais il rebondit là-dessus pour faire la différence entre une « citation » et un argument qui n'est pas tiré directement du texte – mais formulé par l'élève qui est à l'origine de l'exemple – et qui peut ne pas être convaincant. Il faut déjà avoir suffisamment circonscrit le concept de l'amitié pour exprimer sa pensée sur le *bien-fondé* des arguments, mais la classe commence à prendre conscience de ces différences subtiles et les élèves sont bien en train d'avancer dans une pensée interprétative qui sait différencier et mettre en cause la « qualité » de la « preuve ». Ils ont été d'accord pour tout de même accepter cette explication comme un « exemple oui ».

L'important ici n'est pas « la bonne réponse », mais la logique de l'argumentation, qui peut parfois se discuter[15].

Quand l'enseignant juge le moment venu, il ne présente plus les exemples comme étant des « exemples oui » ou des « exemples non » ; c'est maintenant aux élèves d'en juger et de justifier leurs réponses. C'est le moment pour chacun d'ajuster ses réponses, de vérifier sa compréhension. Devant ce nouveau défi, la participation s'intensifie. Même des élèves qui ne s'étaient pas encore exprimés directement se lancent. D'autres, qui se sont peut-être déconnectés par moment, peuvent « se rebrancher ». Ils s'écoutent, on peut observer cette *attention jointe* : des regards croisés, des sourires. On n'est pas encore dans une véritable argumentation, mais le fait d'écouter les arguments des autres et d'en prendre conscience, pour éventuellement se déclarer d'accord ou pas, en constitue le premier stade. Les élèves deviennent plus rapides pour distinguer la présence (ou non) des attributs dans les exemples inconnus. Quand l'enseignant confirme la bonne analyse, la fierté et le plaisir sont lisibles sur le visage de l'élève concerné, on entend même une petite exclamation ! Cette phase permet de se préparer à l'auto-évaluation. Ce n'est plus uniquement l'enseignant qui « contrôle » la « bonne réponse » ; les élèves deviennent de plus en plus aptes à juger pour eux-mêmes. C'est le début de l'autonomie.

Si un élève rencontre une nouvelle difficulté, l'enseignant invite les autres élèves à lui venir en aide, et un échange timide commence – une *« communauté d'apprenants »* est en train de se créer, avec un langage commun qui leur permet de se parler de leur savoir en construction. Cette culture commune qui s'est constituée permet l'inclusion de tous[16].

Préparer au transfert des concepts et à la capacité d'abstraction par la métacognition

Après avoir présenté plusieurs nouveaux exemples, que les élèves arrivent à analyser correctement, l'enseignant prend un temps pour commenter la façon dont ils ont

15. Se référer à la vidéo n° 4 « Démarche de conceptualisation vécue dans une classe de 2e cycle du primaire » à l'adresse http://www.vitrinefrancais.qc.ca/barth.html.

16. Se référer à la vidéo n° 5 « Démarche de conceptualisation vécue dans une classe de 2e cycle du primaire » à l'adresse http://www.vitrinefrancais.qc.ca/barth.html.

appris : ce n'était pas facile ; ils sont bien entrés dans le jeu ! Il demande à un élève de résumer ce qu'il faut pour faire une justification – et l'élève résume avec facilité, tout en ajoutant le quatrième attribut retenu par eux : *que l'explication soit en lien avec la question du départ*. L'enseignant reprend la trace écrite sur le tableau de la « nouvelle définition », telle qu'elle a évolué, et il fait prendre conscience aux élèves qu'une telle *justification* est bien plus complète que la simple réponse oui ou non !

Voici sa nouvelle trace écrite, maintenant plus précise :

Justifier sa réponse pour fonder son interprétation d'un texte

Après la lecture d'un texte, on doit :
– **Répondre à la question initiale posée** ; la réponse peut être positive ou négative, selon l'interprétation de chacun.
– **Donner une explication personnelle** ; celle-ci doit être « en lien » avec la question initiale, elle peut débuter (ou non) par un « indice », comme « parce que », « car », « comme »...
– **Prendre un exemple dans le texte**, qui peut être une citation ou un résumé de ce qui est dit dans le texte ou un argument (convaincant) de ce qui est implicite dans le texte.

Maintenant, on sait ce qu'il faut ajouter à sa réponse ! On sait ce qu'il faut faire quand on doit *justifier sa réponse*. Les élèves sont d'accord et pensent que c'est bien acquis : au prochain cours, ils vont s'entraîner sur d'autres textes ! Les élèves prennent conscience de *ce* qu'ils ont appris, du *comment* ils l'ont appris et du fait qu'ils peuvent *penser avec* ce qu'ils ont appris. Cette prise de conscience est essentielle pour que chaque élève puisse intégrer le savoir nouveau et s'en souvenir. Une connaissance ne se résume pas à un réseau de concepts ; elle intègre aussi le processus de son acquisition.

L'enseignant commente : il *les voit qui cherchent... il y a une réflexion qui suit derrière... en utilisant les vrais termes – « concepts », « attributs essentiels », « attributs non essentiels » ; ils vont les réutiliser au fur et à mesure. Il faut leur laisser le temps, de petites pauses de réflexion, pour bien construire leurs phrases, bien construire leur pensée ; on le lit sur leurs visages. Ils savent qu'ils ne sont pas jugés, qu'ils peuvent répondre plus tard, ils ne se sentent pas pressés pour donner « la bonne réponse ». Il y a des enfants qui sortent de l'ombre : au début, ils ne disent pas un mot et, vers la fin, on remarque que cela semble clair pour eux. La construction s'est faite de façon plus solide, on le sent, on le voit à la fin, quand on examine des « exemples oui » et des « exemples non » ; cette confrontation les aide beaucoup : rapidement ils peuvent répondre, donner les raisons, se sentir solides.* Par cette capacité de « lire sur les visages », de suivre la pensée et la compréhension des élèves, l'enseignant est irremplaçable[17].

La validation se fait en deux temps.
D'abord, il y a des exercices explicites sur d'autres textes. Cette fois-ci, ce sont ces élèves qui formulent les justifications – en justifiant leurs réponses !
Dans un deuxième temps, l'enseignant prend soin, à chaque fois que l'occasion se présente, de rappeler, de questionner, de rapprocher des situations différentes où la justification est utile. Dans les deux cas, il observe des réponses plus complètes et plus explicites qu'auparavant et qui respectent bien les trois éléments : répondre à la question, donner une explication personnelle (en lien avec la question), appuyer par un exemple pris dans le texte. Les élèves ne se limitent plus à une simple réponse « oui » ou « non », ils développent leurs réponses. La difficulté, qui demande des expériences guidées multiples dans la compréhension des textes divers, est de juger de la logique entre la réponse, l'explication et l'exemple. C'est une question de « cohérence ». À cela s'ajoutent l'intérêt et l'originalité de l'explication. Toutes les interprétations ne se valent pas, mais ces compétences plus fines seront à développer par la suite.

L'enseignant note également, avec une satisfaction certaine, que les élèves sont capables de transférer la nouvelle compétence dans d'autres disciplines qui demandent des lectures, notamment en « univers social », « sciences et technologies » et, surtout, en « éthique et culture religieuse[18] ». Pour l'enseignant du primaire, il est effectivement possible de rappeler et de préparer le transfert dans les différentes disciplines, ce qui constitue une occasion à ne pas

17. Se référer à la vidéo n° 6 « Constats : les enjeux de cette démarche pédagogique pour l'élève et l'enseignant » à l'adresse http://www.vitrinefrancais.qc.ca/barth.html.

18. Au Québec, ce cours est obligatoire en primaire et au secondaire.

manquer. Par rapport à la démarche, il remarque que les élèves ont vite pris l'habitude d'utiliser les termes « concept », « attributs », « exemples », et qu'ils voient comme un défi la mise en œuvre d'un bon rapprochement entre ces trois éléments structurants : *Ils étaient très fiers d'eux, surtout les garçons. [...] Finalement, d'une fois à l'autre, les élèves étaient heureux de faire ce jeu de détective. J'ai entendu souvent des acclamations lorsque je leur annonçais que l'on allait apprendre avec ce jeu [cette démarche]. Ils aiment véritablement cette approche et ils en redemandent encore. Je crois qu'ils ne voient pas cette démarche de conceptualisation comme un enseignement, mais bel et bien comme un défi à relever. Cela me donne un outil d'enseignement supplémentaire à utiliser avec mes élèves.*

Il faut savoir que « l'outil d'enseignement » – la démarche elle-même – peut être varié à l'infini, mais que le processus de conceptualisation, une fois qu'on sait le reconnaître quand il se déploie, doit toujours être convoqué. Force est de constater que les élèves apprécient ce « jeu intellectuel », qu'ils ne semblent pas faire des efforts particuliers pour se concentrer et y participer. Sans cet accompagnement par l'enseignant, cette *médiation cognitive*, cela n'aurait sans doute pas été le cas.

Seconde expérimentation : justification de l'appréciation d'un texte littéraire[19]

Allons maintenant dans une autre classe où la même expérience se poursuit avec des élèves de collège de 12 à 13 ans qui travaillent le même concept, avec la même démarche, mais à partir d'un texte plus complexe qui fait partie de leurs lectures conseillées.

Rendre le savoir accessible

- Définir le savoir à enseigner en fonction du transfert recherché.
- Exprimer le savoir dans des formes concrètes.

19. Au Québec, les élèves, qui ont alors environ 12-13 ans, sont en 1re secondaire.

Le professeur a demandé aux élèves de lire un roman, puis d'écrire leur *appréciation* en la justifiant. Les exemples ont donc été collectionnés comme dans l'expérience précédente.

Négocier le sens

– Engager les apprenants dans un processus d'élaboration de sens.
– Guider le processus de coconstruction de sens.
– Préparer au transfert par la métacognition.

Engager les apprenants dans un processus d'élaboration de sens

La classe est composée d'une vingtaine d'élèves, dont plusieurs sont arrivés récemment au Québec. Leurs accents témoignent de leurs origines très diverses, certains ne maîtrisent pas encore parfaitement le français, ce qui ne les empêche pas de s'exprimer et de vouloir participer. Avant de les soumettre à une épreuve de compréhension et d'appréciation de texte, le professeur leur propose de retravailler d'abord ensemble *la justification,* outil nécessaire pour réussir cette tâche. Le *contrat d'intersubjectivité* est donc bien basé sur les attentes mutuelles : les élèves vont avoir une tâche à accomplir, le professeur va les aider à s'approprier la démarche à suivre pour la réussir. Il met les élèves en confiance en montrant qu'il prend sur lui de bien les préparer. De leur côté, les élèves voient bien l'intérêt de la tâche. Ils ont déjà vécu une « séance » de conceptualisation[20] pour être initiés à cette nouvelle façon d'apprendre. Ils adhèrent donc à la tâche et sont dans une attente positive d'un certain *défi*.

Guider le processus de coconstruction de sens

Quand nous retrouvons la classe, les élèves ont déjà bien avancé dans la première phase pour « installer le concept » : identifier, grosso modo, les attributs essentiels pour *justifier son appréciation d'un texte littéraire.*

20. Pour se préparer à participer à cette démarche, les élèves ont d'abord été initiés par une démarche identique, qui portait sur un concept inventé : le « wez ». Voir la transcription d'une séquence d'apprentissage de ce concept en classe au chapitre 5 de B.-M. Barth, *L'Apprentissage de l'abstraction*, *op. cit*.

À ce stade, ils ont retenu ceci :
– dire si on a apprécié le texte ou pas, et par rapport à quel aspect du texte (ce dernier point n'est pas encore très clair) ;
– pourquoi cette appréciation ? Expliquer, sans se perdre dans des contradictions (ce dernier point n'est également pas très clair pour eux) ;
– comment convaincre les autres ? En utilisant une citation ou un exemple du texte.
Ces attributs ne sont pas encore bien organisés sur le tableau noir, il y a beaucoup de notes, des mots barrés, un peu pêle-mêle, l'ensemble témoignant néanmoins du fait que le processus de la conceptualisation est en train d'avancer. (Ce sont là des traces visibles, rappelant que le « processus » et le « produit » avancent ensemble.)
On procède alors à la phase suivante : déterminer si, oui ou non, on se trouve devant un exemple du concept étudié.

Ce texte m'a plu, mais pas à la fin, car je trouvais qu'il n'avait pas vraiment de sens. D'abord, il y a de bons sentiments de peur et la description de l'inconnu est bien faite, car on le trouve vraiment épeurant. À part ça, je n'ai pas trouvé de choses épeurantes.

On entend des « *non* ».

Le professeur demande à une élève d'identifier ce qui d'après elle ne va pas pour dire que c'est un « exemple non ». Elle arrive bien à distinguer que c'est un « non », elle identifie même la dernière phrase comme étant le problème, mais n'arrive pas à dire pourquoi. Elle regarde tout ce qui est marqué sur le tableau et, visiblement confuse, elle explique, en faisant un geste vers le tableau, qu'il n'y a pas présence de « *tout ça* ».

Le professeur donne la parole à un autre élève qui vient en aide à la première : « *Il dit qu'il a aimé, il dit pourquoi, mais il ne prend pas d'exemple dans le livre.* » Le professeur confirme que c'est pour cette raison que c'est un « exemple non », mais il attire l'attention sur le fait qu'il y a autre chose qui ne va pas : quoi ? Philippe réagit : « *Il se contredit, il dit que oui, j'ai aimé – mais à la fin – non.* » Le professeur confirme qu'il fallait qu'un « exemple oui » soit clair, qu'il n'y ait pas de contradictions. Vlad lève la main, l'air consterné : « *Pourquoi est-ce qu'on n'a pas le droit de se contredire ? Si on a aimé un personnage et puis on n'a pas aimé autre chose?»* Le professeur réagit immédiatement*: «Excellent! Bien sûr, on a le droit d'aimer une chose et pas une autre, mais comment faut-il alors le présenter? La question est intéressante, qui veut répondre?»* Philippe reprend la parole pour expliquer que dans *un* paragraphe, on peut dire ce qu'on a aimé et, dans *un autre*, ce qu'on n'a pas aimé. Le professeur confirme : «*Il ne faut pas se contredire dans le même paragraphe, c'est cela qu'on avait voulu dire en marquant au tableau,* pas de contradictions.» Ce point se clarifie maintenant pour tout le monde. Nous sommes, à nouveau, dans le concept, difficile, de la *cohérence* d'un texte.

Karine, ayant attentivement écouté, lève timidement la main : *«Je voulais juste demander une question... ?... Si on veut donner une définition... à...* (elle n'arrive pas bien à prononcer l'étiquette : la justification) *à tout ça* (en montrant le tableau), *qu'est-ce qu'on peut dire?... un résumé?»* Son air hésitant et en même temps décidé (elle ose aller au bout de cette «négociation de sens») ne peut qu'interpeller : c'est comme si elle s'interrogeait sur ce qu'est une définition et à quoi ça sert pour la première fois. C'est une véritable quête de sens, partagée par les autres élèves, qui rend ce moment authentique, vibrant en quelque sorte. Et le professeur est là pour écouter leur demande, pour se mettre à leur niveau d'interrogation et afin de trouver avec eux la forme et le fond pour exprimer et «résumer» ce qu'est cet outil dont ils vont avoir besoin : savoir *justifier sa réponse*[21].

La nature et la fonction d'une définition peuvent poser problème, à la fois pour les élèves et pour le professeur. Celles qu'on trouve dans les manuels ou les dictionnaires ne sont pas toujours utiles pour pouvoir *identifier* l'objet en question. Une définition doit être au service des utilisateurs, elle doit fonctionner comme une grille d'analyse d'une situation, comme un guide pour l'action. Le moment est venu de (re)formuler ce «résumé» avec ces élèves, dans les termes compréhensibles par eux, en fonction de ce transfert visé.

---

21. Se référer à la vidéo n° 7 «Démarche de conceptualisation vécue dans une classe de 1er cycle du secondaire» à l'adresse http://www.vitrinefrancais.qc.ca/barth.html.

Voici ce que cela a donné, avec l'*étiquette* (reformulée) du concept, ses *attributs* et un *exemple*.

Justifier sa réponse pour fonder son appréciation d'un texte

Attributs :

– Après la lecture d'un texte, on donne son appréciation : a-t-on apprécié, ou non, ce texte ?

– Pourquoi dire cela ? Qu'est-ce que l'on a aimé (ou pas) ? On choisit un aspect du texte pour en parler : les caractéristiques des personnages, les événements, les lieux, la fin, le style de l'auteur, etc.

– Pour appuyer son choix, on propose une illustration du texte, soit une citation, soit un exemple du texte.

– Les trois éléments (l'avis, l'explication et l'exemple) doivent avoir un lien logique, ne pas être contradictoires.

Un « exemple oui » tiré de la classe :

« À mon avis, ce texte est magnifique pour plusieurs raisons. Premièrement, l'auteur a présenté différents éléments de son texte pour les rendre intéressants et mystérieux. En effet, l'inconnu qui est dehors est très intrigant, on se demande ce qu'il fait là et pourquoi il est là. Aussi, le livre que le père de Maggy lit m'a intrigué. En lisant cette histoire, cela me donnait plein d'idées et j'adore ça. »

Nous sommes là dans un acte complexe pour lequel il faut s'entraîner toute une vie – à des niveaux de lecture différents, certes ! Déterminer ce qu'on va choisir comme aspect à apprécier demande des connaissances littéraires variées. Mais il faut commencer quelque part, savoir dans quelle direction diriger son regard et ensuite, progressivement, complexifier. Il n'est jamais trop tard pour commencer.

Préparer au transfert des concepts et à la capacité d'abstraction par la métacognition

Après cette séquence, les élèves ont donné leur avis sur cette manière d'apprendre. Malgré les efforts fournis, ils étaient plutôt enthousiastes. De manière plus appuyée que les élèves plus jeunes, ils ont été attentifs à la démarche elle-même et aux « outils » pour apprendre. Vlad lève la main : *« Les « exemples oui », cela nous aide à faire la différence... Cela complique un petit peu – c'est plus difficile avec ça...* et un sourire illumine son visage... *mais moi, j'aime ça ! »* Une autre élève exprime l'idée que *« c'est plus amusant et qu'on avance mieux »* avec l'aide des différentes propositions des uns et des autres pour trouver les caractéristiques. Cette autre pense *« qu'on retiendra mieux quand c'est nous-mêmes qui avons trouvé » ;* sa voisine remarque *« qu'il faut que les caractéristiques soient bien précisées »*. C'est une autre élève qui conclut : *« On a cherché, ça a été long, c'est sûr, mais on s'en souviendra... et c'est nouveau, nous, on n'est pas habitué à ça... Ça peut marcher pour plein de choses, ça peut être utile... On irait plus vite et on apprendrait ! »* Les élèves sont pleinement conscients de la démarche et de son possible transfert ailleurs[22].

De son côté, le professeur remarque que la valeur ajoutée de cette démarche réside, selon lui, dans *« l'effet structurant qu'elle peut apporter à des interventions qui, auparavant, trouvaient leur fondement dans l'intuition »*. Il dit *« apprécier le travail en construction, le fait que les élèves s'activent, s'investissent et prennent en charge leur apprentissage. La réponse vient d'eux, c'est plus signifiant que quelque chose que j'aurais expliqué au tableau, qui est désincarné. C'est un gage de compréhension »*. Il dit avoir vécu harmonieusement cette expérimentation. Il continuera de travailler de cette façon, pas systématiquement, mais notamment lorsqu'il imagine que plusieurs conceptions erronées ou incomplètes peuvent advenir durant une leçon ou lorsqu'il aborde de nouvelles notions plus complexes. Il constate que le transfert s'est bien fait, avec de très bons résultats. Il remarque qu'il est plus facile de faire un rappel sur un apprentissage effectué à l'aide de cette démarche *: « L'objet semble davantage imprégné dans leur cerveau ! »*

Bilan de l'expérience

Revenons sur les *outils de pensée et « les formes d'interaction qui permettent des rencontres avec eux »*. Les outils de pensée proposés pour entrer dans le sens des mots sont ici multiples.

22. Se référer à la vidéo n° 8 « Constats : les enjeux de cette démarche pédagogique pour l'élève et l'enseignant (1er cycle du secondaire) » à l'adresse http://www.vitrinefrancais.qc.ca/barth.html.

D'abord, il y a le schéma du *concept*, qui rassemble le *mot* qui le nomme, *les situations-exemples* qui incarnent le sens, et les *attributs* qui servent à le définir. L'activité mentale qui consiste à coordonner ces trois éléments est la fonction du concept, et ce schéma constitue ainsi un outil de pensée permettant d'interpréter le réel et de structurer le savoir. Pour s'approprier cet outil de pensée, les élèves ont d'abord besoin d'en faire l'expérience, tout en étant guidés dans l'utilisation qu'ils en font. Progressivement, ils en prennent conscience, ils peuvent le nommer, dire ce qu'ils font lorsqu'ils s'en servent, comprendre la *fonction d'exemple* et de *contre-exemple*, commenter leur propre avancement, s'ajuster à ceux des autres... L'outil de pensée, qui est le schéma du concept, peut alors devenir un outil intégré dans leur structure cognitive, prêt à servir de façon habituelle.

Ensuite, il y a la *démarche* elle-même, qui établit le « contrat d'intersubjectivité ». Elle fonctionne comme une micro-culture[23] où ceux qui y participent suivent la même convention de communication et partagent un *objet d'attention commun*. Elle offre ainsi un espace dialogique où la pensée peut évoluer. La démarche (la procédure d'étayage, le « *scénario* ») induit un *processus de conceptualisation* qui passe par l'observation, la comparaison, les inférences, les vérifications des inférences, le passage à l'abstraction, et, ultérieurement, à la généralisation. Par le guidage de l'enseignant, les enfants évoluent dans leurs « zones proximales du développement[24] » afin d'aller au-delà de ce qu'ils auraient pu faire seuls, sans aide. Le scénario invite à réfléchir à ce que l'on dit (obligation de justifier sa réponse)et l'interaction avance grâce à leurs contributions. La prise de conscience de leurs nouvelles acquisitions, qui passe par le *langage* et la *négociation du sens*, va leur permettre de les intégrer. Ces « outils culturels » sont très puissants et ils permettent de faire prendre conscience aux élèves de ce qu'on fait quand on construit le savoir. Ils traversent les disciplines et sont ainsi utiles ailleurs, dans d'autres contextes. Une fois bien intégrés, ils participent au développement intellectuel.

23. Voir L. Mottier Lopez, *op. cit.*

24. La notion vygotskienne de *zone de développement proximal* (ZDP) fait partie d'une analyse générale du développement de l'enfant, qui étudie le lien entre apprentissage et développement. Elle désigne « la distance entre le niveau de développement réel, tel qu'il est déterminé par la résolution indépendante d'un problème, et le niveau de développement potentiel tel que défini par la résolution d'un problème avec les conseils d'un adulte ou au travers de la collaboration avec des pairs plus compétents » (L. S. Vygotski, *Pensée et Langage*, La Dispute, Paris, 1998 [1934]). C'est « la zone où se situent les processus immatures, mais qui sont en cours de maturation ». Pour approfondir, voir V. S. Ageyev, B. Gindis, A. Kozulin, S. M. Miller (dir.), *Vygotski et l'éducation – Apprentissages, développement et contexte culturel*, Retz, Paris, 2009.

Les *exemples* eux-mêmes, en tant que *contenu*, permettent d'entrer dans l'idée de *justification* et de progressivement arriver à discerner en quoi cela consiste, dans le contexte donné. Cette prise de conscience est le premier pas pour pouvoir s'en servir dans l'action.

Ces outils sont présentés aux apprenants comme des « routines », à travers des formes dialectiques d'interaction, organisées et menées par l'enseignant-médiateur. Cette médiation humaine est nécessaire, elle permet d'accompagner la pensée-en-évolution des élèves, de penser avec eux, de déterminer si la compréhension se fait ou pas et de rebondir à partir de ce qui se passe. Comprendre ce que comprennent les élèves est une condition pour les aider à avancer. Cela demande de l'écoute et la mise en œuvre de « conditions de participation » – sinon, il n'y a rien à écouter. Dans ce but, il y a *un objet d'attention commun* et une *attention commune*. Il y a la présentation de la tâche (la consigne) et l'échange avec le professeur qui explicite les attentes mutuelles afin de solliciter l'adhésion à la tâche et de créer la confiance : *le contrat d'intersubjectivité*. Il y a également les interactions entre élèves qui permettent d'associer les idées et de défendre celles-ci par l'*argumentation*, ce qui conduit à aller vérifier sa pensée en la confrontant à la « réalité » (les exemples). Il y a l'interaction entre chacun et le *« contenu »* : chacun peut interagir avec les exemples, se confronter à eux, les rapprocher de sa « structure cognitive » existante et arriver, progressivement, à stabiliser la conception en cours de construction. Tout au long de ce processus, l'enseignant-médiateur guide l'action à travers ses *questions élucidantes* et le *dialogue cognitif*, qui ont pour fonction de garder le cap, la *direction*, de faire émerger la *signification*, de maintenir la présence, la *sensation*.

Ces outils de pensée-en-acte sont inscrits dans un environnement d'écoute et de respect de chacun, ce qui permet à la pensée de se déployer. La médiation, qui permet l'accès aux outils et au contenu, invite à la participation, outille les élèves pour qu'ils puissent réellement participer ensemble et créent la confiance nécessaire pour qu'ils aient envie de s'impliquer, de s'exprimer et de maintenir leur attention. Sans cette médiation humaine, les outils de pensée ne seraient pas accessibles aux élèves.

Scénario 2

L'engagement affectif et cognitif dans l'écriture d'un roman policier

L'affectif et le cognitif

La conception dualiste attribuée à Descartes, selon laquelle la pensée est une activité séparée du corps, a exercé – et continue à exercer – une grande influence sur les lettres et les sciences occidentales. Selon cette conception classique de la cognition, l'activité mentale est supposée être rationnelle et l'émotion est perçue comme une pulsion biologique, source de biais irrationnels.

Dans une conception moins dualiste, l'émotion et la pensée sont conçues comme interdépendantes, quoi qu'elles demeurent deux unités distinctes. C'est ce qu'illustre la métaphore du fonctionnement d'une voiture proposée par Piaget. L'affectif est comme le carburant qui fait tourner le moteur, tandis que le cognitif est analogue au moteur qui permet de donner structure et direction aux mouvements de la voiture. Le cognitif permet de comprendre, de structurer la réalité en termes d'espace, de temps, de causalité ; l'affectif soutient l'intérêt, fournit l'énergie mentale.
Vygotski a critiqué les positions théoriques qui séparent émotion et pensée : « La séparation du côté intellectuel de notre conscience de son côté affectif et intentionnel est un des défauts de toute psychologie traditionnelle. À cause de cette séparation, l'acte de penser est inévitablement transformé en un flux de pensées

qui se pensent elles-mêmes. Il est séparé de toute la plénitude de la vie réelle, des motivations et des intérêts vivants et de ce qui attire l'homme qui pense.[1] » Cette posture théorique a sans doute préparé le terrain pour la conception transdisciplinaire plus récente qui conçoit le fonctionnement de l'esprit humain d'une façon plus globale et interactive : « Le corps et le cerveau fonctionnent comme une unité qui interagit pleinement avec l'environnement physique et social.[2] » Dans cette perspective, c'est la perception des émotions qui oriente le raisonnement plutôt que l'inverse. Par conséquent, « pour accroître la faculté de raisonnement, il est nécessaire d'accorder plus d'attention à la vulnérabilité du monde intérieur[3] ».

Le bon fonctionnement intellectuel dépendrait ainsi de la « perception de nos émotions » (« comment on se sent », le bien-être émotionnel), notamment en ce qui concerne la façon dont nous percevons la place qui nous est réservée dans un groupe d'appartenance, la confiance que nous pouvons avoir dans la relation pédagogique, l'image de nous-même, de notre compétence qui nous est renvoyée par autrui. Pour les enfants qui n'arrivent pas à bien profiter de l'enseignement à l'école, il est d'autant plus important de créer un environnement qui « attire l'homme qui pense » et qui soit attentif à leur « vulnérabilité ». C'est ce que met particulièrement en évidence le scénario qui suit. Le but principal visé par celui-ci est de conduire des élèves en échec scolaire à exercer leur réflexion et leur capacité à conceptualiser dans le cadre des activités du lire/écrire tout en leur donnant le soutien nécessaire. Il s'agit de les rendre conscients des outils qui sont à leur disposition et de les accompagner dans l'apprentissage de leur utilisation.

Le roman policier : une entrée par la démarche du détective

Patricia, l'une de mes anciennes étudiantes, découvre, en reprenant ses études, la puissance d'une entrée dans l'apprentissage par la conceptualisation. Après dix ans de métier, et une initiation à l'*approche socio-cognitive de la médiation*,

1. L. Vygoski, cité par J. Wertsch, *Vygotski and the social formation of mind,* Harvard University Press, Cambridge, 1985 (traduit par l'auteure).

2. A. R. Damasio, *L'Erreur de Descartes*, Odile Jacob, Paris, 2010 [1995].

3. Id., *Ibid.*

elle décide de tenter la mise en œuvre de cette démarche dans sa classe[4]. Elle fait le pari d'amener ses élèves à dépasser leurs difficultés langagières en étant plus attentive à leurs processus d'apprentissage et en les outillant au fur et à mesure des difficultés rencontrées. Patricia est à l'époque professeure des écoles dans une classe de CM1 (enfants de 9-10 ans), dans une ZEP[5] de la région parisienne. Avec les nouveaux outils qu'elle a acquis pour transformer sa pratique, elle veut explorer en quoi une entrée par la conceptualisation peut aider ses élèves à mieux réussir dans les deux compétences phares du socle commun : lire/écrire.

La classe de Patricia compte 20 élèves qui ont tous un an de retard. Certains sont en grande difficulté, malgré un redoublement du CP, des aides orthophoniques et d'autres soutiens. Quatre élèves, soit 20 % de l'ensemble, ne comprennent pas ce qu'ils lisent et s'expriment difficilement à l'oral et à l'écrit. Ce que Patricia déplore le plus est le manque de plaisir que ses élèves manifestent pour toute activité scolaire portant sur des apprentissages langagiers – déplaisir souvent lié à des expériences douloureuses marquées par une succession de résultats négatifs. Dans cette classe, nous ne perdrons pas de vue le petit Julien, le plus marqué par l'échec scolaire à cause de ses « énormes lacunes ».

Désireuse de passer par l'*écriture* pour engager ses élèves dans la *lecture*, Patricia a l'intention de privilégier le processus de la conceptualisation et de placer la *compréhension* au centre de toutes les activités de lire/écrire. Elle décide de s'inspirer de la « pensée du détective » pour intéresser ses élèves et les amener à s'approprier ce mode de pensée. Elle obtient l'accord de sa direction pour proposer et mettre en œuvre l'écriture, par chaque élève, d'un roman policier. Elle abandonne donc le manuel et les cahiers d'exercice habituels – inadaptés à ses élèves à son avis – pour les engager dans un travail d'étude de la langue dans toute sa complexité. Elle se lance dans ce projet et le mènera durant toute l'année scolaire, couvrant l'orthographe, la grammaire, le vocabulaire et la lecture.

---

4. Cette expérimentation a eu lieu dans le cadre du séminaire LAREDESCO (Laboratoire de Recherche pour le Développement Socio-cognitif, fondé en 1994 au sein de la Faculté d'éducation de l'Institut Supérieur de Pédagogie, Institut Catholique de Paris). Elle a été mise en œuvre par Patricia Sauvage, alors professeure des écoles, et a abouti à un mémoire de maîtrise soutenu à l'ISP en 1997 : « L'enfant auteur : le rôle du médiateur pour créer une culture de l'écrit » (sous la direction de Britt-Mari Barth).

5. Zone d'Éducation Prioritaire.

En choisissant le genre policier, Patricia vise quatre objectifs :
– faire acquérir à ses élèves, en tant qu'habitude cognitive, le processus de pensée réflexive du détective ;
– améliorer leurs compétences de lecture en passant par l'écriture ;
– leur faire prendre conscience des nouvelles compétences acquises ;
– leur faire aimer la lecture et l'écriture.

Nous allons revisiter son travail à partir de notre grille d'analyse.

Rendre le savoir accessible

– Définir le savoir à enseigner en fonction du transfert recherché.
– Exprimer le savoir dans des formes concrètes.

Pour commencer, Patricia souhaite que les élèves comprennent ce qu'est un « genre », à commencer par le genre « roman policier » : comment celui-ci se construit-il ? Se familiariser avec le plan suivi en général par le roman policier, c'est se constituer des repères permettant d'anticiper le texte et donc voir sa lecture facilitée. Patricia souhaite « outiller » les élèves pour qu'ils sachent écrire et relire un texte en repérant sa structure. Familiarisés avec le genre particulier qu'est le roman policier, ils pourront ensuite élargir leur regard et « se frotter » à d'autres genres. Le savoir acquis sur le genre ouvrira la porte à l'étude des éléments linguistiques sur lesquels s'appuie la compréhension des textes : choix du vocabulaire, structures des phrases, orthographe, ponctuation, etc.

Face à un objectif aussi complexe que l'écriture d'un roman policier, Patricia met d'abord plus précisément l'accent sur le contenu et la structuration de ce genre littéraire. Pour produire la trame d'un roman policier, il lui faut avant tout s'interroger sur ce qui est essentiel à ce genre, dans le contexte propre au projet de sa classe. Il faut aussi qu'elle-même maîtrise les attributs essentiels de ce genre pour être en mesure de le rendre accessible aux élèves. Elle commence donc par s'immerger dans la lecture de romans policiers divers et, en particulier, de romans policiers appartenant à la littérature pour la jeunesse. La démarche nécessite que Patricia ne cède pas aux messages de découragement de certains collègues : « Les élèves ne savent pas faire de dictées sans un grand nombre de fautes, ils ne connaissent pas leurs règles et encore moins leurs leçons de grammaire, comment veux-tu les faire écrire ? » ; « C'est difficile d'écrire, il faut déjà qu'ils maîtrisent la grammaire, la conjugaison et l'orthographe ; en plus, ils ne comprennent pas ce qu'ils lisent... » Patricia maintient le pari qu'elle a fait : elle a la conviction qu'avec ces nouveaux outils, les élèves seront capables de s'engager dans une tâche, certes complexe, mais qu'elle saura leur rendre accessible.

De fait, cette complexité, c'est elle-même qui en détermine le niveau, selon le transfert recherché pour ses élèves. C'est elle qui, à partir de ses propres lectures, décide de ce qui est indispensable pour faire « avancer » le roman, chapitre par chapitre. Il y a donc un travail important de préparation, les attributs visés se déterminant en fonction des exemples pertinents et accessibles aux élèves.

Après avoir défini le savoir à enseigner en fonction du transfert visé et déterminé les formes concrètes pour l'exprimer, Patricia est prête à commencer à « négocier » le projet avec les élèves : il s'agit de les engager dans un projet qui fasse sens pour eux.

Négocier le sens

– Engager les apprenants dans un processus d'élaboration de sens.
– Guider le processus de coconstruction de sens.
– Préparer au transfert par la métacognition.

Engager les apprenants dans un processus d'élaboration de sens

Patricia commence par négocier avec ses élèves le *contrat d'intersubjectivité* dans le but de les faire adhérer au projet. Un contrat d'intersubjectivité vise, rappelons-le, à créer la confiance mutuelle nécessaire pour s'engager dans un processus de construction de sens. Il doit permettre aux partenaires d'avoir des attentes communes qui concernent le sens de l'activité et les rôles de chacun. Ce contrat doit en même temps être explicite et assurer les *conditions affectives* (sentiment de sécurité), *cognitives* (comment il faut procéder) et *sociales* (la place de chacun dans la communication) du projet. Quand ces trois conditions sont remplies, l'envie de participer peut s'avérer très forte.

Tous les matins, Patricia lit à haute voix des romans policiers « Sherlock Holmes »[6] afin « d'immerger » les élèves à la fois dans le genre littéraire et dans la démarche intellectuelle du détective. Ces courts récits favorisent, dans un temps d'attention raisonnable, le repérage de tous les attributs choisis. Au bout de quelques lectures, les élèves se mettent, petit à petit, à chercher et à nommer les étapes importantes de la démarche d'un Sherlock Holmes typique. Patricia les guide par ses *questions élucidantes*. Ils aiment ces moments de lecture et commencent à anticiper ce que les récits ont en commun.

Le projet de devenir eux-mêmes auteurs et d'écrire chacun un roman policier se précise ensuite : l'idée plaît aux élèves. Même s'ils ne voient pas trop comment ils vont s'y prendre, la promesse de Patricia de leur donner les moyens de réussir à devenir auteur et de « publier » leur œuvre à la fin de l'année les fait adhérer au projet : ils sont rassurés par la proposition de créer une *communauté d'auteurs* où ils vont s'entraider et où Patricia, en tant qu'experte, va les guider et leur donner les outils nécessaires au fur et à mesure de l'avancement du projet. La confiance se crée par l'assurance d'aide et la possibilité de collaboration : personne ne va se trouver seul devant la feuille blanche. Les élèves prennent conscience de ce que représente la participation à un projet commun et solidaire. Si Patricia leur fait confiance, alors… le défi de réussir à devenir auteur les tente, malgré les hésitations… L'intention d'adhérer au projet commence à se construire.

Guider le processus de coconstruction de sens

L'immersion dans les lectures à haute voix a pour premier but de faire découvrir aux élèves la démarche du détective (observation, analyse des indices, première conclusion hypothétique, vérification des preuves). Elle sert également à dégager les caractéristiques d'un *roman policier*, chapitre par chapitre. Ce travail se fait en négociation avec les élèves, de manière à ce que ceux-ci élaborent la liste des éléments qui leur seront utiles pour amorcer l'écriture de leur propre récit. À partir

6. Par exemple : C. Doyle, *Sherlock Holmes mène l'enquête*, Hachette, Paris, 1994 ; J.-P. Arrou-Vignod, *Enquête au collège – Le professeur a disparu*, Gallimard Jeunesse, Paris, 2007 [2004] ; E. Kästner, *Émile et les détectives*, Le Livre de poche Jeunesse, Paris, 2007 ; M. Villard, *Les Doigts rouges*, Syros Jeunesse, Paris, 2007 [1994] ; A. Hitchcock, *Le Perroquet qui bégayait*, Le Livre de poche Jeunesse, Paris, 2007 [2001] ; Marie et Joseph, *Le Crime de Cornin Bouchon*, Hatier, Paris, 2006 [1994].

des nombreuses lectures, les « indices » propres à chaque chapitre commencent à se généraliser, ce qui n'était pas évident au départ : par exemple, au lieu de « chercher l'arme du crime », (qui ne peut s'appliquer à tous les récits), c'est « chercher des preuves » qui est retenu parce que jugé plus générique. L'enjeu consiste ainsi à faire saisir aux élèves que les points communs à des situations particulières contextualisées peuvent être décontextualisés et s'exprimer par un terme plus général qui servira de guide par la suite pour inventer d'autres situations… La conceptualisation est ainsi présente tout au long du travail.

Voici un exemple d'une de ces « négociations de sens » :
– Élève : *« On cherche un meurtrier.*
– Professeure : *Cherchent-ils vraiment un meurtrier ?*
– É. : *Il dit que c'est lui, mais en fait, ce n'est pas lui.*
– É. : *Oui, parce qu'on dit que c'est lui qui a tué.*
– P. : *Est-ce qu'il a été dit que Monsieur Bouchon a tué ?*
– É. : *Non.*
– É. : *En fait eux, ils suspectent. Ils disent que c'est lui qui l'a tué. Alors ils l'ont fait sortir pour qu'ils fouillent la maison pour trouver une preuve.*
– P. : *Êtes-vous d'accord ? Ils ne cherchent pas le coupable, mais des preuves ?*
– É. : *Des preuves contre le suspect.*
– P. : *Qui cherche des preuves ?*
– É. : *Foufouille.*
– P. : *Est-ce qu'on va écrire Foufouille ?*
– É. : *Non !*
– É. : *Parce que dans un autre chapitre, peut-être il n'y aura pas Foufouille. »*

Patricia est très attentive. Elle suit le raisonnement des élèves et les aide à diriger leur attention sur certains points pour qu'ils dépassent les cas singuliers et aillent vers une plus grande abstraction. Elle s'assure que chacun comprend bien la différence entre une idée plus générale et son exemple. Ainsi, aidée par Patricia, la classe élabore petit à petit une *grille de conseils* qui servira de cadre à l'écriture de chaque chapitre. Chaque élève inscrit ces conseils dans son cahier spécifique *« Outils d'auteur »*. Ce sont des conseils que la *communauté d'auteurs* a construits, parfois laborieusement, et que chacun va progressivement intégrer. Si l'occasion leur en est donnée, les élèves pourront, par la suite, devenir conscients de la démarche qu'ils ont suivie pour formuler ces conseils. Leur « grille » de conseils, en évoluant, servira ensuite d'outil d'évaluation commun de leurs textes. Par exemple, pour le chapitre 3 :

Je revois la structure de mon troisième chapitre :

1. On retrouve le suspect du chapitre 2.
2. Le ou les détectives ont des soupçons (font des hypothèses) sur un suspect apparu dans le chapitre 2.
3. Il ou ils n'ont aucune preuve sur le suspect.
4. Il ou ils cherchent des preuves pour accuser le suspect.
5. Y a-t-il erreur ou pas ? Hypothèses à valider.

Les élèves travaillent par la suite dans des sous-groupes de quatre qui constituent des équipes de conseil et d'entraide. Dans ces sous-groupes, il est important de favoriser à la fois les échanges entre élèves et le temps d'écriture individuelle. Après le premier jet d'écriture individuel de chaque chapitre, commence une co-évaluation qui se limite, dans un premier temps, au choix des idées et à la structure du chapitre. Patricia souligne constamment le caractère collaboratif de ce travail : « *On ne se moque pas* », rappelle-t-elle, « *chacun lit son chapitre à haute voix et on s'aide de la grille pour faire avancer le chapitre de chacun.* » Sachant que la co-évaluation à faire ne porte pas sur les aspects linguistiques, les « auteurs » peuvent se concentrer sur l'intérêt de leur scénario et laisser libre cours à leur imagination, nourrie par les nombreuses lectures de Patricia. Pour stimuler leur envie de lire, elle organise, en parallèle, un rallye de lecture.

Une fois que chaque élève a validé, avec la collaboration des autres, la trame d'un chapitre et que l'histoire commence à prendre forme, le vrai travail sur la langue débute. On réinvestit maintenant la « démarche du détective » (dont les élèves ont pris conscience) pour développer le vocabulaire, étudier les règles de grammaire, la conjugaison, l'orthographe. Ces dernières sont des outils pour écrire et les élèves prennent tout particulièrement conscience de leur importance lorsque les autres élèves butent sur leur texte et ne peuvent donc en saisir le sens. De fait, comment comprendre, par exemple, que « ces tes » veut dire « c'était » ? Un long et patient travail est mené au quotidien pour conceptualiser les notions grammaticales et les règles d'orthographe : il faut que les élèves reconstruisent et saisissent par eux-mêmes le sens et l'utilité de la structure d'une phrase, des accords du nombre et du genre, de la conjugaison des verbes… Ils possèdent tous un vocabulaire grammatical, mais font des confusions quand il s'agit de reconnaître les exemples qui y correspondent. Les mots sont vides de sens pour eux. Ils ne comprennent pas comment la grammaire fonctionne.

Au fur et à mesure des difficultés rencontrées par les élèves, Patricia met donc en route le scénario des « oui » et des « non », et les élèves se sentent de plus en plus à l'aise[7] avec cette routine. Chaque nouvelle notion est soigneusement inscrite, selon la formulation négociée collectivement, dans les cahiers individuels d'« Outils d'auteurs ». Chacun reprend ensuite ses phrases pour les corriger en sous-groupes. Chaque élève se fait aider par les autres membres de l'équipe, et devient ainsi à la fois auteur et critique. Les élèves sont d'abord formés à cela par Patricia, qui modélise devant eux, au moyen du rétroprojecteur, la procédure de « corriger son brouillon », concept-en-acte indispensable pour les auteurs en herbe. Elle pense à haute voix avec eux, pour rendre visible une démarche de correction autrement invisible comme, par exemple : *« Je cherche le sujet dans la phrase. Quand je l'ai trouvé, je vérifie que le verbe est bien conjugué : est-ce que la terminaison indique bien le singulier ou le pluriel ? Quand est-ce que cela se passe : au passé, au présent ou au futur ? »* Ce guidage oral comme étayage – prononcé avec un rythme entraînant – aide les élèves à structurer et à mémoriser la démarche à faire et les prépare pour l'auto-évaluation. Patricia annote le brouillon afin de leur montrer comment s'y prendre pour signaler les corrections à faire. Elle leur fait comprendre que même les « vrais » auteurs révisent et corrigent leur brouillon.

Aucun texte n'est bien sûr achevé d'un jet. Il faut décider à chaque fois ce qui doit être regardé et procéder méthodiquement. Pour commencer, la classe décide de relire le texte mot par mot, pour observer l'orthographe.

7. Voir un exemple de leçon de grammaire (« L'attribut du sujet ») in B.-M. Barth, *L'Apprentissage de l'abstraction*, *op. cit.*, p. 95 et suiv. Voir également des applications dans G. Haas, D. Lorrot, P. Moreau, J. Mourey & C. Ruth, *Classes et fonctions grammaticales au quotidien – Cycle 3*, collection « Au quotidien » dirigée par F. Pétreault, CRDP Bourgogne, 2009.

Voici un exemple du travail mené sur le premier jet de Romain :
– Julien : *« Il y a une faute dans le titre "mistérieu". Il doit y avoir un "y" à la place du "i" et un "x" à la fin.*
– Professeure : *Julien, tout à l'heure, tu avais dit quelque chose à ce sujet, c'était quoi ?*
– J. : À *"mystérieux", on met un "x", quand il y a plusieurs…*
– P. : *On met un "x" ou un "s" au pluriel. Ici, c'est l'homme mystérieux. Il y en a qu'un. Pourquoi mettons-nous un "x" ?*
– Faiçal : *C'est un mot invariable.*
– P. : *Comment tu dis une île "mys…" ?*
– F. : *Une île "mystérieuse" !*
– P. : *Alors est-ce un mot invariable ?*
– F. : *Non.*
– J. : *Tous les adjectifs qui se terminent en "eu" s'écrivent avec un "x".* »

Ces séances de correction collective de brouillons permettent à Patricia de détecter les fausses conceptions des uns et des autres, de proposer une remédiation pour lutter contre les concepts flous et d'orienter la fabrication d'une grille d'orthographe dans ce sens. L'utilisation systématique de contre-exemples et des contradictions est d'une grande efficacité pour diriger l'attention et la concentration des élèves et pour stimuler l'interaction verbale et l'argumentation. Progressivement, les concepts clés prennent sens pour eux. Les différents « *Outils d'auteur* » sont constamment inscrits dans les cahiers de chacun. En reprenant la démarche habituelle du détective, les élèves commencent à se l'approprier et à s'en servir de façon autonome dans les équipes. Ils ont acquis un langage pour parler de leur savoir en construction. Ils comparent les « hypothèses oui » et les « hypothèses non », ce qui les conduit à une conclusion validée et comprise. Peu à peu, la démarche devient plus familière et Patricia est toujours présente pour leur fournir la rétroaction nécessaire. Les élèves prennent ainsi l'habitude d'observer la langue comme un matériau sur lequel ils ont une emprise et qu'ils peuvent modifier, corriger et faire évoluer.

Voici un exemple de la grille en évolution.

Je corrige mes mots :

1. Je les prends un par un.
2. Je fais des passerelles avec :
– mes règles d'orthographe (ce/se ; c'est/ses ; é/er ; la/là/l'a ; a/à) ;
– la conjugaison : les accords du verbe avec le groupe sujet ;
– l'emploi des différents temps.
3. J'accorde les déterminants avec les noms.

Voici également un exemple du travail collectif mené sur la ponctuation du texte de Julien :
– Élève : « *À* "Capitaine ! Capitaine ! Oui, j'arrive !", *il faudrait des guillemets.*
– É. : *Oui, parce que c'est une nouvelle personne qui parle.*
Julien : *Il faut que je remette sur une nouvelle ligne. Jusqu'à "Oui.".*
– É. : *Jusqu'à "Oui.".*
– P. (confirme) : *À "Oui.", tu mets une nouvelle ligne. Bien.*
– É. : *Tu mets un tiret.*
– P. : *Oui, très bien !*
– É. : *Il faut savoir qui parle. Qui est-ce qui dit : "Oui, j'arrive." ?*
– É. : *C'est le capitaine.*
– É. : *On ne sait pas qui c'est. Il faut mettre : "dit le capitaine."*
– É. : *Il faut mettre un trait.*
– É. : *À l'autre ligne.*
– É. : *On met les guillemets.*
– É. : *Parce qu'il n'y a qu'une personne qui parle.* »

Patricia laisse aux élèves le temps de s'exprimer et s'assure que tous les élèves ont bien compris le sens des remarques. Julien ne se sent pas dévalorisé par les conseils qui lui sont prodigués. Bien plus, ces derniers permettent également à d'autres élèves de vérifier leurs propres brouillons. Patricia rappelle régulièrement que chacun doit profiter des hypothèses émises, y compris les fausses, qui aident à réfléchir. Julien est plutôt content qu'on s'intéresse à son chapitre et il participe de plus en plus aux séances collectives. Il est fier quand il peut contribuer avec quelque remarque – et il a maintenant les mots pour le dire. Les élèves changent de vocabulaire : comme Patricia, ils ne parlent plus de « fautes » et ils deviennent conscients que l'erreur est un outil pour comprendre. Les élèves en grande difficulté ne sont plus exclus du groupe, mais, comme le remarque Patricia, « portés » pour réussir. Les élèves les plus forts se sentent investis d'une certaine responsabilité de « tuteur » et sont encouragés dans ce rôle.

Les grilles évoluent.

Je corrige mes phrases :

1. Je mets la ponctuation de mes dialogues :
– les guillemets quand une personne parle ;
– je vais à la ligne quand une autre personne parle et je l'indique.
2. J'écris les phrases du narrateur au début des paragraphes pour les introduire.
3. J'utilise les quatre types de phrases.
4. Je mets mes paragraphes en retrait.

Il faut imaginer ce travail sur l'année. Les grilles se construisent à partir des difficultés rencontrées et évoluent au fur et à mesure de l'avancement des écrits. Le faire et le dire arrivent en même temps. C'est un travail qui demande du temps et de la persévérance.

Chacune des principales notions donne lieu à une séance d'approfondissement pour bien comprendre sa fonction. C'est cette abstraction qui est difficile à faire et les élèves n'ont pas un niveau de compréhension égal – les uns révisent, les autres apprennent. Il s'agit de toujours procéder par une démarche de conceptualisation pour s'assurer de la compréhension. Cette démarche diffère amplement de ces exercices souvent vus, qui consistent à donner un exemple et à poser la question : « *Que remarquez-vous ?* » Dans un tel contexte, les élèves ne savent pas vraiment où diriger leur attention et ils cherchent la bonne réponse. Ils sont placés, pour ainsi dire, dans une suite d'évaluations par stimulus/réponse plutôt que dans une situation d'apprentissage. Dans notre démarche, le regard des élèves est guidé et ils sont outillés d'une méthode cognitive pour trouver ce que les exemples ont en commun. Cette méthode peut ensuite être transférée dans les autres disciplines. L'objectif est bien de former les enfants à une méthode de recherche tout en l'appliquant aux différents apprentissages, ici dans le domaine du lire/écrire.

Les définitions retenues sont formulées en commun, avec un ou deux exemples pour soutenir la mémoire, et chacun les note dans son cahier personnel. Des moyens complémentaires, par exemple un marquage en couleur, peuvent être mis à profit pour faciliter la mémorisation. Une fois la règle comprise et formulée, il n'y a pas de « danger » à l'apprendre par cœur ni à reprendre la formulation (comprise cette fois) du livre de grammaire : il faut avoir accès aux mots utilisés dans sa « culture ». Ce qui compte le plus est la mise en œuvre de cette démarche cognitive qui permet d'arriver à la compréhension partagée. La recherche d'un moyen pour condenser les contenus afin de les confier à sa mémoire vient par la suite.

En dehors des temps communs, Patricia se déplace constamment d'une équipe à l'autre. Elle les soutient en réorientant le travail, au besoin, ou en répondant aux questions et à des sollicitations d'aide particulière. Parfois Patricia fait travailler les élèves en équipe de deux pour faciliter davantage l'entraide. Les cahiers se personnalisent. Peu à peu, les élèves deviennent capables de prendre des initiatives pour poser des questions ou pour chercher l'information eux-mêmes, par exemple dans un dictionnaire[8]. Une dynamique nouvelle se crée. Cette façon de construire les grilles de conseils avec la participation des élèves, à partir de leurs écrits, est très différente de ce que Patricia faisait dans le passé, à savoir élaborer une grille au fur et à mesure de leçons qui se succèdent et qui s'apprennent les unes après les autres, selon l'ordre du programme ou des manuels. Cette grille-là avait davantage l'allure d'une liste de règles. Les élèves se noyaient alors souvent dans les critères mal compris, avec la conséquence qu'ils s'y référaient peu. Ils les connaissaient souvent par cœur, mais ne faisaient pas le lien avec leurs difficultés d'écriture. Comme ce n'était pas leur savoir propre qu'ils avaient consigné dans le cahier, ils ne faisaient pas de transfert.

8. Au moment de cette expérimentation, il n'y avait pas d'outils numériques disponibles. On voit aisément comment un TBI/TNI aurait pu soutenir ce travail... La formation des enseignants est un levier indispensable pour une utilisation pertinente des outils numériques au service des apprentissages.
Voir la vidéo « Des élèves, une classe, un enseignant et un tableau numérique » (conçue par André Roux, conseiller pédagogique, Service national du RÉCIT, Québec, à la suite du séminaire cité note 6 p. 93) sur le site www.vitrinefrancais.qc.ca/barth.html.

Préparer au transfert des concepts et à la capacité d'abstraction par la métacognition

La métacognition est présente tout au long du processus. La pensée du détective est modélisée et dégagée du contexte pour que chacun puisse comprendre comment procéder pour comparer, faire des hypothèses et les valider, le tout en cherchant des indices. Mettre des mots sur ce qu'on fait, et ceci pendant qu'on le fait, permet d'en prendre conscience. Le retour régulier sur les compétences apprises et le rappel des situations où ces compétences peuvent servir à nouveau préparent le transfert des connaissances et des méthodes de pensée. Les élèves commencent à utiliser une terminologie précise pour parler de leur travail et de celui des autres ; c'est une nouvelle force. Ils sont devenus des personnes qui pensent comme des détectives. La classe s'est donné un nouveau nom : Sherlock Holmes. La stratégie du détective est devenue la leur !

En fin d'année scolaire, quand nous faisons le point sur ce qui s'est passé, Patricia précise que le plus important était le plaisir et la satisfaction ressentis par les élèves et par elle-même. Progressivement, le rapport de ses élèves à l'écrit s'est transformé et ils ont acquis une plus grande confiance en eux-mêmes. Pour certains, ce projet d'écriture est devenu une sorte de « cothérapie » contre les échecs scolaires car il leur a donné une image constructive d'eux-mêmes en leur permettant d'avoir accès à un autre vécu pour « penser » leurs blessures.

Pour évaluer les résultats au terme de l'année scolaire et compléter les « livrets de compétences », Patricia compare le premier jet du premier chapitre de chaque élève avec la version finale du dernier chapitre. Ce 6e et dernier chapitre devait être rédigé et corrigé individuellement. Les élèves avaient le droit de consulter leur cahier de conseils (dont l'utilisation était devenue familière). Dans le passé, Patricia avait utilisé une autre grille conseillée pour la correction. Elle reproche à présent à cette grille de se limiter à détecter et à catégoriser les difficultés des élèves à travers leurs écrits, sans pour autant aider les enseignants à les comprendre. De plus, le nombre de fautes qu'elle sert à détecter est si élevé que le découragement peut apparaître. Patricia pense maintenant qu'il faut évaluer d'abord les progrès. Pour cela, elle se réfère à la fois à l'utilisation par les élèves des grilles de conseils et aux progrès réalisés dans le deuxième jet. L'idée est d'adopter un autre regard et d'analyser également les façons dont les élèves sont arrivés à dépasser leurs difficultés.

Le processus est aussi central que le produit – ce qui n'est pas en contradiction avec l'amélioration du produit. La première version est donc considérée comme un essai, avec droit à l'erreur. C'est la correction par l'élève et le texte final qui sont évalués pour établir l'acquisition des compétences en fin d'année scolaire.

En prenant le dernier chapitre révisé de Julien, Patricia constate ainsi :
– que son texte est compréhensible et qu'il s'organise en trois paragraphes distincts (situation initiale, centrale et finale), le premier mot étant mis à chaque fois en retrait (dans sa première version, il n'y avait aucun paragraphe et le texte était inintelligible) ;
– que toutes ses phrases commencent maintenant par une majuscule et se terminent par un point. La ponctuation du dialogue est employée correctement. Ses phrases, tout en étant brèves, ont un sens, ce qui n'était pas le cas dans la première version où toute ponctuation était absente ;
– qu'il emploie le passé composé correctement. Il évite de nombreuses répétitions des groupes nominaux et utilise divers pronoms. La coordination et la subordination sont correctes. Les conjonctions sont adéquates et il emploie les compléments prévus au programme de ce niveau.

Ce réinvestissement des « conseils » témoigne d'une réflexion et d'une certaine conscience des acquis permettant de transférer ses nouvelles compétences dans une situation d'écriture. Julien a fait d'énormes progrès en orthographe. Il segmente les mots et n'écrit plus phonétiquement (« mes tes » pour « m'était », par exemple) ; il applique les règles qu'il a apprises, même si ce n'est pas toujours le cas. Quatre-vingt-cinq pour cent de ses mots sont orthographiés correctement, contre 55 % dans sa première version. Bien qu'il lui reste du chemin à parcourir pour être « au niveau » du programme officiel du CM1, il a progressé dans l'auto-évaluation et la correction autant que les élèves qui éprouvaient moins de difficultés au départ, ce qui est très encourageant.

Les progrès les plus spectaculaires se trouvent dans le nouvel investissement cognitif dont il fait preuve dans les apprentissages. Il utilise tous ses outils ; le dictionnaire est en permanence sur sa table. Il pose des questions et demande des explications qu'il note dans son cahier. Ayant activement participé aux séances de construction de concepts, il a enrichi son vocabulaire, prend plus souvent la parole et s'exprime avec plus de précision.

Le nouveau mode d'évaluation mis en place, qui cible d'abord ce qui est à valoriser, permet de prendre conscience qu'une transformation « durable » est en cours et d'observer que les élèves développent leur confiance en eux. Il s'agit là de progrès plutôt d'ordre affectif ou relationnel. Patricia remarque ainsi que Julien ne craint plus le regard de ses camarades ou de l'enseignante. Il a trouvé sa place dans la classe, où la solidarité s'est progressivement installée. Il se sent reconnu dans cette *communauté d'auteurs* parce qu'il peut y apporter ses contributions. Son allure vestimentaire et son attitude ont également changé : il attache moins d'importance à sa coiffure façon « Tintin » et cherche moins à séduire.

Le plus touchant, dit Patricia, c'est que les parents des élèves viennent à l'école, ce qui n'était pas le cas avant, malgré des invitations à des rencontres. Cela a permis de les inciter à poser un nouveau regard sur leurs enfants et à s'intéresser à leurs efforts plutôt que de s'en tenir uniquement aux notes.

Dans notre approche métacognitive, adoptée par Patricia, une partie de l'évaluation s'adresse directement aux élèves, pour connaître leur perception de la démarche. Voici quelques exemples de leurs propos :
– Mickaël : «*J'aime bien, car même si on n'est pas sûr, on peut quand même émettre son hypothèse. Quand tu nous passes au rétroprojecteur des chapitres pour vérifier les fautes d'un autre, ça nous apprend à nous corriger nous-mêmes.*
– Alfred : *Le roman policier, ça nous a aidé à nous autocorriger. C'était bien. Comme ça, on pourra le refaire pour <u>écrire</u> plutôt que de faire plusieurs petites évaluations comme on fait dans les classes. Là, on est obligé d'écrire toutes les règles et de les savoir. Avant, on pouvait ne pas les savoir et on trichait.*
– Morgan : *Pour les "oui" et les "non", on participait beaucoup et on disait nos leçons pour se vérifier.*
– Romain : *Il y a toujours un suspense et une énigme à résoudre.*
– Juline : *Il faut déjà avoir des indices, des pistes pour valider et avoir des preuves pour pouvoir dire une réponse.*
– Adrien : *Avec la grille des conseils, ça nous aide à regarder et à rechercher pour refaire sa phrase.*
– Faiçal : *Ce qui était bien aussi, c'est que Patricia dise : trompez-vous, trompez-vous ! Il faut participer ; sinon, on ne sait pas si on s'est trompé !*

– Ludovic : *Y a des moments où j'avais un peu peur, alors j'ai réfléchi et de temps en temps je me disais, même si c'est pas ça, il faut que j'essaye.*
– Julien, à la relecture de son premier chapitre, s'exclame, fort surpris : *On n'y comprend rien ! Je ne savais pas écrire !* »

Ces commentaires témoignent d'un engagement dans la « démarche du détective » : les élèves sont devenus plus conscients de leurs nouvelles compétences. Patricia se dit également transformée après cette expérience : « *Je suis devenue à la fois leur compagnon et leur guide. Le JE a fait place au NOUS, une nouvelle personne s'est construite avec un nouvel avenir.* »

Bilan de l'expérience

L'expérience vécue dans cette classe a permis de neutraliser le sentiment *d'impuissance acquise* qui conduit à l'échec. Ce qu'il est sans doute le plus important de noter est que les élèves en ressortent avec une autre image d'eux-mêmes, surtout les plus faibles. Ils ont pris confiance dans leurs capacités à apprendre, ils ne se sentent plus exclus ; ils ont envie de recommencer. Ils ont acquis des outils, c'est sûr, mais surtout, ils ont pu apprendre à s'en servir dans une « communauté d'apprenants » où des règles ont été instaurées pour que chacun puisse avoir une place et où existent de nombreuses possibilités de s'entraider. C'est grâce à l'établissement de ce climat de confiance que peut s'installer une dynamique qui suscite l'adhésion au projet et intensifie la persévérance.

La motivation peut être conçue comme un ensemble d'attitudes qui favorisent l'engagement : être encouragé à prendre des initiatives, se voir reconnu le droit à l'essai et à l'erreur, être pris en compte comme un interlocuteur valable, recevoir une rétroaction fondée sur des critères compréhensibles, pouvoir réellement participer, avoir prise sur sa réussite, se sentir en confiance, se sentir compétent…, ce sont là des facteurs de « l'environnement » sur lesquels l'école peut agir et qui permettent à la motivation de se construire. La *posture* de l'enseignant devient donc un facteur important pour la réussite de la démarche.

Il est également important de noter que, même si leurs productions ne sont pas au même niveau, les élèves les plus faibles ont fait autant de progrès quant à leur *capacité à réviser* et à apporter des corrections à leurs textes que les élèves plus forts. Cela montre bien leur capacité d'apprendre.

Le fait d'entrer dans l'étude de la langue par le texte, voire par l'écriture personnelle d'un texte, a permis aux élèves de commencer à apprécier la langue pour elle-même. Ils ont intégré certains critères utiles pour juger un texte, ils sont devenus conscients de ce qu'on observe quand on examine un mot, une phrase ou un paragraphe. Ils ont pris l'habitude de revenir sur ce qu'ils savent pour en prendre conscience ; ils ont appris à avoir accès à la métacognition.

De son côté, Patricia a pris conscience de l'importance à accorder au *temps d'apprentissage* : on ne peut pas évaluer et noter trop tôt, comme s'est souvent le cas en classe ; il faut laisser le temps aux élèves d'apprendre et de s'entraîner à mettre en œuvre les nouvelles connaissances, avant de les « mesurer » et de les noter. Les « habitudes » métacognitives vont contribuer à développer leur esprit critique. Dans l'idéal, *in fine*, ils devraient apprendre à s'auto-évaluer.

Patricia s'inquiète néanmoins : si ces nouvelles compétences ne sont pas prises en compte dans la classe supérieure, les élèves risquent de retomber dans les mauvaises notes, dans l'échec, en d'autres termes, de perdre leur réelle capacité à « rattraper le niveau », alors qu'ils en seraient manifestement capables si on continuait à leur donner le temps et l'accompagnement adapté pour ce faire. Plutôt que de redoubler ou d'entrer dans un processus d'exclusion de l'école, ils pourraient progressivement prendre en charge davantage de responsabilités dans leurs apprentissages. Tout le monde serait gagnant.

Scénario 3

La mise en réseau des concepts au sujet du territoire industriel

« C'est le problème universel pour tout citoyen du nouveau millénaire : comment acquérir l'accès aux informations sur le monde et comment acquérir la possibilité de les articuler et de les organiser ? [...] Comment percevoir et concevoir le Contexte, le Global (la relation tout/parties), le Multidimensionnel, le Complexe ? Pour articuler et organiser les connaissances, et par là reconnaître et connaître les problèmes du monde, il faut une réforme de pensée. Or, cette réforme est paradigmatique et non pas programmatique : c'est la question fondamentale pour l'éducation, car elle concerne notre aptitude à organiser la connaissance. » Edgar Morin[1]

« [L'enseignement des connaissances pertinentes] doit consister également à relier la connaissance abstraite à son référent concret. La connaissance abstraite est nécessaire, mais elle est mutilée si elle n'est pas accompagnée de connaissances concrètes. » Edgar Morin[2]

« La pensée est plus que jamais le capital le plus précieux pour l'individu et la société. » Edgar Morin[3]

1. E. Morin, *Les Sept Savoirs nécessaires à l'éducation du futur*, Le Seuil, Paris, 2000.
2. E. Morin, *La Voie*, *op. cit.*
3. E. Morin, *La Tête bien faite*, Le Seuil, Paris, 1999.

Pour apprendre, il faut savoir faire des liens, comprendre comment des éléments différents sont reliés entre eux. Sans cela, les connaissances ne sont pas accessibles. Les élèves ont souvent des « notions » par rapport à un apprentissage « nouveau » présenté en classe. Ils peuvent répondre à des questions genre *stimulus-réponse*, ils reconnaissent le vocabulaire employé. Mais ils n'ont pas une compréhension réelle de celui-ci, ils ne sont pas sûrs du sens des mots qu'ils utilisent et ils les confondent souvent : ils attendent d'être corrigés ou non et ne savent pas toujours pourquoi une réponse était juste ou fausse. Ils ne sont pas capables d'articuler et d'utiliser les « savoirs acquis » pour résoudre un problème, comprendre une question plus générale ou pour les transférer dans le contexte nouveau auquel ils sont confrontés. Ils n'ont pas de questions. Face au « phénomène » appris, quand ils le « rencontrent » dans une situation concrète, ils ne le reconnaissent souvent pas, et ne peuvent donc pas « mobiliser leurs connaissances ». Structurer leurs connaissances, préciser les liens, comprendre le contexte de leur utilisation, c'est ce qui leur manque le plus. Si les connaissances ne servent pas à reconnaître et à pouvoir analyser des situations qu'on rencontre, afin de pouvoir agir grâce à elles, elles restent « scolaires », elles ne servent qu'à l'école – au mieux. Souvent elles tombent dans l'oubli, avant même les examens.

Comment outiller les élèves pour qu'ils organisent mieux leurs connaissances afin de mieux les comprendre et de mieux s'en servir dans des contextes plus complexes? C'était le but prioritaire que nous souhaitions atteindre dans cette classe de géographie de 2e secondaire au Québec[4].
Leur école se trouve dans la région de la Montérégie, au sud de Montréal, et dessert un secteur majoritairement défavorisé sur les plans financier et culturel. Il s'agit d'un groupe d'élèves qui offre une performance moyenne dans les différentes disciplines. D'habitude, la classe fonctionne en style plutôt « traditionnel » : des contenus sont enseignés, que les élèves doivent mémoriser. Leur enseignant, Jean-Benoît, les trouve plutôt « bons élèves », mais il se sent très motivé pour essayer autre chose, dans un premier temps simplement pour introduire plus d'intérêt, plus d'engagement, plus de plaisir, à la fois pour lui et pour les élèves. Il a accepté de participer à cette expérimentation dans le cadre sécurisant de

4. Le 2e secondaire est l'équivalent de la 5e en France. Les élèves ont environ 13-14 ans.

notre formation[5], sachant qu'il serait accompagné dans sa classe par l'équipe de conseillers pédagogiques, formés à l'approche sociocognitive de la médiation et ayant conçu les supports et le scénario prévus afin d'accompagner cette expérimentation. L'idée d'*entrer par le processus* (la conceptualisation), plutôt que par le produit (le contenu) lui parlait et ce *contrat d'intersubjectivité* de la formation continue lui avait donné envie de se lancer !

Rendre le savoir accessible

– Définir le savoir à enseigner en fonction du transfert recherché.
– Exprimer le savoir dans des formes concrètes.

À partir des questions de notre outil premier, le *modèle opératoire du concept*, il fallait d'abord se situer dans le programme de ce niveau de scolarité et choisir une entrée. Le concept d'« industrialisation » est le concept central proposé par le programme ministériel, mais les élèves ayant déjà au primaire étudié l'industrialisation dans une perspective historique, l'équipe a opté pour une entrée plus « géographique », centrée sur le *territoire*. Un territoire se définit comme *« un espace social que des humains se sont approprié, qu'ils ont transformé et auquel ils ont donné un sens et une organisation particulière[6] »*.

5. Cette expérimentation est la suite du séminaire de 2007 (voir note 6, p. 93), qui a réuni Britt-Mari Barth et les conseillers pédagogiques de différentes commissions scolaires de la Montérégie au Québec : Mario Fillion, Commission scolaire des Grandes-Seigneuries, Christine Marleau, Commission scolaire Marie-Victorin, Claire Ouellet et Alain Tardif, Commission scolaire du Val-des-Cerfs, conseillers en univers social au moment de l'expérimentation. Elle s'est poursuivie en classe, impliquant enseignants et élèves, dans le cadre de la formation continue des enseignants : « En vertu de ce modèle, chaque maillon de la chaîne de formation est lié à un autre par de l'accompagnement et du soutien. Ainsi, la formation est un outil transférable d'une personne à une autre : elle n'appartient pas à une seule personne qui, elle seule, peut la transmettre. Elle peut de la sorte facilement traverser les océans… » (Mario Fillion)

6. MELS, *Programme de formation de l'école québécoise. Géographie. Enseignement secondaire, premier cycle*, p. 301. Voir http://www.mels.gouv.qc.ca

Définir le savoir à enseigner en fonction du transfert visé : qu'est-ce qui est essentiel ? Pour faire quoi ?

Le programme québécois s'exprime en compétences et en objets d'étude[7].

Compétences disciplinaires	Objets d'étude
Compétence 1 – Lire l'organisation d'un territoire	La région des Grands Lacs américains et canadiens ou Une région industrielle du Québec
Compétence 2 – Interpréter un enjeu territorial	Conserver sa place dans l'économie mondiale ou Harmoniser industrie et environnement
Compétence 3 – Construire sa conscience citoyenne à l'échelle planétaire[8]	Les multinationales et leur déplacement vers des pays en développement

Pour établir des liens entre ces compétences, les concepts (et leur élaboration intellectuelle) forment le ciment qui les relie entre elles. Encore faut-il les choisir adéquatement.

Cinq territoires types représentant diverses formes d'organisation territoriale ont ainsi été retenus : le territoire urbain, le territoire région, le territoire agricole, le territoire autochtone et le territoire protégé. La plupart de ces territoires types se subdivisent en thèmes évoquant des réalités plus précises. C'est ainsi que le

7. Il s'agit du programme ministériel qui est prescrit. Par ailleurs, certains territoires étudiés – c'est le cas du territoire industriel – proposent des choix (signifiés par des « OU » dans le tableau ci-dessus) dont l'enseignant dispose à sa guise.

8. Les compétences 2 et 3 seront uniquement mises en perspective.

programme ministériel a retenu quatre types de territoires relatifs aux régions : les territoires touristique, forestier, énergétique et industriel[9]. Dans le cas du territoire industriel, l'angle d'entrée qui s'y rapporte précise : « Un territoire industriel contribue au développement économique d'une région. Les productions associées à ce territoire industriel ont des effets sur le milieu, quelle que soit l'échelle considérée. Ce territoire s'inscrit cependant dans un contexte économique mondial dont il faut tenir compte[10]. »

C'est donc après une réflexion par l'équipe sur des liens pertinents à faire, dans une perspective plus globale des savoirs à acquérir, que le choix a été fait d'élaborer une situation d'apprentissage et d'évaluation sur le concept *territoire industriel*. Ce choix de concept d'entrée permet de partir d'un terrain connu (la région industrielle où habitent les élèves) et, par la suite, de faciliter le transfert d'un territoire vers un autre, dans le réseau de ce même concept organisateur. Dans ce sens, on peut dire que l'analyse des contenu, et leur articulation interne, est déjà une façon de prendre en compte le *transfert recherché* : préparer les élèves à reconnaître les questions importantes qui traversent ce domaine de savoir disciplinaire et à comprendre les enjeux qui peuvent s'y rattacher. C'est également une façon de susciter une plus grande motivation : comprendre comment un élément s'insère dans un contexte plus large et de quelle façon ils sont interdépendants suscite plus d'intérêt que se concentrer sur un élément isolé. Cela permet de situer celui-ci sur une trajectoire qui mène plus loin.

Pour définir le concept choisi, se reposent alors les questions de notre *modèle opératoire du concept : qu'est-ce qui est essentiel ? Pour faire quoi ?* En réfléchissant au transfert visé, l'équipe est déjà entrée dans un processus métacognitif : elle réexamine le concept à enseigner en fonction de l'utilisation que devront en faire les élèves : comment transformer ce contenu abstrait en une activité plus concrète ? Cette « expérience » du savoir en action permettrait aux élèves d'entrer dans le sens par une activité qui leur pose un certain défi ; elle les inciterait au dialogue et à l'argumentation afin de discerner les attributs et de comprendre leurs interrelations. Le véritable défi de l'enseignant consiste alors à trouver des situations-exemples

9. MELS, *Programme de formation de l'école québécoise. Géographie. Enseignement secondaire, premier cycle*, p. 314. Voir http://www.mels.gouv.qc.ca

10. *Id.*, p. 324.

– et contre-exemples – qui vont susciter la discussion, voire le débat, en impliquant tous les élèves. À noter qu'il est important d'éviter les réponses fermées pour lesquelles aucune discussion, aucun échange, aucune *transaction* n'est possible.

Pour avancer dans le travail de définition, le *modèle opératoire du concept* permet d'analyser le concept à partir de quatre niveaux :
– *le niveau de complexité* ;
– *le niveau de validité* ;
– *le niveau d'abstraction* ;
– *le niveau d'interrelation*.
Rappelons que le concept se définit toujours par rapport à quelque chose ; il n'existe pas seul, il fait partie d'un réseau. Un concept n'est pas un en soi, immobile et immuable. Il fluctue au gré de plusieurs variables, comme, par exemple, le niveau de compréhension souhaité ou les tâches à accomplir dans le cadre du transfert visé.

Pour les deux premiers niveaux, les questions qu'il convient de se poser sont les suivantes.

Niveau de complexité :
– Quels sont les attributs essentiels du concept ?
– Quels sont ses attributs secondaires ?
– Quel est le niveau de compréhension visé ?

Niveau de validité :
– Pour faire quoi ? Dans quel champ d'application ?
– Dans quel contexte l'apprenant doit-il utiliser ce savoir ?
– Quel est le transfert recherché ? Quelle est la nature des tâches[11] à mettre en œuvre ?

Ces considérations aideront l'enseignant à cerner de manière pertinente les éléments de définition qui conviennent aux besoins actuels des élèves de sa classe, en fonction du transfert souhaité. Le transfert, cette capacité à utiliser un savoir acquis dans un autre contexte, n'est pas automatique ; cette capacité

11. Ces tâches peuvent être considérées comme des *actes de compréhension*, c'est-à-dire différentes façons de faire la démonstration de sa compréhension.

se prépare. Par la réflexion en amont sur l'ensemble des contenus, par le choix d'un concept « d'entrée » qui peut se généraliser par la suite, le terrain est préparé pour faire évoluer la compréhension. Pour favoriser les transferts, il faut tendre vers des choix de contenus plus génériques qui en génèrent d'autres : « Apprendre ce qu'est la structure, c'est apprendre comment les choses sont reliées entre elles... l'enseignement et l'apprentissage de la structure, plutôt que la maîtrise des faits et des techniques, sont au centre du problème classique de transfert », nous rappelle Jerome Bruner[12].

Dans le cas qui nous intéresse, l'analyse des sources documentaires a permis de retenir de nombreux éléments, ce qui laisse présager que le choix ne sera pas évident :
– concentration importante d'entreprises industrielles (usines, complexes industriels, parc industriel ou technologique) ;
– conséquences sur le milieu physique et humain ;
– entreprises complémentaires qui gravitent autour des grosses usines ;
– infrastructures de transport d'énergie vers les usines réseau de transport de l'énergie ;
– intense activité de production industrielle ;
– proximité d'un bassin de population qui constitue la principale main-d'œuvre ;
– proximité d'un réseau de transport terrestre ;
– proximité d'une zone portuaire ou aéroportuaire ;
– territoire, espace organisé autour de la production industrielle, d'activités industrielles ;
– zone spécifique dédiée à des activités de transformation.

À partir de ces éléments, un regroupement a permis d'établir les quatre attributs que l'équipe a jugés essentiels pour cerner la compréhension d'un *territoire industriel* :
– Espace organisé autour d'entreprises qui exercent des activités industrielles (usines ou complexes industriels).
– Proximité d'un réseau de transport de l'énergie.
– Proximité d'un bassin de population.
– Accès à des réseaux de transport (terrestre, portuaire ou aéroportuaire).

12. J. Bruner, *The Process of Education*, Harvard University Press, Cambridge, 1960.

Une fois les attributs déterminés, la question de leur *niveau d'interrelation* se pose, afin de saisir la subtilité de leur articulation :
– Quelle est la relation entre les attributs qui définissent le concept ?
– Quelle est la relation entre chaque attribut et le concept ?

En établissant la fonction de chaque attribut, l'équipe a décidé qu'il valait mieux, pour les élèves, aborder chaque attribut à part, comme un concept en soi, avec ses attributs particuliers, pour ensuite les réunir : ces quatre attributs présents ensemble, formeront le concept « *territoire industriel* ». Les fonctions ont été déterminées ainsi :

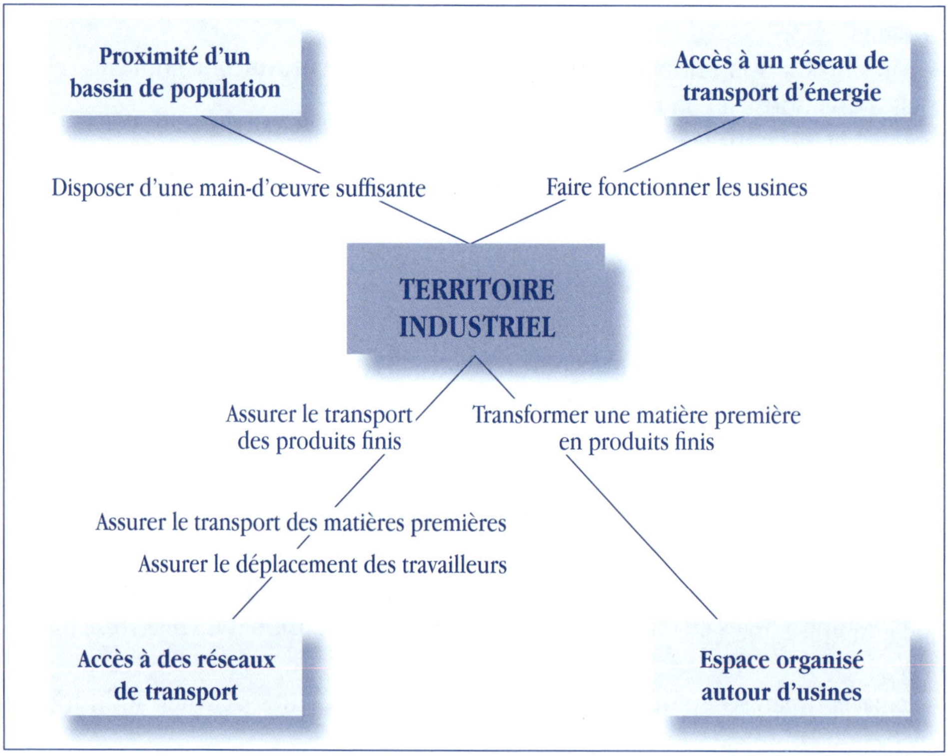

Un tel réseau permet de donner une signification plus approfondie à la fonction de chaque attribut. Ainsi peut-on établir un lien entre la proximité d'un bassin de population, source de main-d'œuvre, et l'accès à un réseau routier, qui assure le déplacement des travailleurs vers les usines.

Les questions suivantes ont ensuite guidé l'équipe dans son analyse du *niveau d'abstraction* qui permet d'avoir une vue d'ensemble du réseau conceptuel :

– Comment ce savoir s'inscrit-il dans un réseau conceptuel plus large ?
– Comment est-il situé par rapport à d'autres concepts dans le même domaine ?
– Quels sont les concepts les plus centraux dans ce réseau (les concepts organisateurs) vers lesquels il faut tendre ?
– Le concept choisi favorise-t-il l'analyse ou la synthèse ?

Le concept d'*industrialisation* est le concept qui englobe les autres. Mais le territoire industriel peut être une entrée choisie pour devenir ensuite un attribut du concept d'industrialisation, conçue comme un développement de l'industrie, sous-entendant une transformation du milieu physique.

Hiérarchisation des concepts

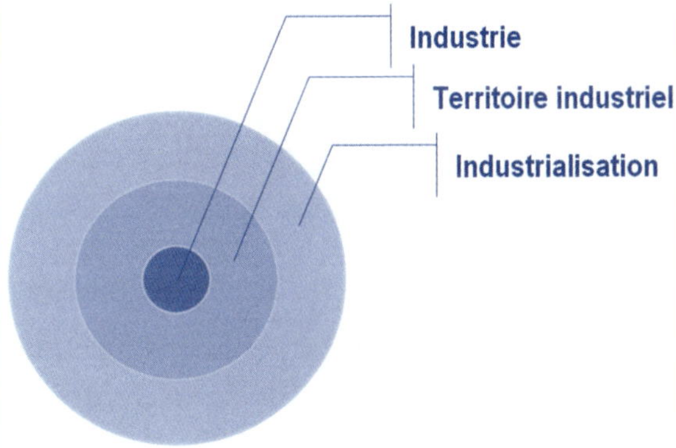

Si la définition choisie du *territoire industriel* peut évoluer par la suite, il s'agit d'abord de choisir les supports qui aideront les élèves à bien comprendre la signification de ces attributs.

Exprimer le savoir dans des formes concrètes

Étant donné que les élèves avaient déjà des idées (partielles, voire fausses) sur les quatre attributs qui caractérisent le concept visé, l'activité principale devait permettre de bien distinguer et structurer tous ces éléments pour, *in fine*, arriver à un tout bien articulé.

Dans ce but, il a été décidé que chaque attribut serait d'abord mis en évidence, un à un, représenté visuellement par des photos choisies dans ce but. Quand on a affaire à un concept dont il est difficile de trouver des exemples présentant *tous* les attributs *en même temps*, une solution consiste à d'abord étudier chaque attribut (qui devient un concept à son tour) à part.

La photographie est un support porteur de sens pour ces élèves ; elle permet de susciter une « attention jointe » à partir de laquelle la description et les inférences peuvent démarrer. Ce choix semblait d'autant plus indiqué que les élèves sont extrêmement sensibles à l'image. La « qualité évocatrice » des photos ici choisies a par ailleurs été jugée supérieure à un document écrit ; elles obligeaient à partir du « réel », un choix logique pour travailler une discipline comme la géographie. Ce choix permettait également de reproduire facilement des exemplaires multiples que chaque élève pouvait ainsi manipuler.

Attributs d'un territoire industriel	Photographies recherchées
Espace organisé autour d'entreprises qui exercent des activités industrielles	• Usine • Complexe d'usines
Proximité d'un réseau de transport de l'énergie	• Pylône électrique • Centrale hydroélectrique • Oléoduc, gazoduc • Panneaux d'énergie solaire • Éolienne
Accès à des réseaux de transport	• Route • Autoroute • Échangeur routier • Camion remorque • Train de fret, chemin de fer • Gare de triage • Port • Conteneurs, porte-conteneurs • Aéroport, aérogare, avion
Proximité d'un bassin de population	• Usine à proximité d'un territoire urbain ou d'un secteur résidentiel

Dans le but d'une *évaluation formatrice* (qui permet de poursuivre l'apprentissage sans être jugé à ce moment-là), il fallait encore prévoir d'autres photos présentant globalement des territoires industriels regroupant tous les attributs retenus. Des *questions élucidantes* pouvaient être anticipées : *« Voici un territoire industriel, sauriez-vous dire pourquoi c'en est un ? »* ou *« Cette photo ne représente pas un territoire industriel, sauriez-vous dire pourquoi ? »* Précisons que, bien souvent, les contre-exemples retenus pour créer un contraste (et ainsi renforcer les attributs choisis) se rapportaient à d'autres secteurs d'activités économiques (primaire ou tertiaire *versus* le secondaire) :

Exemples de territoires industriels	**Contre-exemples de territoires industriels**
Citernes	• Briqueterie artisanale
Territoires industriels (Varennes, Sorel-Tracy, Boucherville, Granby, Châteauguay, Longueuil, etc.)	• Université • Ferme laitière québécoise / agriculture intensive à l'aide d'instruments aratoires • Artisan sculpteur • Hôpital • Centre commercial • Centre sportif (aréna) • Exploitation forestière (coupe à blanc) à l'aide de machinerie • Zone urbaine, villageoise, quartier résidentiel (Vieux-Québec, etc.) • Édifice, gratte-ciel

Le choix d'exemples et de contre-exemples est important, car c'est avec eux et à partir d'eux que les élèves vont arriver à la conceptualisation recherchée – ou non. C'est en observant les réactions des élèves qu'on peut juger de leur pertinence. L'enseignant doit constamment se concentrer sur des questions comme : *quel est le savoir que je cherche à transmettre ? Est-ce que les exemples et les contre-exemples choisis permettent de diriger l'attention afin de cerner le sens ? Comment vais-je les guider dans leur démarche ? Comment vais-je relancer le questionnement ? Comment vais-je rectifier la situation ?*

Le travail de préparation est ici fondamental. Il ne s'agit plus pour l'enseignant d'exposer son propre savoir ou de suivre pas à pas un manuel, mais de rendre ce savoir accessible aux élèves, par le choix, l'organisation et la « transformation » des contenus à enseigner. Cela gagne à être fait en collaboration avec des collègues, et par le biais d'échange matériel. Il serait facile de coordonner cette tâche avec l'enseignant d'histoire afin que le territoire et la réalité sociale soient étudiés simultanément. L'idéal serait de concevoir une banque de données des meilleures préparations qui, à la disposition des enseignants, serait une source d'enrichissement et de stimulation inestimable. Les TICE[13] nous offre également un large échantillon d'illustrations possibles.

Négocier le sens

– Engager les apprenants dans un processus d'élaboration de sens.
– Guider le processus de coconstruction de sens.
– Préparer au transfert par la métacognition.

Engager les apprenants dans un processus d'élaboration de sens

Avant de commencer sa séquence, l'enseignant va activer les connaissances des élèves sur la différence entre un produit artisanal et un produit industriel en leur faisant observer des illustrations sur Powerpoint. Il propose également un échange sur les grands secteurs de l'activité économique (l'économie étant un sujet nouveau pour plusieurs d'entre eux) pour attirer l'attention des élèves sur le secteur secondaire, auquel se rapporte le territoire industriel. En tout, une quinzaine de minutes ont été consacrées à cette amorce.

Il s'agit maintenant de faire adhérer les élèves au projet prévu, de les faire *participer* à la construction de ce réseau conceptuel. Cette participation concerne autant l'affectif que le cognitif – et c'est plutôt l'affectif qui dirige le cognitif que l'inverse[14]. Plutôt que de « faire cours » comme à l'habitude, l'enseignant commence par *inviter* les élèves à une activité : c'est le *contrat d'intersubjectivité,* visant à créer la

13. « TIC » au Québec.

14. Voir pp. 113-114.

confiance et l'intention d'adhérer au projet, en explicitant les attentes mutuelles. Jean-Benoît a ainsi choisi d'introduire l'activité proposée à partir d'un diaporama sur Powerpoint visant à bien « faire passer » la consigne.
En projetant ses mots à l'écran, il commence par dire à ses élèves que leur tâche consistera à « découvrir et à comprendre les caractéristiques du concept de territoire industriel ». Il commente : *« Peut-être avez-vous déjà une idée de ce qu'est un territoire industriel ? Peut-être que non ? »*
Déjà, un élève répond : *« À Granby, nous avons un quartier industriel, il y a là l'usine Pepsi et l'usine Pioneer. »* L'enseignant répond par un renforcement positif, ce qui met déjà en confiance. Un autre élève poursuit : *« Près de l'école du Verbe Divin, il y a plein d'usines. Est-ce que c'est ça le parc industriel ? »* L'enseignant répond : *« Oui, c'est ça le parc industriel de Granby. »* Par ce feed-back immédiat, l'élève est rassuré : ses points de repère correspondent à l'idée que l'enseignant a commencé à développer.

L'enseignant présente ensuite une deuxième diapositive qui, reprenant les compétences visées[15], a pour but d'expliquer à quoi les activités proposées pourront leur servir. Cela donne une idée aux élèves du sens de cet apprentissage et des activités intéressantes à l'horizon.
Pour activer les connaissances antérieures des élèves, il leur propose de continuer à donner leurs idées sur le sujet proposé, et note des éléments sur le tableau. On peut constater que beaucoup de « mots justes » sont là, mais dans un grand désordre. Et tous les élèves ne se sont pas exprimés, loin de là. Souvent, on tire des conclusions sur « l'état de la connaissance » de la classe, à partir de ce que quelques élèves expriment. Mais les mots ne suffisent pas, il s'agit de comprendre leur sens et de savoir comment les relier entre eux afin de pouvoir s'en servir dans les compétences plus complexes visées. Ils sont tous conscients que la question n'est pas résolue, qu'il y a là un problème à résoudre.

Jean-Benoît leur présente alors la suite des consignes sur une nouvelle diapositive :
« Vous allez travailler en équipes de 2 ou 3.
– Chacune des équipes va recevoir une enveloppe contenant une série d'images.
– Ces images sont toutes des "exemples oui" du concept à construire.

15. Voir p. 134.

*– Les images d'une enveloppe n'illustrent qu'*UNE SEULE *caractéristique d'un territoire industriel.* »

C'est la première fois que les élèves sont exposés à l'idée d'un « exemple oui ». Jean-Benoît fait défiler les consignes une par une – cela favorise l'attention – et il prend le temps d'en vérifier la compréhension. Il leur montre le matériel[16] qu'on va utiliser comme support : un cahier pour chaque élève (où toute la démarche est rappelée, avec de l'espace pour progressivement documenter la recherche, et des supports pour l'évaluation qui suivra) et des grandes enveloppes (numérotées de 1 à 4), contenant une dizaine de photos pour chaque caractéristique.

Que faut-il faire avec ces photos ? Le diaporama continue :
« *Avec les images contenues dans l'enveloppe de votre équipe, vous allez :*
– observer les images ;
– comparer les images, chercher ce qu'elles ont en commun.
Le but est de trouver la caractéristique du concept de territoire industriel que votre série d'images illustre. Chacun documente le résultat de son observation dans son cahier. »

Étape suivante
« *À mon signal [toutes les 5-7 minutes] :*
– vous allez échanger votre série d'images avec celle d'une autre équipe ;
– avec votre nouvelle série d'images, vous refaites une nouvelle analyse pour trouver la caractéristique illustrée par la série d'images ;
– vous devez trouver les quatre caractéristiques. »

Règles du jeu
« *Toutes les réponses sont acceptées.*
– Tous doivent participer.
– Vous devez essayer plusieurs réponses avant de déterminer les caractéristiques. »

Jean-Benoît explique bien qu'il ne s'agit pas de trouver <u>la</u> bonne réponse, mais de chercher les caractéristiques qui reviennent sur toutes les images, dans chaque enveloppe. On a le droit de se tromper, l'essentiel est de chercher. Cela encourage les intuitions et la prise de risques. Le temps donné à cette recherche de caractéristiques permet de comprendre l'importance de l'observation et de la description de ce qu'on observe.

16. Voir le livret « Cahier de l'élève – territoire industriel » et ses corrigés (rédigés par Mario FILLION et Claire OUELLET) sur www.editions-retz.com.

Comment vérifier ses réponses?

Quand toutes les équipes auront trouvé les quatre caractéristiques:

«*Vous allez recevoir une série d'images qui seront des* EXEMPLES NON *du concept à construire.*

Vous les utiliserez afin de:

– préciser…

– modifier…

– améliorer…

… les caractéristiques que vous avez inscrites sur votre feuille de prise de notes.»

Jean-Benoît explique la fonction des contre-exemples qui permettent, par le contraste, de mieux limiter le sens des exemples. Suite à l'explication de l'enseignant, un élève pose la question: «*Un "exemple non", c'est un mauvais exemple?*»; «*Non, c'est un exemple qui ne possède pas la même constellation de caractéristiques que les "exemples oui". Il est donc différent.*» Avant d'en avoir fait l'expérience, ce n'est pas évident de comprendre la fonction d'un contre-exemple. Quand on comprend qu'il ne correspond pas à ce que l'on recherche, on comprend mieux son utilité.

Enfin?

«*Nous ferons une mise en commun de vos réponses afin d'établir les caractéristiques du concept de* territoire industriel.

Au travail! Je serai disponible pour vous aider, si besoin est!»

Cette consigne (elle renvoie au *contrat d'intersubjectivité*, et a pris environ 20 minutes) a fonctionné comme une invitation (acceptée) d'entrer dans l'activité proposée – qui est en même temps une démarche de conceptualisation. Les élèves vont être amenés à observer, à comparer, à faire des inférences, à les vérifier… dans le but d'arriver à une abstraction, une conceptualisation commune.

Guider le processus de coconstruction de sens

Les élèves sont d'abord stimulés par la nouveauté de la tâche proposée. Le «contrat» démarre donc bien, ils ont hâte d'ouvrir les enveloppes. Certaines équipes se lancent rapidement dans la recherche des associations possibles, échangent et vérifient leurs interprétations avec le coéquipier, commencent à noter dans leurs cahiers… D'autres équipes sont plus hésitantes dans la démarche – c'est nouveau pour eux ! Chaque corpus documentaire ne porte donc que sur un seul attribut du concept ; chaque image se veut claire et précise (pour celui qui sait). Mais pour celui qui est face à « l'inconnu », le sens peut se préciser grâce à la consigne incitant à comparer avec les autres images. Une méthode est ici donnée pour avancer dans l'activité cognitive qui vise une prise de décision consciente.

Jean-Benoît est présent et disponible ; il observe les équipes et se dirige vers les élèves qui ont besoin d'assistance. Il rappelle la procédure à suivre ; il a prévu des *questions élucidantes*, dont le but est de stimuler et de relancer la recherche : *qu'est-ce que tu observes ? À quoi cela te fait-il penser ? Retrouves-tu cela dans les autres images ? Quelle conclusion peux-tu en tirer ? Qu'est-ce qui te fait dire cela ? Etc.* Ses questions portent autant sur le contenu des images que sur les liens que les élèves pourront faire (processus cognitif). Il rappelle par ailleurs la nécessité de justifier ses réponses. Ce questionnement qui accompagne l'activité des élèves les incite à dépasser la simple description (qui peut s'apprendre par cœur et vite s'oublier) et à chercher à préciser la nature de la relation entre les éléments observés. Nous sommes là dans une pensée interprétative (si… alors), qui cherche à établir des liens nouveaux, qui est une pensée créatrice[17].

Les élèves n'ont pas peur de se tromper, ils comprennent qu'il s'agit d'explorer différentes idées, d'essayer des propositions (qui sont des inférences). Ce défi leur donne le goût de se lancer et ils remplissent les pages de leur cahier avec des propositions qu'il va falloir vérifier lors de la mise en commun. Leur feuille prévoit un espace pour chaque caractéristique (sous les photos reproduites par quatre, en petit format, pour mémoire) tandis qu'un autre espace est réservé à l'essai de formulation d'une définition, aucune réponse n'étant proposée aux élèves.

Ces derniers s'échangent les enveloppes, ils recommencent à observer les photos, un brouhaha témoigne de leur implication et de leur volonté de relever le défi : se servir de ce qu'ils savent déjà pour faire les bonnes associations, les justifier, s'ajuster avec leur coéquipier pour trouver un dénominateur commun pour chaque paquet de photos.

17. Voir l'exemple de *la causalité*, in B.-M. Barth, *Le Savoir en construction*, *op. cit.*, p. 119 et suiv.

Les élèves se sont montrés particulièrement actifs et motivés dans la tâche ; ils discutent, contestent, justifient, argumentent… ils *négocient le sens* à partir de ces photos qui servent de support pour leur pensée. Par exemple, en regardant les images de l'attribut se rapportant aux moyens de transport, deux filles discutent ferme :
« *Ça, c'est quoi ?*
– Il y a des bateaux, des avions, des aéroports…
– Le voyage ?
– Non, c'est le transport ! »

On peut relever l'importance de supports concrets communs pour guider *l'attention commune* des élèves, pour soutenir leur concentration, pour leur donner l'occasion de verbaliser et ainsi de clarifier leur pensée. D'où l'importance du nombre et du choix pertinent de ces supports.

Une fois les quatre attributs identifiés, selon leurs interprétations, les élèves doivent suivre la même procédure à partir d'un dossier de contre-exemples : les contrastes rallument la discussion, fournissent des arguments pour maintenir ou nuancer les propositions retenues. Sachant que ces contre-exemples n'illustrent en rien des attributs du concept, les élèves peuvent ainsi préciser, voire modifier les caractéristiques qu'ils ont déjà en main. Le rôle de ces contre-exemples, qui ne sont donc pas de « mauvais exemples », mais des outils d'analyse, commence à prendre sens pour eux.

Les élèves ayant fait le tour des quatre dossiers (en une trentaine de minutes), on se retrouve en grand groupe pour comparer et vérifier les différentes propositions. Les photos sont toujours visibles comme références, reproduites en petit format dans le cahier de chacun. C'est le début d'une autoévaluation, intégrée à l'apprentissage[18].
Jean-Benoît guide cette mise en commun. Après avoir recueilli les diverses propositions des élèves, il les aide à organiser et à préciser les attributs, en laissant le temps aux élèves de comparer leurs compréhensions respectives. Les élèves rectifient en conséquence dans leurs cahiers. Par la suite, l'enseignant leur propose des formulations pour chaque caractéristique sous forme d'un diaporama. Les élèves

18. Voir le schéma p. 138.

peuvent alors faire des annotations supplémentaires dans leur cahier, ajuster, poser des questions – ce qu'ils font effectivement (cela témoigne d'une participation nouvelle, remarquée par Jean-Benoît). Savoir – et oser – poser des questions est un progrès dans le « savoir-apprendre ». Ce qui peut sembler évident ne l'est pas pour celui ou celle qui découvre. Il est important de laisser ce temps aux élèves, sans qu'ils se sentent jugés ignorants. Jean-Benoît est attentif à leurs questions et donne un feed-back immédiat pour confirmer ou infirmer.

Au fur et à mesure de ce processus de *discernement*, les élèves prennent confiance dans leur capacité de juger et d'interpréter les exemples nouveaux que Jean-Benoît leur propose. La conceptualisation est en train de se stabiliser, cela se remarque par la rapidité avec laquelle les élèves retrouvent les attributs : ils savent où diriger leur regard. Toutefois, l'enseignant peut se rendre compte que certains exemples comportent des ambiguïtés ; c'est le moment de s'en apercevoir (et de les remplacer par la suite). Parfois, ces discussions amènent à réduire, regrouper ou reformuler les attributs. Les élèves se montrent très satisfaits de pouvoir contribuer avec une proposition, ils restent attentifs.

Au moment où les choses semblent claires et limpides, Jean-Benoît présente un exemple dont la lecture est volontairement ambiguë. Une « négociation » s'enclenche, ce qui permet à Jean-Benoît de montrer que, parfois, la présence des attributs n'est pas directement observable ; il faut l'inférer par quelque indication indirecte. C'est l'explication qui compte, pas la bonne réponse. Parfois, la réponse peut être « cela dépend », mais le fait de pouvoir expliquer de quoi cela dépend témoigne d'une meilleure maîtrise de la compréhension.

Maintenant les élèves apportent des exemples de leur propre initiative: *« Moi, quand j'habitais sur le boulevard Fortin, dans ma cour, passé la piste cyclable, je pouvais voir l'usine Sani-Éco* [usine de récupération de matières recyclables]... », dit une élève. L'enseignant revoit avec elle les éléments de son observation, et lui confirme qu'elle venait de valider *le lien entre la proximité de la population et de la main-d'œuvre et la localisation* du *parc industriel de Granby.* D'autres élèves ont alors apporté leurs exemples pour signifier leur accord avec la validation que leur camarade venait de faire. Par la même occasion, ils s'entraînent à formaliser leurs observations, à y faire référence par les nouveaux liens dont les termes ne sont pas encore familiers.

L'enseignant cherche ensuite à connaître la perception des élèves quant à la tâche qu'ils viennent d'accomplir : «*Est-ce que vous avez facilement trouvé les caractéristiques ou avez-vous eu de la difficulté ?*» Une élève répond : «*Pour moi, c'était quand même facile. Je n'avais peut-être pas les mêmes mots, mot pour mot, mais ça voulait quand même dire la même chose.*» C'est dire combien il est important d'avoir accès à des mots communs pour se référer à des observations personnelles, qui risquent, sinon, de ne pas être reconnues.
Une *communauté d'apprenants* est en train de se créer parce qu'on est dans une démarche commune et que l'on possède maintenant un langage commun pour en parler. Une première période de cours de 75 minutes a été consacrée pour l'ensemble des tâches relatives à la construction du concept ; la seconde, qui aura lieu le lendemain, est réservée à l'évaluation «formatrice» – celle qui permet de continuer à apprendre et à approfondir la compréhension.

Préparer au transfert des concepts et à la capacité d'abstraction par la métacognition

Le lendemain, le moment est venu, pour chaque élève, de produire, par écrit, sa propre définition de ce qu'est un *territoire industriel*. C'est également le moment de prendre conscience de ce que l'on sait.

Bien évidemment, les définitions des uns et des autres ne sont pas identiques, comme en témoignent les exemples suivants :
– «*C'est un territoire sans espace vert qui consomme de l'énergie pour produire quelque chose, une matière secondaire, par exemple des produits chimiques, qui sera chargée dans certains transports... maritime, terrestre ou aérien pour un bassin de population.*»
– «*C'est un territoire avec des usines proches de la population, où il y a une chaîne de montage, un chemin qui se rend aux usines, soit maritime, terrestre ou ferroviaire.*»
– «*Un territoire industriel, c'est où il y a plein d'usines et de la main d'œuvre spécialisée. Il y a aussi de la fabrication et de la consommation d'énergie. Il n'y a pas d'espace vert, ou presque pas, autour d'un bassin de population avec transport terrestre, ferroviaire ou maritime.*»

Ces tentatives de formulation de définitions, les premières que ces élèves aient jamais essayé de faire, ont le mérite de présenter certaines caractéristiques essentielles du concept, de situer les attributs du concept les uns par rapport aux autres, mais, surtout, de tenter de faire des liens entre ces éléments par la justification de leur présence. Ce passage par l'écrit individuel est important pour tenter de formuler l'explication ; c'est plus exigeant que d'identifier uniquement les attributs. Cela permet à chacun de préciser sa pensée et de prendre conscience de ce qui pose problème dans la formulation. La mise en commun que l'enseignant proposera par la suite permettra à chacun de compléter et d'ajuster sa propre définition. Et c'est cette définition qui servira de support pour des tâches ultérieures, comme celle prévue : identifier les caractéristiques du territoire industriel montérégien et du parc industriel local de la ville de Granby.

La tâche « formatrice » suivante consiste à compléter un réseau conceptuel à l'aide de mots-clefs déjà rencontrés, le but étant de bien situer leur place respective dans le réseau de sens.

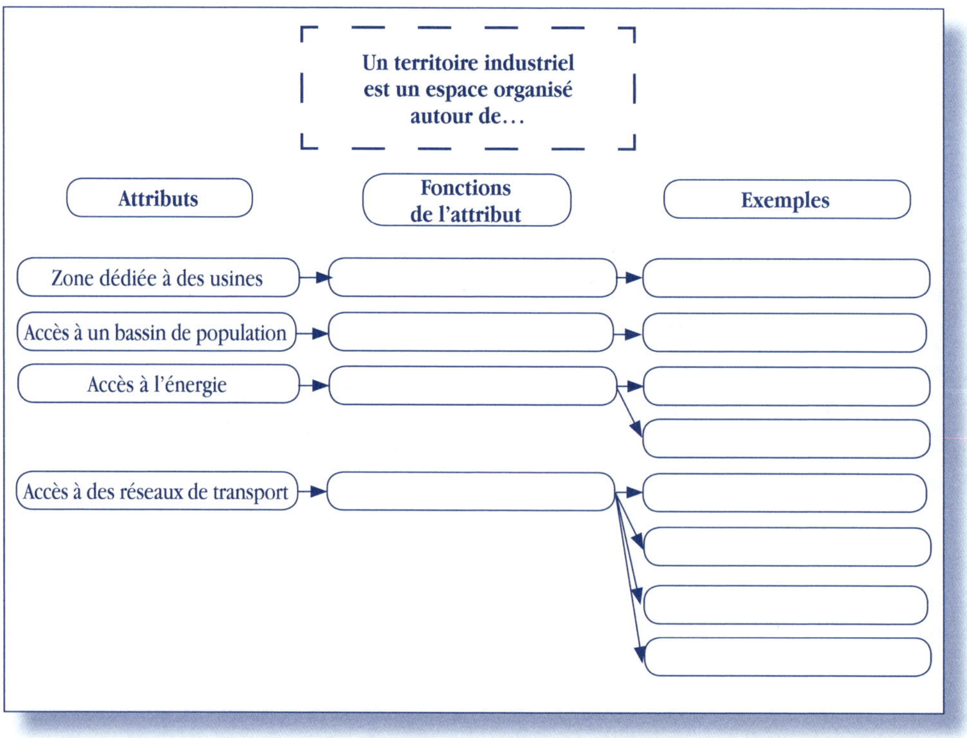

Les mots-clés, une fois hiérarchisés, peuvent devenir des repères futurs pour savoir localiser une information pertinente, à l'aide d'Internet, par exemple. Une liste de mots utilisés est donnée pour mémoire :

Réseau de concepts sur le territoire industriel

Aéroport • Autoroute • Ligne à haute tension • Oléoduc et gazoduc • Parc industriel ou technologique • Port • Pour acheminer les matières premières, les produits finis et les travailleurs • Alimenter les usines en énergie • Regrouper les entreprises et leur offrir des services • Fournir de la main d'œuvre • Réseau ferroviaire • Ville

Il a fallu préciser que :
– l'ensemble du tableau portait sur le concept de territoire industriel ;
– la première colonne présentait les quatre attributs du concept ;
– la seconde colonne avait trait à la fonction de chaque attribut au sein du territoire industriel.

Se servir des schémas et d'autres outils d'analyse propres à la discipline n'est donc pas une compétence automatique, mais demande également un apprentissage. Avec ce type de schéma, il faut situer les choses les unes par rapport aux autres et redistribuer les éléments d'une manière différente de la définition-phrase. D'autres types de schémas peuvent être introduits par la suite. Comme nous l'avons vu dans le cas de « la justification[19] », se pose ici la question de ce qu'est une définition, sous quelles formes celle-ci peut se présenter, et à quoi elle doit servir. Ce réseau peut maintenant se complexifier par d'autres types de territoires à étudier ultérieurement. Les élèves seront alors déjà préparés à généraliser le concept. La question du transfert est présente dans l'esprit de l'enseignant tout au long de sa planification. Jerome Bruner nous rappelait son importance, il y a déjà 50 ans : « Nous nous souvenons d'une formule, d'une « moyenne » qui remplace un ensemble d'événements, d'une caricature ou d'une image qui préservent le sens essentiel – ce sont des techniques de condensation et de représentation. Apprendre des principes fondamentaux et généraux nous garantit que

19. Voir pp. 108-109.

l'oubli ne sera pas total, ce qui nous reste suffira pour reconstituer les détails dont nous avons besoin. Une bonne théorie est un véhicule non seulement pour la compréhension d'un phénomène mais aussi pour sa mémorisation.[20] » Étant investi par les élèves, le concept se transforme en un outil cognitif.

Arrivés à cette étape, les élèves peuvent maintenant s'auto-évaluer ou, dans tous les cas, comprendre les critères d'évaluation.

Penser avec les concepts

Mais tout n'est pas terminé ! Au contraire, c'est maintenant que le concept doit devenir opératoire.
En voulant aller plus loin pour apprécier un début de transfert, Jean-Benoît propose aux élèves une analyse du parc industriel de leur ville : *en quoi celui-ci est-il un « territoire industriel »* ? Il s'agit maintenant d'identifier des cas précis d'entreprises et de « mobiliser » la nouvelle définition pour pouvoir répondre à cette question. Il va falloir à présent agir avec le nouveau concept, qui doit servir de *savoir-outil*.
Les élèves reçoivent alors chacun un dossier documentaire[21], élaboré par l'équipe de conseillers pédagogiques, avec des cartes et des fichiers sur 64 entreprises établies à Granby. À partir de ces fichiers, ils doivent relever un certain nombre d'informations (produits fabriqués, type d'activité industrielle, pays d'origine, année d'implantation à Granby, etc.) afin de dresser un portrait, en partant du particulier, l'entreprise locale, pour remonter au plus général, le territoire industriel de leur localité. Enfin, ils doivent reporter certaines des informations recueillies sur une grande carte murale montrant le parc industriel, qui sera exposée dans la classe. Ainsi, le groupe est appelé à coconstruire un outil qui permettra à chacun de répondre à la question-problème : en quoi le parc industriel de Granby est-il un *territoire industriel* ?

Fait à noter, la plupart des élèves ont parfaitement bien réussi la tâche, en faisant les liens corrects avec les quatre attributs déterminés précédemment. Jean-Benoît

20. J. Bruner, *The Process of Education*, *op. cit.*

21. Voir le livret « Cahier de l'élève – territoire industriel » (rédigé par Mario Fillion et Claire Ouellet) sur www.editions-retz.com.

s'interroge toutefois sur le fait que quelques élèves n'ont pas réussi à faire la mise en relation, ou très partiellement. L'équipe pointe plusieurs facteurs pouvant expliquer les difficultés de ces élèves :
– difficulté à s'exprimer par écrit pour justifier leur réponse ;
– difficulté à appliquer une grille d'analyse à un autre « cas » : celui d'un site qui existe dans leur ville ;
– difficulté à travailler avec des supports documentaires différents ;
– difficulté causée par la rencontre avec de la nouveauté, les élèves n'ayant jamais vécu une expérience d'évaluation de transfert de ce genre.

De fait, et pour développer un peu ce dernier point, bien que les élèves soient en général justement très stimulés par la nouveauté, celle-ci crée également une difficulté lors d'une évaluation de transfert. Cela montre bien que le transfert n'est pas automatique ; il requiert souvent d'autres apprentissages, pour lesquels il faut être préparé. Utiliser des schémas, des grilles d'analyse et d'autres outils appartenant à une discipline (à concevoir comme des concepts à part entière) doit ainsi également faire l'objet d'apprentissages spécifiques pour éviter que les élèves ne butent sur cet obstacle pour mobiliser leurs connaissances[22]. Préparer ses élèves à acquérir de nouvelles compétences est une tâche complexe, et travailler dans cette logique demande beaucoup d'habiletés de la part des enseignants afin de déterminer les concepts nécessaires pour le transfert visé et pour outiller les élèves en conséquence.

Par rapport à l'évaluation certificative, au moment de sa mise en œuvre, il faudrait que chaque niveau de compréhension (d'abstraction) soit reconnu :
– savoir faire la différence entre un exemple (de l'objet de l'apprentissage) et un contre-exemple, en l'associant à une dénomination, est déjà un premier niveau d'abstraction : on est capable de reconnaître « la chose » et de la nommer ;
– savoir la justifier, en distinguant les critères pertinents, est un niveau de compréhension plus approfondie : plus on est capable de faire la mise en relation pertinente des attributs, plus l'analyse est profonde. La profondeur de l'analyse est donc un critère d'évaluation qui permet de guider l'appréciation.

22. Voir, par exemple, le « Modèle opératoire du concept : le graphe en biologie » (M.-A. Allard), sur www.editions-retz.com. Pour appronfondir, voir M.-A. Allard, « Apprentissage d'un concept méthodologique : le graphe en biologie », *Bulletin Biologie Géologie*, n° 1-2005 de l'APBG (Association des Professeurs de Biologie / Géologie) : http://www.apbg.org

– Enfin, quand on est capable de transférer sa compréhension d'un phénomène à un autre contexte, afin de résoudre un problème ou de répondre à des questions plus spécifiques ou nouvelles, on peut dire qu'on a acquis la compétence en question.

Ayant construit un bon niveau de compréhension du concept *territoire industriel*, il est maintenant possible de s'appuyer sur cette connaissance pour entrer dans la complexité *des enjeux qui le traversent,* notamment *la pollution*. Comprendre un enjeu implique l'identification des acteurs en présence, leur position, les compromis possibles et ceux réellement retenus. La prochaine étape pour la classe (qui correspond à la compétence 2[23]) prévoit ainsi une enquête sur la pollution (concept choisi par l'équipe), en lien avec les usines locales. Pour cette tâche, les élèves auront besoin de pouvoir penser avec ce concept : ils font souvent la confusion entre des indicateurs possibles de la pollution (par exemple, la fumée) et la pollution elle-même (transformation-dégradation d'un milieu). Quatre pages dans leur dossier[24] sont prévus pour documenter cette enquête, avec des rubriques qui les guident : *une entreprise* (au choix, parmi celles qu'ils connaissent déjà), *nature de la pollution, ressources à préserver, respect des normes environnementales, réduction de la pollution : indice*). En synthèse, les élèves répondront à la question : comment les entreprises de la Montérégie contribuent-elles au développement durable ? Répondre à cette question requiert également la compréhension du concept *développement durable* ainsi que de la relation de *causalité*. Une fois la structure de « concept » acquise – qui coordonne le mot, les situations-exemples et les éléments de définition –, se situant dans un réseau conceptuel, les élèves posséderont un outil puissant pour « entrer » dans les concepts principaux qui organisent un domaine donné.

Pour finir (compétence 3[25]), les élèves sont sensibilisés aux impacts de l'industrialisation à l'échelle planétaire. À partir du cas bien concret de la célèbre poupée Barbie, dont les éléments sont fabriqués dans plusieurs pays, les élèves sont initiés à d'autres concepts (multinationale, mondialisation, délocalisa-

23. voir p. 134.

24. voir les pages 12 à 16 du livret « Cahier de l'élève – territoire industriel » (Mario Fillion et Claire Ouellet) disponible sur www.editions-retz.com.

25. voir p. 134.

tion, pays atelier, etc.) avant de produire une affiche illustrant les liens entre la fabrication de Barbie, le concept d'industrie et la géographie mondiale. C'est dire combien le concept initial de territoire industriel est essentiel à l'appropriation de nouvelles notions qui contribuent à l'enrichir à leur tour.

Bilan de l'expérience

Le lecteur peut se demander si un concept si « simple » valait le détour de toute cette préparation et cette mise en œuvre patientes. N'aurait-il pas suffi d'expliquer les attributs, quelques exemples à l'appui ? Cela dépend. Cela dépend d'abord de la visée et des moyens qu'on veut se donner. Cela dépend des élèves que l'on a devant soi, de leur expérience d'une démarche de conceptualisation de ce genre et de leurs besoins en matière d'« outils de pensée ». Le fait est que rien n'est simple quand on ne connaît ni le « contenu-concept » – intégré dans un contexte plus large qui lui donne sens – ni la démarche et les outils qui mènent vers sa formation. Dans notre scénario, c'était la première fois que l'expérience avait été tentée, à la fois pour les conseillers pédagogiques, l'enseignant et les élèves. Une fois rodée, la démarche se met assurément plus facilement en route et le matériel peut servir plusieurs fois.

Notre intention était, dans une classe ordinaire, d'aller « au-delà de l'information donnée ». On pourrait appeler cela une visée du « *développement de l'intelligence* » : en plus des contenus, et par le moyen des contenus, il s'agit d'introduire les élèves à des manières de penser et à l'utilisation d'outils cognitifs sans lesquels ils vont être handicapés dans la société actuelle, en pleine mutation. Dans la perspective d'Edgar Morin, la connaissance n'est connaissance qu'après mise en relation et mise en contexte des informations.

Préparer la « leçon » par cette double analyse du « produit/processus » en amont (choix d'un concept d'entrée pertinent, sélection et organisation des éléments de définition ainsi que le choix des situations-exemples cohérentes, sollicitant la réflexion de la part des élèves) est donc déjà une façon d'agir sur le développement intellectuel des élèves. Le contenu transformé en concepts – organisés en réseaux – est une façon systémique (non linéaire) d'appréhender le savoir. Cela incite les élèves à prendre en compte les liens entre les éléments, et leur permet de développer une « structure cognitive » interne qui peut évoluer tout au long de la vie, prête à « réagir » par rapport à des tâches et des problèmes divers à résoudre. On peut alors comprendre l'importance d'offrir aux élèves un environnement riche en supports divers et en outils intellectuels pour que la pensée puisse s'organiser, en interaction avec cet environnement.

En passant par la conceptualisation, les élèves construisent le sens des mots et un vocabulaire commun. C'est déjà beaucoup. Sans mots, sans connaissances, la perception s'appauvrit. Jean-Benoît nous informe d'ailleurs que deux mois après la séquence menée ensemble, les élèves n'avaient aucune difficulté à se souvenir des attributs. C'est un progrès qui n'est pas passé inaperçu, ni pour lui ni pour les élèves.

Mais ces derniers ont appris (ou commencé à apprendre) beaucoup plus que le sens des mots. Ils s'initient également aux outils propres à la discipline qu'ils étudient, sans lesquels on ne peut pas interpréter et organiser les données. Ils apprennent, par la même occasion, à entrer dans la pratique d'une discipline, à comprendre les thèmes qui la traversent, les questions qui s'y posent. Ils apprennent, progressivement, à mettre en œuvre des « compétences transversales » : à exercer une pensée critique, à exprimer une opinion fondée, à poser une question, à juger de la pertinence d'une information, à écouter les arguments d'autrui, à contre-argumenter, à conceptualiser, à communiquer avec les autres, à collaborer, à fonctionner en équipe... Toutes ces compétences, cognitives, relationnelles et sociales, sont valorisées aujourd'hui, mais encore faut-il se donner les moyens, y compris le temps, de parvenir à les cultiver simultanément. Apprendre devient apprendre à se servir, avec autrui, des *outils* qui permettent l'accès au savoir et, en même temps, l'accès à un fonctionnement cognitif plus complexe[26].

Et ce n'est pas tout. Le plus important, c'est peut-être qu'un certain goût d'apprendre se développe, ainsi qu'un autre rapport à l'apprentissage, une autre confiance en ses propres capacités d'apprendre. Nombre d'élèves ont déclaré qu'ils avaient envie de recommencer. Jean-Benoît considère que les élèves étaient plus motivés, qu'ils apprenaient « sans s'essoufler ». Le fait de comprendre, de réussir, les stimulait fortement. Il rapporte également que les élèves montraient

26. Elena E. Kravtsova (Director of the Vygotsky Institute of Psychology, Russian State University for the Humanities, Moscou), « *Higher Psychic Functions formation mechanisms in the context of L. S. Vygotski cultural-historical conception* », présentation au congrès ISCAR 2011, La Sapienza, Rome.

une capacité de transfert également visible dans la vie quotidienne : quand ils passaient près d'une usine ou autre lieu semblable, ils cherchaient à en retrouver des caractéristiques, même en visite dans une autre ville que la leur. Leur « regard » est devenu plus conscient, plus actif. Il trouve que l'apprentissage était plus significatif pour les élèves, parce qu'ils s'impliquaient dans cette coconstruction de sens. Habituellement, ils reçoivent de l'information et ils n'ont pas de construction à faire, dit-il. Les conseillers pédagogiques qui ont conçu et accompagné cette expérience de formation remarquent, quant à eux, que ce qu'il y a de fondamentalement différent dans l'approche expérimentée, c'est le nouveau rapport au savoir et à l'apprentissage qui est proposé, *« c'est un modèle où le concept même de savoir est renouvelé »*. Cette formation continue « en chaîne » – de l'enseignante-chercheure, en passant par les conseillers pédagogiques, en s'introduisant dans la classe, sous forme d'accompagnement du professeur par des collègues plus expérimentés – a donc porté ses fruits à tous les niveaux, tout au long de ce processus de formation.

Scénario 4

Le process-folio : l'évaluation individualisée au service de la diversité des étudiants à l'université

Un questionnement constant, au cœur de mon propre enseignement universitaire, est de comprendre comment *l'évaluation* – au lieu de créer l'inégalité – peut devenir un lieu authentique de participation, un lieu où les étudiants, aussi différents soient-ils les uns des autres, peuvent s'investir avec ce qu'ils savent et ce qu'ils sont, pour approfondir leur compréhension de la discipline étudiée et prendre confiance dans leurs capacités intellectuelles.

L'une des conséquences de la mondialisation est le défi d'une démocratisation de l'enseignement supérieur, accompagnée d'une explosion des échanges universitaires. Des étudiants venus des quatre coins du monde sont réunis pour apprendre ensemble. On en attend une ouverture à l'autre : le monde se comprend selon des perspectives différentes ; chacun a la possibilité d'exprimer la sienne, tout en essayant de comprendre celle de l'autre. Cet état des choses, très positif en soi, peut cependant également représenter un défi pédagogique pour l'enseignant. Et ce défi sera d'autant plus marqué qu'il touche à des différences culturelles contrastées : comment rendre le savoir accessible à tous, comment concevoir des évaluations équitables ? L'enjeu de la pédagogie aujourd'hui est de tenir compte de la diversité, voire de la mettre à profit, pour créer une « culture d'apprentissage commune », une culture permettant aux étudiants d'acquérir de nouvelles formes de questionnement et de langage afin de faire évoluer leur compréhension des phénomènes observés ou des domaines abordés. C'était l'état de mes réflexions au moment où j'ai commencé à prendre en charge des groupes d'étudiants multiculturels. C'est par le biais de cette interrogation que s'est imposée à moi l'idée de mettre *l'évaluation* au service de l'apprentissage de tous les étudiants, quelles que soient leurs différences[1].

Mes étudiants sont pour la plupart des futurs enseignants qui œuvreront à tous les niveaux, dans toutes les disciplines, et qui préparent un master en sciences de l'éducation. Dans notre cas, il s'agit de pédagogie. Certains ont déjà une petite expérience pratique, d'autres s'appuient surtout sur des connaissances disciplinaires. La majorité des étudiants sont français, mais il y a un bon nombre d'autres nationalités, par exemple dans le cadre des échanges « Erasmus ». Parmi les étudiants étrangers, plusieurs sont d'origine africaine, notamment des enseignants du primaire. Les DOM-TOM sont également représentés. Tous les étudiants n'ont donc pas les mêmes connaissances ou expériences au départ – et sans doute pas les mêmes attentes, ni les mêmes projets futurs. Le cours se déroule sur 14 semaines et comporte une séance par semaine. Chaque séance dure deux heures ; à cela s'ajoute la séance d'examen. La taille des groupes varie (une bonne trentaine d'étudiants par groupe en moyenne), nous sommes une petite faculté.

La grille habituelle va nous servir à situer le contexte du cours, puis à décrire cette nouvelle forme d'évaluation.

Rendre le savoir accessible

– Définir le savoir à enseigner en fonction du transfert recherché.
– Exprimer le savoir dans des formes concrètes.

1. Cette expérimentation a été faite, dans un premier temps, à la fin des années 1990, à la Faculté d'Éducation de l'Institut Supérieur de Pédagogie, et a donné lieu à une présentation à l'assemblée générale des recteurs des universités catholiques, à Fremantle (Australie) en juillet 2000, et à une seconde présentation au colloque ADMEE, à Lausanne, en 2001. Elle s'est ensuite poursuivie, de façon plus approfondie et plus systématique, entre 2003 et 2008, dans le cadre d'un cours de master 1 à l'Université Catholique de l'Ouest.

Le contenu de mon cours porte sur le processus enseigner/apprendre. Il s'appuie sur un cadre théorique transdisciplinaire faisant partie de ce qu'on appelle aujourd'hui les sciences cognitives et, en particulier, sur une orientation historico-culturelle de la psychologie cognitive. Ce cadre permet de concevoir la pédagogie en fonction d'une évolution dans notre manière de comprendre le lien entre développement humain et apprentissage. Pour Vygotski, le fonctionnement cognitif n'est pas inné, il résulte des interactions de l'enfant avec la « culture », comprise dans un sens large, sociétal, et demande une médiation humaine. L'impact de la culture passe par des conventions partagées et des systèmes symboliques communs. Dans cette perspective, le développement humain n'est pas d'abord biologique, il dépend en grande partie de l'interaction entre « nature » et « culture », et la *médiation culturelle* (exercée par la famille, l'école...) occupe une place importante. Le cours s'appuie sur un certain nombre de concepts relativement récents dans le milieu scolaire, comme, par exemple, *médiation cognitive, outils culturels, enaction, intersubjectivité, métacognition...* Des mots très abstraits au début du cours qui peuvent faire peur à plus d'un. Et pourtant, ils se réfèrent à des phénomènes observables, dans des classes ordinaires, partout dans le monde, à condition de savoir où diriger son attention.

Pour bien préparer le cours, il faut donc bien choisir et définir les concepts dont les étudiants vont avoir besoin pour telle ou telle tâche. Ensuite, il faut les rendre accessibles en prévoyant des supports variés, les plus « incarnés » possibles, et choisir les lectures qui vont constituer la substance théorique du cours.

À la fin du cours, en cohérence avec le cadre théorique proposé, je souhaite que mes étudiants puissent faire preuve d'une compréhension approfondie des concepts étudiés. Une compréhension approfondie veut dire que l'on sait se servir des concepts étudiés dans un contexte d'utilisation pertinent, pour observer un phénomène, analyser une situation, se poser des questions, comprendre les enjeux qui peuvent s'y rattacher... Cela pourrait se traduire par la capacité à analyser des séquences réelles d'apprentissage à la lumière des concepts étudiés en cours et de pouvoir discuter de ce qui s'est passé : *qu'est-ce qui permet de dire que les élèves ont compris – ou non ? Quel éclairage est apporté par les concepts étudiés ?* Cela exige, bien entendu, que le concept « comprendre », en tant que processus mental, ait pris la même signification pour tous, qu'il soit devenu un « savoir-outil » qu'on peut appliquer comme une grille d'analyse, en observant un phénomène d'apprentissage. Si l'on se situe dans un autre cadre théorique, par exemple le behaviorisme, caractérisé par un processus stimulus-réponse, on n'observera pas un apprentissage de la même façon. Savoir « analyser » dans un domaine, suppose la connaissance d'un ensemble de savoirs organisés relatifs au sujet étudié – les étudiants ont donc besoin d'être équipés en conséquence.

Négocier le sens

– Engager les apprenants dans un processus d'élaboration de sens.
– Guider le processus de coconstruction de sens.
– Préparer au transfert par la métacognition.

Engager les apprenants dans un processus d'élaboration de sens

J'obtiens l'adhésion des étudiants sur ces objectifs dès le premier cours, en leur expliquant la finalité visée : pouvoir mieux comprendre ce qui se passe dans cette interaction « enseigner-apprendre » afin de prendre conscience des enjeux pédagogiques. C'est donc le transfert des connaissances qui va guider notre travail, c'est-à-dire non seulement des « connaissances à restituer », mais leur potentielle utilisation future dans les classes des étudiants. Pour ce faire, nous partirons des mises en situation que chacun peut vivre comme une expérience personnelle. Les lectures vont être abordées en parallèle, comme un moyen pour orienter notre perception, tout en guidant nos interrogations. Il est important que tous les étudiants comprennent les enjeux et la finalité du cours dès le départ, pour que les activités proposées prennent sens pour eux. Nous visons des objectifs de connaissances, certes, mais des connaissances conçues comme pouvant s'exprimer à la fois en mots et en actes. Pour adhérer au projet, il faut que les étudiants aient une vision du but poursuivi et qu'ils conçoivent bien la façon dont ils devront faire la démonstration de leur compréhension. Cette clarification des enjeux va soutenir leur intention d'apprendre.

Dans un premier temps, je cherche à comprendre les représentations qu'ont les étudiants des concepts clés à étudier. Lors de notre première rencontre, je leur demande donc ce que veut dire « apprendre » et « enseigner » pour eux, en les invitant à choisir un seul mot pour le dire, le plus important pour eux. Cette

« liste » partagée permet d'« entrer en matière » et de garder par la suite une trace des représentations initiales que chacun pourra réévaluer à la fin du cours. Ensuite, pour commencer à observer le « phénomène » lui-même – le processus enseigner-apprendre –, j'utilise différents supports permettant de transformer ces mots abstraits en diverses situations plus concrètes, pour susciter l'interaction et l'explicitation de ce qui a été observé. Ces premières activités permettent de se familiariser avec les concepts que l'on va étudier, dans des situations variées, accessibles. Cela peut être une mise en situation, un « scénario » qui permet de faire vivre aux étudiants un apprentissage authentique. Cela peut consister à mettre en œuvre, avec les étudiants, une séquence « réelle » d'apprentissage sur un sujet à trouver, à leur niveau. Il faut donc choisir quelque concept inattendu qui peut servir de support pour réaliser « en direct » une *situation-exemple* du processus enseigner-apprendre. L'expérience menée, par exemple, sur le concept « impressionnisme[2] » ou celui de « satire » peut devenir une situation complexe où l'on fait vivre, sans que les étudiants s'en aperçoivent encore, des concepts comme *contrat d'intersubjectivité, attention conjointe, format, outil intellectuel, la ZPD, apprentissage situé, intelligence distribuée, conceptualisation*... qui font tous partie du contenu de notre cours sur la *médiation cognitive*. Quand une telle situation se met en scène de façon authentique, elle devient un excellent repère pour la suite du cours. Les incidents qui ne manqueront pas de se produire restent en mémoire et on peut s'y référer par la suite pour illustrer les concepts plus abstraits à venir. Dans tous les cas, cette expérience commune imprègne les participants et invite à la discussion, voire au débat vif, sur les concepts qui fondent les théories d'apprentissage en vigueur et les enjeux de la pédagogie. Elle a donc atteint son but : engager les étudiants, favoriser *l'intention d'apprendre*. Voilà ce qu'écrit une étudiante après cette expérience : « *Pour un public d'étudiants tel que nous, cette nouvelle vision de l'apprentissage permet une ouverture d'esprit, elle change notre regard sur le savoir et surtout la manière de transmettre ce dernier. Je me suis moi-même sentie transportée durant ce cours, une partie de mon être que je croyais éteinte s'est réveillée avec un entrain qui m'a surprise, j'avais réellement envie de participer, de partager ces moments de recherche, de réflexion, avec les autres étudiants.* »

2. Voir p. 35 et suiv. Se référer également à la transcription du concept de « satire » in B.-M. Barth, *Le Savoir en construction*, *op. cit.*, chapitre 4, ainsi que celle du « wez », in B.-M. Barth, *L'Apprentissage de l'abstraction*, *op. cit.*, chapitre 3.

Par la suite, les regards étant déjà aiguisés, on peut continuer par l'observation de vidéos faites dans des classes réelles. Ces activités initiales permettent d'orienter les conceptions des « novices » dans la discipline et de créer des références communes qui serviront de point d'appui pour des apports théoriques qui les accompagnent. Pour se comprendre, il faut des critères communs. Les réactions des étudiants face au « réel » me permettent de situer leur niveau d'interrogation, d'orienter le parcours et de proposer des lectures variées pertinentes. Contextualisation et décontextualisation doivent permettre de faire des allers-retours rapprochés entre concret et abstrait afin de reconnaître leurs liens. Pour reprendre les termes de David Olson, « nous passons d'une pensée sur les choses à une pensée sur la représentation des choses[3] ».

C'est dès le début du cours que le mode d'évaluation choisi va intervenir et jouer son rôle pour différencier l'apprentissage et préparer l'évaluation finale. J'appelle ce genre d'évaluation *formatrice* (évaluation qui permet de continuer à apprendre) par le nom de *process-folio*[4], ainsi nommé à l'université de Harvard (dans le cadre des évaluations artistiques). Le *process-folio* est une variante du portfolio. Il s'agit de créer une forme de dossier dans lequel chaque étudiant rassemble des documents tout au long du cours. Ces « pièces choisies » ont pour objet de témoigner de la progression de leur apprentissage. L'objectif est ainsi que les étudiants commencent, dès le premier cours, à réfléchir sur le contenu de celui-ci en le rapprochant des expériences, des connaissances, des intérêts et du contexte qui sont les leurs. La règle est que l'on peut mettre ce que l'on souhaite dans ce dossier, à condition d'expliquer le lien entre le document proposé et le cadre théorique que nous étudions. Il ne s'agit donc pas de montrer des « productions » finalisées, comme dans un portfolio (de l'artiste, par exemple), mais plutôt d'assembler, en cours de route, des documents de tout genre qui témoignent d'un véritable « savoir en construction ». Le dossier doit avoir une « table des matières » qui mentionne, au fur et à mesure, chacune des contributions qui est ajoutée, et qui la met en rapport avec un contenu spécifique du cours. *Ce qui est au centre de cette évaluation formatrice est* le processus lui-même, *par lequel l'étudiant va entrer progressivement en contact avec le savoir enseigné et se l'approprier*. Les étudiants ne sont donc pas dans une position où ils doivent dès le départ se conformer à des

3. D. R. Olson, *L'Univers de l'écrit – Comment la culture écrite donne forme à la pensée*, Retz, Paris, 2010.

4. E. Winner (ed.), *Arts PROPEL: an Introductory Handbook*, Harvard Project Zero and Educational Testing Service, 1993.

réponses déjà prévues ; ils ont la possibilité d'explorer d'abord les idées à partir de leur histoire personnelle, en interaction avec les autres. Progressivement, ils peuvent entrer dans le sens et le discours du cadre théorique proposé.

Avec les étudiants, nous convenons que ce « dossier » ne donnera pas lieu à une notation, seulement à une appréciation de ma part sur la pertinence des apports de chacun. Parfois, il peut s'agir de quelque chose de bref, surtout au début du cours, comme des tentatives de rapprochements, que ce soit avec une expérience vécue durant leur propre scolarité, un article d'actualité, un film, un dessin animé… tout événement, écrit, œuvre qui fasse sens pour eux. Régulièrement, je prends connaissance des nouvelles contributions. Je peux alors les mentionner et faire des commentaires en grand groupe en faisant référence aux concepts clés du cours et en proposant des lectures ou des questions nouvelles. Ainsi, la conceptualisation collective progresse à travers les exemples et les contre-exemples proposés par les étudiants. Les dossiers deviennent un « espace-temps » d'échanges. Ces « rencontres » vivantes avec le savoir contextualisé, parfois humoristiques, parfois dramatiques, donnent un sens personnel, tissent un lien affectif avec le savoir. C'est une autre manière d'appréhender le savoir, qui a le pouvoir d'« accrocher », d'impliquer les émotions. Selon le neurobiologiste Antonio Damasio ce sont en effet nos émotions qui orienteraient notre raisonnement, et non pas le contraire : l'absence d'émotion empêcherait même d'atteindre ses pleines capacités en termes de mémorisation et d'apprentissage. Pour accroître la faculté de raisonnement, il est ainsi nécessaire d'accorder plus d'attention à la sphère des émotions, parties prenantes de l'apprentissage. Le fait de laisser les étudiants contribuer au cours avec leurs propres exemples permet de relier émotions et apprentissage, c'est également une façon de les valoriser et de leur donner confiance en eux. Cela les encourage à aller plus loin dans leurs recherches de liens et de rapprochements possibles. Les exemples des uns stimulent la recherche des autres, et impliquent davantage les étudiants intellectuellement et socialement.

Guider le processus de coconstruction de sens

Nous sommes déjà en plein dans la phase de la *coconstruction de sens,* et la complexité augmente. Quand les étudiants commencent à « entrer » dans les concepts en cours d'étude, le moment est venu d'essayer de s'en servir en explorant une question de fond, comme, par exemple : *en observant une vidéo d'une séquence d'apprentissage, quelles sont les activités de l'enseignant qu'on pourrait qualifier comme faisant partie de la « médiation cognitive » ? Justifiez vos réponses.* Pour essayer de répondre à de telles questions, les étudiants ont besoin de ces concepts, et ils doivent s'en servir en sous-groupe. Cette tâche consiste à reconnaître, dans les séquences filmées, la « médiation cognitive » en action. Quels en sont les indices ? Comment cette activité se concrétise-t-elle ? C'est en utilisant les concepts dans une tâche plus complexe (avant d'être évalués) qu'ils vont se les approprier. Le but est, à chaque fois, d'entrer dans le sens profond des concepts proposés et de pouvoir les exprimer dans des contextes différents. Un retour en grand groupe amène à confronter les arguments et à justifier les conclusions. Des apports théoriques qui viennent au bon moment permettent de valider une synthèse. Un tableau numérique est alors un excellent support pour proposer les synthèses des sous-groupes et pour créer une synthèse finale commune, dont tout le monde pourra garder une trace. Ce moment de structuration et de verbalisation des concepts abordés permet de revenir sur ce « savoir en construction » et de prendre conscience des idées nouvelles. C'est un moment de « métacognition » par excellence.

Progressivement, le volume et la diversité des dossiers augmentant, je trouve des articles d'auteurs qui sont proches de notre cadre, des comparaisons avec d'autres cadres théoriques, avec d'autres cours, des contenus organisés en réseaux conceptuels, des extraits d'un journal de classe, des préparations de cours commentées, le récit de difficultés analysées en stages d'observation, voire des enregistrements vidéo. Internet est souvent utilisé comme source d'information ou d'illustration, en fonction des questions des étudiants. Selon l'expérience et l'intérêt des uns et des autres, chacun peut trouver un moyen de faire le lien avec son expérience, ses lectures et le contenu du cours. Une étudiante a un jour ainsi proposé une citation d'Edgar Morin qui se rapporte à l'importance de la structuration d'un savoir, ce qui nous a permis d'ajouter le livre *La Tête bien faite* à notre bibliographie. La semaine d'après, un autre étudiant a poursuivi le sujet et a cité un extrait de *La Connaissance de la connaissance* du même auteur, enrichissant de nouveau la bibliographie. Dans un autre genre, un troisième étudiant a fait référence à un échange qui avait eu lieu dans une classe qu'il avait observée : la non-compréhension d'un apprentissage qui se terminait en larmes ! Le lien entre cognition et émotion était ici fait. Ce qui nous permit de découvrir le livre *Chagrin d'école* de Daniel Pennac, que l'on peut citer : « Donc, j'étais un mauvais élève. Chaque soir de mon enfance, je rentrais à la maison poursuivi par l'école. Mes carnets disaient la réprobation de mes maîtres. Quand je n'étais pas le dernier de ma classe, c'est que j'en étais l'avant-dernier. » Les étudiants échangent leurs documents, se communiquent des adresses de sites. Nous approchons du but visé : comprendre et savoir utiliser les concepts étudiés pour réfléchir, communiquer et agir, dans la perspective théorique de la *médiation cognitive*. Dans ce sens, l'évaluation est intégrée au cours, les étudiants s'entraînent continuellement à se servir des concepts étudiés dans des situations diverses. S'il n'est pas toujours possible pour l'enseignant, selon le nombre d'étudiants, d'examiner un dossier par étudiant, on peut prévoir d'autres arrangements. Il est ainsi possible d'envisager un dossier pour deux ou trois étudiants, voire plus, selon l'effectif total du cours. Cela facilite l'échange et la collaboration. *L'essentiel est de mettre les étudiants dans un mouvement interactif ; car c'est dans ce processus qu'ils vont apprendre.*

Les apports de ces dossiers, quand ils commencent à devenir plus variés, plus approfondis, plus intéressants, plus originaux, peuvent donc également servir de supports pour le cours. De cette façon, ce sont les étudiants eux-mêmes qui y *contribuent* avec des éléments de réflexion, et qui reçoivent en retour les commentaires multiples de tous les membres de cette *communauté d'étudiants-chercheurs* (car le groupe est bien devenu une *communauté*). Des fiches de lecture s'échangent également pour que les uns puissent profiter des lectures des autres et ainsi avoir accès à un plus grand nombre d'ouvrages. La collaboration prime sur la compétition, et une écoute se développe, qui permet de mieux reconnaître les apports variés des uns et des autres et d'apprécier la nature culturelle du savoir. La diversité des étudiants devient un atout et le groupe peut avancer en suivant le même enseignement, mais en s'appuyant sur des activités et des supports différents. C'est la « culture d'apprentissage » qui est devenue commune tout en permettant de garder la spécificité de chacun. À présent, les étudiants situent bien les exemples très divers proposés par les uns ou les autres comme étant, ou non, pertinents et l'argumentation est ainsi nourrie. Ils prennent l'habitude d'explorer des apports différents et d'y réfléchir de manière critique.

Le type de travail requis peut donc maintenant varier. Les uns, plus habitués à travailler à partir de lectures, ont plus de facilité pour rédiger des commentaires, des topos, des notes, des analyses de textes. D'autres, davantage tournés vers leur expérience, peuvent faire un travail intellectuel aussi intéressant par des voies différentes : par exemple, par l'analyse de situations vécues ou par l'élaboration d'outils pédagogiques analysés[5]. *Ne pas exiger la même forme d'évaluation pour tout le monde permet une plus grande équité et une plus grande prise en compte des différences; celles-ci ne sont pas ainsi à mesurer en termes de supériorité ou d'infériorité, elles doivent être appréciées selon les critères qu'on s'est donnés*. Il convient par ailleurs de souligner que si les futurs enseignants n'ont pas eu cette expérience pendant leurs études, ils risquent de perpétuer une vision trop unilatérale du savoir à évaluer. Vu la diversité grandissante de nos étudiants, de leurs parcours, de leurs projets, et vu la diversité des besoins de la société, il ne s'agit plus d'évaluer un contenu identique, mais plutôt de se servir de ces contenus pour développer la capacité et le goût d'apprendre. Cette façon d'appréhender l'évaluation est cohérente avec une acceptation de cultures différentes; elle s'appuie même sur la diversité de celles-ci. Dans ce cas-là, *la multiculturalité* – apprendre ensemble malgré la diversité – aura créé *l'interculturalité* – apprendre ensemble, grâce à la diversité.

Préparer au transfert des concepts et à la capacité d'abstraction par la métacognition

Parfois, les étudiants arrivent, visiblement inquiets, en me disant que certains documents mis dans le dossier au début de l'année risquent de ne pas être « conformes », et ils me demandent s'ils peuvent les retirer. Je leur propose de garder les documents en question en y ajoutant les critiques qu'ils souhaitent. On sent cette crainte, sans doute conditionnée par l'expérience scolaire, de ne pas avoir donné « la bonne réponse ». Sous-jacente, se trouve l'idée que l'erreur n'est pas permise, pas plus que le tâtonnement ou le doute. Or, le savoir se construit progressivement, en passant par l'exploration, par des interrogations, par des approximations, par des erreurs; les questions sont aussi importantes que les réponses, surtout les siennes propres; il n'y a pas une bonne réponse universelle à laquelle tous doivent se conformer; le savoir a beaucoup de facettes. De fait, ce dernier est contextualisé, comme le philosophe Ludwig Wittgenstein nous l'a appris, et ce qui vaut dans un contexte peut être différent dans un autre. Je sens un grand soulagement de leur part et une nouvelle énergie jaillit. Ils ressentent alors l'envie d'aller plus loin dans leurs

5. Nous nous inscrivons ici dans une conception dynamique et plurielle de l'intelligence, notamment dans le cadre théorique des « intelligences multiples » de Howard Gardner (*Les Formes de l'intelligence, op. cit.*). Dans cette optique, les intelligences sont considérées comme des potentiels ou des tendances intellectuelles qui s'expriment toujours dans diverses tâches ou divers contextes culturels.

recherches et me demandent souvent des conseils pour des lectures supplémentaires ou en proposent eux-mêmes, que nous ajoutons à la bibliographie.

Chaque étudiant doit produire une note de lecture d'un livre choisi dans notre bibliographie, à rendre avant le milieu du semestre. C'est obligatoire, car il est important que la lecture accompagne la réflexion dès le départ. Cela me donne également l'occasion de commenter les lectures, de revenir en grand groupe sur certaines notions théoriques difficiles. C'est l'occasion d'en discuter, de *négocier le sens*, de justifier les prises de position plus subtiles dans le but de stimuler la réflexion et de soutenir une certaine autonomie grandissante.

Le *process-folio* comme mode d'évaluation

Depuis que les règles des examens à l'université se sont un peu assouplies, le « process-folio » peut maintenant remplacer l'examen sur table. L'idée est la suivante : à partir du dossier de chacun, produire un document personnel, une sorte de note de synthèse dans laquelle un ou deux concepts clés étudiés (au choix) permettent d'analyser une situation choisie par l'étudiant. Les étudiants ont déjà rassemblé le matériau dans leur process-folio, ils sont préparés pour cette nouvelle tâche. Les critères convenus pour évaluer cette note de synthèse sont liés à la qualité de l'analyse :
– utilisation correcte des concepts ;
– mise en relation pertinente des concepts et des apports théoriques avec le matériau empirique ;
– profondeur/élaboration des analyses ;
– références explicites.

Ainsi, ces trois éléments réunis – le dossier lui-même, ou *process-folio*, avec ses contributions variées et justifiées par rapport au cours, *la note de lecture* obligatoire (que les étudiants ont eu le temps d'approfondir) et *la note de synthèse* (une production écrite, s'appuyant sur les travaux précédents) – permettent à l'enseignant et aux étudiants d'évaluer les connaissances tout en laissant une certaine souplesse qui prend en compte leur diversité : le même « contenu » est évalué, mais chacun l'aborde à sa manière ; les mêmes critères sont appliqués, mais la production finale est individualisée. Le dossier/process-folio permet de mettre en œuvre un processus de construction de savoir, la note de synthèse personnelle permet d'en manifester la compréhension, validée par les critères énoncés. Ce savoir a eu le temps de se construire progressivement, tranquillement ; il s'est affiné, s'est précisé, s'est infléchi à maintes occasions. Cette manière d'approcher une tâche, en cherchant consciemment à lui donner une signification personnelle, est déterminante pour la compréhension et pour « l'inscription » dans la mémoire. Le biologiste Francesco Varela parle de « *l'inscription corporelle de l'esprit* », l'apprentissage étant facilité lorsque « corps et esprit » participent pleinement à la connaissance.

J'ai été impressionnée par la qualité des dossiers de mes étudiants. La compréhension du cours dont ils témoignaient dépassait de loin un examen « ordinaire ». Chaque dossier était en quelque sorte une « œuvre », qui pouvait permettre de remonter le fil de la construction des connaissances. Ainsi l'entendait Ignace Meyerson[6], fondateur en France de la psychologie historique : le savoir prend la forme d'une œuvre, que celle-ci soit littéraire, artistique, scientifique ou autre ; on peut partir de là pour retrouver les questions qui étaient à son origine. Pour Meyerson, l'homme se définit par ce qu'il crée. Afin de rendre compte des progrès de la pensée, il propose de s'appuyer sur les produits de l'activité humaine, en prenant en compte la dimension historique et culturelle du mental. En laissant à chacun la possibilité de créer une « œuvre » personnelle, dans le cadre d'une démarche collective, on crée en même temps une communauté qui favorise la création de ces œuvres. On comprend alors que le savoir n'est pas prédéfini, enfermé, qu'il est né de l'échange, qu'il est culturel.

Pendant les cinq années consécutives d'expérimentation de ce mode d'évaluation, il n'y a pratiquement pas eu d'échec. Des degrés variés de profondeur d'analyse et de pertinence, oui, mais pas de « page blanche ». J'explique cela par le fait que l'évaluation est intégrée à l'apprentissage ; tout le monde a eu le temps de comprendre les critères, de s'exposer à une variété de situations, de s'entraîner à réfléchir et à s'exprimer avec les concepts étudiés. Les étudiants ont pu vérifier la pertinence de leurs apports personnels, s'ajuster en cours de route si nécessaire, et ainsi gagner en confiance et en « sentiment de compétence », pour utiliser les termes de Bandura. Le projet d'examen est devenu un défi maîtrisable qui donne envie aux étudiants de s'appliquer, voire de se dépasser.

6. I. Meyerson, *Pour une psychologie historique*, PUF, Paris, 1992.

L'évaluation de l'évaluation

Pour finir, je demande aux étudiants d'évaluer eux-mêmes ce mode d'évaluation : pensent-ils qu'il est cohérent avec les objectifs du cours ? Qu'il leur a permis de faire la démonstration de leurs connaissances ? Cet exercice amène à prendre du recul et à devenir conscient de ce qu'exige l'évaluation des connaissances. Voici quelques réponses verbatim à ces questions.

– « L'évaluation était très personnelle. L'application selon nos projets, nos motivations et nos intérêts a permis de nous impliquer entièrement dans cet apprentissage et de le projeter dans un avenir professionnel. Cette possibilité de réaliser un dossier en lien avec notre personnalité permettait donc de se sentir concerné comme apprenant à part entière, où chacun se distingue de l'autre et ne poursuit pas forcément le même but. La recherche possible de documents en lien avec le cours permettait de s'ouvrir à d'autres horizons. Pour cela, nous n'étions pas non plus obligés de nous en tenir uniquement à l'approche du cours. Cette confrontation avec d'autres textes m'a permis de me forger un regard critique. »

– « J'apprécie beaucoup ce genre d'évaluation qui nous laisse la chance de montrer ce que l'on sait, ce que l'on a appris, ce qui a fait sens pour nous. On peut aussi en profiter pour explorer de nouveaux auteurs, de nouvelles théories puisque nous avons eu le temps de consulter bon nombre d'ouvrages. »

– « J'ai trouvé cette évaluation originale ; c'était à l'étudiant de pouvoir mettre en lien la théorie, d'utiliser les concepts étudiés pour analyser une situation et proposer une réflexion personnelle. Cette "liberté" que vous nous avez donnée dans la réalisation de notre note de synthèse est bénéfique. »

– « La note de synthèse : même si c'est la partie du travail qui me paraît la plus compliquée puisque nous devons manier avec précision les concepts utilisés, il me semble que cette partie ne peut pas être évitée puisqu'elle permet de s'intéresser à un sujet de notre choix. Nous continuons d'apprendre en formalisant ce dossier. Il n'est pas question de récitation de cours mais plutôt d'investissement personnel des notions qui nous intéressent. »

– *« Si la forme du dossier nous a demandé un investissement considérable, je pense que cette forme d'évaluation est la plus concluante en ce qui concerne l'appropriation des savoirs. J'ai pour ma part eu la sensation, à l'aide du process-folio et du recours à mes expériences personnelles, de m'approprier véritablement les concepts en jeu. »*

– *« Procéder comme que nous l'avons fait au cours de votre enseignement permet à chacun de devenir acteur et ainsi d'entrer véritablement dans l'apprentissage, quelles que soient ses expériences personnelles. Par ailleurs, il est indéniable que cette forme d'évaluation m'a permis d'approfondir mes apprentissages, de connaître et de saisir une orientation différente sur la façon de s'approprier le savoir, orientation que je vais d'ailleurs mettre fortement à profit dans mes travaux. »*

– *« Étonnement, c'est seulement maintenant, en réalisant ce dossier et en répondant à ce questionnaire que tout prend vraiment sens en moi. J'ai l'impression d'avoir reçu des petits morceaux de tissu à chaque cours et, aujourd'hui, je suis en train de les assembler pour en faire un beau vêtement. J'avoue que ces morceaux de tissu (ou ces morceaux de savoir) m'ont souvent laissé sans mots, je ne comprenais pas toujours où cela me menait. Avec un seul petit bout de tissu, on ne peut pas aller très loin. Il faut d'autres pièces de tissu, du fil, une aiguille et une idée personnelle de ce que l'on veut en faire. C'est la même chose pour le savoir. Le savoir se construit petit à petit, avec les autres étudiants et avec le professeur, c'est une coconstruction. »*

Bilan de l'expérience

Deux remarques en guise de bilan :

Premièrement, le *process-folio* – qui, bien entendu, n'est qu'une voie parmi d'autres pour aller dans ce sens – valide les connaissances d'une manière plus approfondie qu'un devoir sur table, et ceci sans le stress que ce dernier comporte en général et qui peut causer des dysfonctionnements cognitifs regrettables. Il permet à chacun de s'appuyer sur ses connaissances et ses expériences antérieures pour les relier aux savoirs nouveaux et ainsi mieux organiser sa « structure

cognitive », prête à servir pour des apprentissages futurs. Les concours ont leur place dans certains contextes, mais pas pour évaluer le progrès des apprentissages. Il faut, sans doute, revoir certaines formes d'examens qui sont devenues dépassées par rapport à la conception que nous avons aujourd'hui du fonctionnement cognitif. Le*s pratiques évaluatives du type « contrôle de connaissances » ne prennent pas en compte la nature contextualisée et « distribuée*[7] *» du fonctionnement cognitif,* c'est-à-dire la façon dont la pensée humaine se déploie dans le contexte social et culturel réel. La pensée n'est pas séparable du contexte particulier, social et affectif dans lequel elle se manifeste ; ce contexte est constitutif de l'activité cognitive, et lui sert de support. Dans cette perspective, une pédagogie qui est centrée sur le développement de la personne doit nécessairement être préoccupée simultanément du contexte, de l'environnement qui va susciter et stimuler le meilleur de chacun.
Le principe du process-folio pourrait s'adapter à tous les niveaux de la scolarité. Cela n'exclut pas des « vérifications » du genre stimulus-réponse (QCM et autres), mais en se souvenant que ce n'est pas suffisant pour évaluer la compréhension.

Ma seconde remarque concerne les enjeux de la pédagogie et de l'évaluation en général. *Pour que l'évaluation contribue à la construction de la personne, elle doit impliquer, engager les étudiants à la fois cognitivement et affectivement.* Il est donc indispensable que les étudiants adhèrent au projet dès le départ, en ayant des attentes positives sur leur propre participation. Celle-ci suppose une clarification du « projet » et des enjeux personnels qui s'y jouent. Cela passe par *l'établissement de l'intersubjectivité*, c'est-à-dire une entente explicite non seulement sur l'objet de l'apprentissage mais aussi sur les enjeux relationnels et sociaux, sur les attentes mutuelles. La pensée ne se déploie pas dans le vide, et l'importance de l'interaction de l'individu avec son « environnement » doit impérativement être prise en compte. Cet environnement se crée en grande partie par les structures d'interactions variées, qui donnent l'occasion à chacun de contribuer avec quelque chose par rapport à une tâche et une « production » définie. *L'intelligence,* dit Francisco Varela, « *c'est la capacité de pénétrer un monde commun* ». Ce monde commun, il faut l'établir, avec ses conventions d'interaction, ses langages. Il ne suffit pas de se réunir en sous-groupe pour discuter, il faut qu'il y ait une production définie, une méthode pour y arriver, une répartition des responsabilités, un sens de ce qui a été accompli.

7. D. Perkins, « L'individu-plus – Une vision distribuée de la pensée et de l'apprentissage », *op. cit.*

Chacun doit pouvoir apprécier ce qu'il a appris, remarquer la progression de sa compréhension, se sentir encouragé et en confiance dans la relation pédagogique. L'évaluation devrait être conçue en accord avec cette compréhension, d'autant plus qu'on se situe dans la perspective d'une formation qui concerne la personne dans son intégralité, c'est-à-dire dans son rapport aux savoirs, aux valeurs, aux autres et à soi. Elle est ainsi censée rompre alors avec le formalisme et l'individualisme, à l'œuvre dans certaines formes traditionnelles de l'enseignement universitaire, pour se fonder sur une conception plus complexe de l'apprentissage et du développement humain.

L'évaluation peut alors devenir un lieu authentique de participation et de communication, où le dialogue permet à chacun d'avancer sur le chemin de l'autoévaluation et, *in fine*, à l'autonomie. Elle peut permettre au sujet d'avoir confiance dans ses propres capacités et lui donner envie de continuer à apprendre tout au long de sa vie. C'est ce dont me semble témoigner l'appréciation de cet étudiant, venu d'outre-mer. À la fin du cours, il écrit ceci : *« Ce que je vais vous dire maintenant est à propos de vos cours, ils étaient d'une grande aide pour la compréhension de mes façons de travailler. J'ai cette impression que la vie devient différente. C'est-à-dire, quand je regarde la vie maintenant, je l'approche différemment, j'essaie de l'analyser de l'intérieur à partir de plusieurs perspectives. Je prends conscience de mon action pour arriver à la compréhension de quelque chose. Avec cette analyse, j'approche le savoir d'une façon sereine, confiante et rassurée. Je pense que c'est peut-être parce que je comprends ce que je comprends, cela crée en moi le sentiment de croire en mes capacités, en mes compétences. L'apprentissage de cette pédagogie de la compréhension m'ouvre maintenant d'énormes perspectives pour ma carrière future car je voudrais bien travailler pour développer davantage la culture de mon pays. »*

Ce témoignage montre à nouveau combien l'engagement dans les apprentissages implique l'ensemble d'une personne, jusqu'à lui ouvrir des perspectives inexplorées.

Questions-réponses sur la démarche de la conceptualisation

Différents publics, lors des sessions ou des conférences m'ont posé des questions. Ces dernières partaient le plus souvent d'une autre conception du savoir que celle qui sous-tend les réponses données ici. J'ai cherché à ouvrir sur une autre manière de concevoir la construction du savoir.

Questions posées par des étudiants/stagiaires d'IUFM

1. Comment adapter la conceptualisation à l'apprentissage de la lecture ?

Il faut d'abord préciser ce que l'on entend par « lecture » : comprendre un texte ? Le décoder ? Pour lire un texte, il faut mobiliser simultanément plusieurs compétences.

– *Savoir décoder* est la première condition pour pouvoir lire ; il faut maîtriser la correspondance phonème/graphème. Cette démarche peut donc être employée à tous les stades de la prise de conscience phonologique (comment les syllabes ou les mots se prononcent), puis de la conscience orthographique (comment les mots s'écrivent). Par exemple, en grande section, l'enseignant présente des « exemples oui », c'est-à-dire, ici, des mots commençant par la même syllabe en les oralisant, puis des « exemples non », des mots ne contenant pas la syllabe en question. Le but est de permettre aux enfants de prendre conscience des similitudes phonétiques qu'il y a entre les mots composant les « exemples oui ». Puis, ces derniers sont présentés sans être oralisés, l'enseignant prenant soin d'aligner verticalement le ou les graphèmes qu'il veut faire observer, ce qui permet d'observer la similitude graphique et de prendre conscience de l'existence du système de correspondance. De même, voici un exemple de l'apprentissage du décodage tel qu'il peut être mené en CP en passant par une démarche de conceptualisation.

Dans un premier temps :
– on voit « c » + « a » ; le « c » fait « k » ;
– on voit « c » + « u » ; le « c » fait « k » ;
– on voit « c » + « o » ; le « c » fait « k ».

Dans un second temps :
– on voit « c » + « e » ; le « c » fait « s » ;
– on voit « c » + « i » ; le « c » fait « s ».
En mettant une colonne d'exemples avec « a », « o », « u », et, en opposition, une colonne avec « e » et « i », on aboutit à l'affiche de la règle permettant de savoir que « c » se lit et se prononce « k » avec « a », « o » et « u », et qu'elle se lit et se prononce « s » avec « e » et « i ». Une fois la règle bien comprise, on s'entraînera régulièrement jusqu'à ce que cela devienne un automatisme.

– Pour lire, il faut aussi *comprendre le sens des mots* que l'on déchiffre. Il faut donc connaître le sens des mots, puis intégrer leur signification au fil de la lecture dans les phrases. Il s'agit de tout un vocabulaire à étudier et à *mémoriser.* Parfois, une explication peut suffire, ou une analogie – mais s'il s'agit d'un mot plus difficile, ou dans le cas d'une *homonymie*, par exemple, un passage par les « exemples oui » et les « exemples non » peut s'avérer efficace.

– Pour lire, il faut également *avoir des compétences textuelles et grammaticales* : comprendre ce qu'est une *syllabe*, une *lettre*, un *mot*, une *phrase*, un *paragraphe*, des *connecteurs*, des *phrases de liaison*, un *dialogue*, une *introduction, une conclusion*… Les concepts liés à la lecture ne manquent pas ! Connaître les *genres textuels,* les attentes qu'on peut avoir pour tel ou tel genre facilite également la compréhension (et l'écriture). Ils peuvent tous être étudiés comme des concepts, par exemple : le *conte,* la *poésie,* le *roman policier*…

Pour *aborder la lecture d'un texte,* la démarche suivante peut être adoptée :
– Ce que l'on fait **avant** : se poser les questions suivantes : de quel genre s'agit-il ? De quoi s'agit-il ? Que nous indique le titre ? Le sommaire ? Etc.

– Ce que l'on fait **pendant** : quelles sont les questions que je vais avoir en tête en lisant le texte ? Quelles sont les informations importantes que je dois retenir ? Qu'est-ce qui n'est pas écrit dans le texte, mais que je dois déduire ? Comment donner mon avis ? Etc.
– Ce que l'on fait **après** : comment présenter le texte ? Comment répondre aux questions ?
Chaque « stratégie » pour lire, pour comprendre peut être conçue et apprise comme un concept[1].
Ensuite, il y a également la *lecture expressive*, où, pour faire partager des émotions, il faut comprendre ce que sont l'*intensité*, le *rythme*, les *expressions d'humeur*, etc.

Chaque fois qu'il y a une « règle » à trouver, il est pertinent d'utiliser la démarche de la conceptualisation.

Questions posées par des étudiants en master de sciences de l'éducation

1. La conceptualisation ne réduit-elle pas l'imagination ?

Il ne s'agit pas, dans le contexte scolaire, d'imaginer le savoir, au sens qu'il faudrait l'« inventer ». Il s'agit plutôt de découvrir des liens nouveaux, de reconstruire un concept. Tout produit de la pensée – tout concept – peut être nouveau pour l'élève, même s'il s'agit, par exemple, d'une règle de grammaire bien connue. Donc, le processus pour arriver à reconstruire ce sens, peut être tout à fait créatif : « *Reconnaître des régularités est en grande partie les inventer et les imposer. Compréhension et création vont ensemble* », comme nous le rappelle Nelson Goodman[2]. En revanche, dans

1. Pour mieux comprendre les processus de la lecture et guider les stratégies cognitives et d'autorégulation des élèves, voir S. Cartier, *Apprendre en lisant au primaire et au secondaire*, Les Éditions CEC, Québec, 2007, et G. Chauveau, *Comment l'enfant devient lecteur – Pour une psychologie cognitive et culturelle*, Retz, Paris, 2011.

2. N. Goodman, *Manières de faire des mondes*, *op. cit*.

d'autres situations, l'imagination, en tant qu'invention de quelque chose de nouveau, peut être le but, comme, par exemple, inventer une nouvelle fin à une histoire, inventer un poème, une mélodie… Mais, même dans ce cas, pour imaginer, inventer, il faut déjà avoir des expériences, connaître des choses, avoir les mots pour le dire. Le vécu, les connaissances, les « modèles » divers dans notre environnement nourrissent notre imagination. On invente, on imagine toujours à partir de quelque chose… qu'on a déjà conceptualisé, même si cette conceptualisation n'est pas encore formelle. La conceptualisation, la base de nos conceptions, traverse toutes nos pensées. À l'école, la question est plutôt de bien choisir ce que les élèves ont besoin de conceptualiser : quels savoirs-outils leur fournir pour qu'ils réussissent d'une façon créative les tâches plus complexes qu'on va leur proposer ensuite ? Les inférences, qui font partie du processus de la conceptualisation, sont un moment de la pensée où l'imaginaire peut être investi, comme dans un récit : *pourquoi Pythagore a-t-il exprimé son théorème sur les triangles rectangles ? Quel problème a-t-il essayé de résoudre ?* Perçue de cette façon, la tâche offre plus de place pour l'imagination – avant d'arriver à la phase de la vérification. Le mode narratif, le récit, est une autre façon d'appréhender la réalité. Selon Jerome Bruner[3], c'est, de fait, le premier mode de pensée que nous apprenons à utiliser : raconter des histoires. Les jeunes enfants ont une grande facilité pour entrer dans ce mode de pensée qui peut ensuite se combiner avec un mode explicatif. On aurait donc intérêt à s'en servir plus souvent. Par conséquence, c'est à nous, les enseignants, de choisir les modes de pensée appropriés et d'induire ces derniers par le choix des activités, des supports, des questions.

2. Conceptualiser, n'est-ce pas réduire le savoir ?

Conceptualiser, ce n'est pas réduire le savoir, mais, au contraire, le construire. Le savoir est le fruit d'une sélection constante, une réduction voulue. Il convient juste de déterminer celle-ci : dans quel contexte va-t-il servir ? Pour faire quoi ? Cerner le savoir, situer les limites et la pertinence pour un contexte donné, savoir prévoir une progression, tel est le défi pour l'enseignant. La « conceptualisation » d'un savoir donné évoluera toute la vie, comme une spirale : qu'est-ce que la « démocratie » pour un élève en collège, au lycée, à l'université ? Trop charger une définition, sans que cela soit nécessaire à un moment donné, risque d'avoir pour effet que l'élève ne retient rien.

3. J. Bruner, *Pourquoi nous racontons-nous des histoires ?*, *op. cit.*

3. Est-ce que l'apprentissage des concepts passe nécessairement par l'organisation des idées ?

Oui, il faut toujours comprendre ce qui va ensemble, comment les choses sont reliées entre elles, comprendre la différence entre le mot, les situations auxquelles il se réfère et les caractéristiques qui permettent de les identifier. Quand il y a plusieurs concepts en même temps – ce qui est en général le cas –, il faut comprendre comment ceux-ci sont interdépendants. Ce qui manque souvent aux élèves, c'est de savoir organiser les éléments qu'ils connaissent déjà, savoir les articuler, les contextualiser et les décontextualiser, faire le lien entre le concret et une entité plus large à laquelle celui-ci est rattaché. Sans structure, le savoir reste morcelé et difficile à utiliser. Dans cette optique, quand l'occasion se présente, il convient également de faire des liens avec d'autres disciplines pour faciliter le transfert des connaissances.

4. Est-il possible de faire conceptualiser tous les enfants, à tous les âges ?

La conceptualisation n'est pas d'abord liée à l'âge, elle dépend de notre base de connaissances, de nos expériences, qui nous permettent de faire des liens avec un langage symbolique. Le bébé qui dit « maman » pour la première fois est déjà dans un premier niveau d'abstraction : un « vécu » très complexe est remplacé par un mot. Quand il aura compris, plus tard, qu'il y a beaucoup de « mamans » à part la sienne propre, qu'on peut les reconnaître par telle ou telle caractéristique, il se trouvera alors à un niveau d'abstraction plus élevé – qui peut continuer à évoluer. L'abstrait et le concret ne sont pas des entités opposées : il s'agit plutôt de *niveaux d'abstraction* plus ou moins élevés. D'où l'importance, pour nous, les enseignants, d'être attentifs au niveau de complexité auquel on aborde un sujet. Il convient de se poser les questions suivantes : quel domaine souhaite-t-on aborder ? Quelle idée souhaite-t-on faire conceptualiser ? L'important est de rester proche du vécu de l'enfant ; ce sont les réactions des enfants qui doivent nous guider. Le « dialogue cognitif[4] » peut être un bon moyen pour arriver à « comprendre ce que l'élève comprend », et à s'ajuster à ce niveau-là. Il est important, également, d'aborder les sujets, dès les premiers apprentissages, par leurs attributs essentiels, qui resteront valables tout au long de l'évolution du savoir en question.

---

4. Voir le mémo « Le dialogue cognitif » p. 229 et sur www.editions-retz.com.

Pour que les élèves conceptualisent bien, les enseignants doivent leur offrir des « expériences » variées et multiples (des situations-exemples qui fonctionnent comme des supports pour la pensée), qui permettent de faire le lien avec les mots abstraits. Devant de jeunes enfants, il est particulièrement important de profiter des occasions pour parler de leur vécu, en reformulant une phrase pour qu'elle soit correctement structurée, en cherchant les mots justes. En les encourageant à s'expliquer, on permet à leur pensée de se préciser, en les incitant à s'interroger « face à l'inconnu », on les encourage à prendre conscience de leur capacité de penser. Les activités artistiques constituent notamment un excellent départ pour apprendre à observer, à comparer, à distinguer des particularités… Par la suite, ces « habitudes » pourront se transférer à d'autres domaines de connaissance.

Pour des enfants avec des besoins particuliers, il faut redoubler d'attention afin de les joindre là où ils sont et trouver les supports appropriés pour les guider dans leur conceptualisation. Ainsi, lorsque des élèves ne classent pas les objets comme prévu, il ne faut pas en déduire qu'ils ne sont pas capables de comparer : ils ne connaissaient peut-être pas les critères attendus ou ils ont des difficultés à séparer (dans leur tête) un critère donné dans un ensemble, comme, par exemple, la taille, la forme, la couleur. En témoigne l'observation d'une poupée russe, perçue comme une poupée, sans autres distinctions. En cas d'incompréhension, il faut toujours demander des explications. Ainsi une petite fille avait classé, dans l'ordre : grand, petit et moyen. Explication : il y avait « *Papa d'abord, le plus grand, moi au milieu et ensuite Maman* ».

Questions posées par des professeurs des écoles

1. Peut-on utiliser la démarche avec les tout-petits ?

À première vue, on peut se demander si cette démarche n'est pas trop « intellectuelle » pour les jeunes enfants. Elle l'est, si l'on considère que penser ou se poser des questions, ce n'est pas pour les tout-petits ; c'est pour plus tard, quand ils seront plus « mûrs ». Mais si l'on pense que le langage (mettre des mots sur ce qu'on vit) est un *instrument, un vecteur,* pour développer la pensée (et donc la personne), dans ce cas-là, il faut l'utiliser le plus tôt possible. C'est ma conviction. J'irais même plus loin : je dirais que la première motivation humaine est de penser avec les autres, chercher à comprendre l'intention de l'autre. La preuve de cette motivation : le plaisir que les tout-petits montrent dans ce genre d'échange. Bien entendu, il faut adapter le sujet sur lequel on va « penser ensemble » au vécu des enfants[5]. Si ces derniers n'ont pas eu d'expérience dans le domaine que l'on souhaite aborder, il faut commencer, par exemple, par évoquer un vécu analogue. C'est le rôle que peuvent jouer les situations-exemples dans les démarches proposées : elles partent toujours du vécu des enfants et offrent, pour commencer, une activité commune afin de s'assurer que chacun va avoir quelque chose à dire par rapport à cette expérience vécue. Celle-ci peut être une histoire lue, une image, un dessin, une promenade dans la nature, une activité quotidienne, un jeu… En temps utiles, elle pourra également consister à observer des signes, comme des lettres ou des mots[6]. Ou bien se tourner vers la pensée elle-même, ce à quoi l'on pense, pour faire la différence entre ce qu'on sait et ce qu'on croit, entre apparence et réalité[7]. Apprendre à distinguer, à discerner, commence donc très tôt, et la langue permet de prendre conscience de ce qu'on sait distinguer.

Le plus important ce sont les attitudes et les habitudes que les jeunes enfants vont développer grâce aux activités qu'on leur propose, et qui vont rester en eux

5. Voir la littérature maintenant abondante dans le domaine de la « philosophie pour enfants ».

6. R. Cohen & R. Söderbergh, *Apprendre à lire avant de savoir parler – Une nouvelle conception de l'apprentissage de la lecture*, Albin Michel, Paris,1999.

7. J. W. Astington, *Comment les enfants découvrent la pensée : « la théorie de l'esprit chez l'enfant »*, Retz, Paris, 2007.

pour leurs apprentissages futurs : leur confiance en eux en tant qu'apprenants, leur intention d'apprendre, le sens qu'ils donnent à une situation, leurs façons de réagir face à un problème, à une question posée… leur capacité de persévérance, de dialogue, d'ouverture à l'autre… Ce sont là des *dispositions pour apprendre* qui vont se développer, indépendamment des « contenus » qu'on souhaite introduire. Le plus important est de développer le goût pour apprendre, la curiosité…

2. Quel est l'intérêt pédagogique de la métacognition?

La métacognition désigne le processus selon lequel les apprenants prennent conscience de leur propre pensée et de son contenu : la pensée elle-même devient l'objet de leur réflexion. Quand on prend conscience de sa pensée – et du fait qu'on est capable de penser –, on peut agir de façon plus réfléchie et ainsi prendre confiance en soi. Quand on commence à utiliser des mots qui désignent des activités mentales (au moment où cela se passe), comme se souvenir, oublier, décider, penser que, douter, avoir une idée, croire, ne pas savoir, être sûr de… , les enfants peuvent prendre conscience du fait qu'ils pensent, décident, ne savent pas… Ils peuvent commencer à avoir une représentation d'eux-mêmes comme des personnes qui pensent et ils peuvent commencer, plus consciemment, à interpréter la pensée d'autrui. On prend conscience du fait qu'on peut parler non seulement des choses qu'on est en train de vivre, mais également de ce qu'on pense. On peut parler des choses qu'on évoque. Des études[8] montrent que parler avec des enfants sur différentes formes de pensée, en utilisant les mots qui les désignent, les aide à acquérir ces manières de parler et de penser. Dans mes études sur la comparaison et son entraînement[9], il ressort que les enfants prennent l'habitude d'utiliser les mots se référant à la pensée après en avoir eu une expérience explicite. Après la lecture d'un texte, par exemple, il est ainsi possible de faire prendre conscience aux élèves de la présence de différents niveaux d'abstraction grâce à la manière dont on pose différentes questions. Par exemple : *Où se passe l'histoire ?* (observation/description) *En quoi la vie des enfants de Sparte est-elle différente de celle des enfants d'Athènes ?* (comparaison) *Pour quel métier penses-tu que l'enfant de Sparte(/Athènes) se prépare ?* (inférence) *Où préférerais-tu vivre : à Athènes*

8. Notamment celle de Janet W. ASTINGTON, *ibid*.

9. B.-M. BARTH, *L'Apprentissage de l'abstraction*, chap. 7 – « La métacognition : apprendre à conduire consciemment sa pensée », *op. cit.*, p. 141 et suiv.

ou à Sparte ? Pourquoi ? (inférence)[10]. Progressivement, les enfants accèdent ainsi à différents niveaux d'abstraction, qui ne demandent pas le même niveau de réflexion. On peut penser que les enfants qui ont pris ces habitudes mentales tôt seront favorisés dans leurs apprentissages scolaires futurs. Par ailleurs, on peut signaler que ces prises de conscience peuvent également être introduites dans les conversations familiales. L'intérêt pédagogique de la métacognition commence incontestablement très tôt.

3. Comment ces pratiques peuvent-elles contribuer à réduire les inégalités ?

Le langage est l'un des vecteurs des plus fortes inégalités. Construire le langage, le développer sous toutes ses formes en le contextualisant permet d'enrichir celui-ci et de découvrir d'autres manières de s'exprimer, d'autres codes sociaux. Quand les élèves prennent l'habitude de pratiquer la métacognition, quand ils ont acquis un langage commun pour parler de ce qu'ils ont appris et comment ils l'ont appris, quand ils possèdent les mêmes outils d'analyse, ils peuvent coopérer, s'entraider et prendre, successivement, le rôle de médiateur. Ils sont habitués à *négocier le sens,* ils n'ont pas peur de faire des erreurs ; au contraire, ces dernières leur servent à apprendre. Ils acquièrent ainsi le sens d'une certaine responsabilité, pour eux-mêmes et pour leurs camarades. À titre d'exemples, voici deux « scènes[11] » qui se déroulent en cycle 2[12], les élèves doivent distinguer les figures planes de manière perceptive, connaître le vocabulaire approprié et être en mesure de vérifier la nature d'une figure à l'aide de propriétés et d'instruments[13].

– Exemple : « Je sais et je sais comment j'ai construit ce savoir. »

L'enseignant profite du retour d'un élève absent pour organiser une nouvelle situation d'apprentissage. Les élèves qui se sont préalablement appropriés le concept de « cercle » (au niveau de la vérification à l'aide d'un instrument) sont invités à en modéliser les contours.

---

10. Voir p. 61 ainsi que le mémo « Conceptualiser », p. 227 et sur www.editions-retz.com.

11. Scènes documentées par Élise Allard, Christine Bernou, Aurélien Daniel, Marjorie Davion et Florence Jean, professeurs des écoles, GRAPE.

12. Élèves de CP/CE1 en France, ce qui correspond à la 1re et la 2e primaires au Québec.

13. « Les élèves enrichissent leurs connaissances en matière d'orientation et de repérage. Ils apprennent à reconnaître et à décrire des figures planes et des solides. Ils utilisent des instruments et des techniques pour reproduire ou tracer des figures planes. Ils utilisent un vocabulaire spécifique. », *B.O.* hors-série n° 3 du 19 juin 2008 – Cycle des apprentissages fondamentaux.

– Samy : « Qu'est-ce que tu veux dessiner ? Tu nous le dis pour qu'on soit d'accord. Qu'est-ce que tu veux dessiner ?
– Yadaly : Un ran.
– S. : Un grand quoi ?
– Y. : Un rond.
– S : Un rond ! On dit pas un rond ; on dit un cercle.
– Luan : Les caractéristiques du cercle : le cercle se fait toujours avec un compas. Il faut un compas.
– Y. : Voilà, j'ai pris un compas.
– S. : Oh ! Mais qu'est-ce que tu fais ? Ça, c'est pas un rond. [Y. a dessiné une figure ovale.]
– Nawal : Toi, tu fais trop bien les ronds.
– S. : Ça, c'est même pas un rond ! Alors Y., tu prends la taille que tu veux. Tu m'écoutes Y. ?
– Y. : Oui, je vois.
– S. : Tu mets ta pointe.
– Y. : Oui.
– S. : Tu appuies sur la feuille et tu mets le crayon et après, tu tiens pas le crayon, tu fais ça. Et après ça fait un rond joli.
– Y. : D'accord.
– Y. : Regarde S.
– S. : Non mais... On n'a pas fait tous les deux un rond. Regarde : j'ai fait un rond. C'est pas ça, c'est pas ça. Tu mets ta pointe, tu poses et tu tournes. [Y. a dessiné une figure ouverte.]
– Y. : D'accord.
– S. : Non, non, tu tiens pas... Non ! Pas comme ça ! Y., ça va être dur avec toi pour faire un rond !
– Y. : Je vais en refaire un.
– S. : Alors, tu pointes. Après, tu fais ça et après, tu tournes ici.
– Y. : D'accord.
– S. : Tu tiens là et après, tu tournes ici. Mais tu coinces pas à fond. Tourne, tourne... tourne et appuie. On dirait une machine à coudre... Non avec une seule main.
– N. : Voilà, t'as réussi !
– S. : Voilà, tu vois.
– Y. : J'ai fait un rond.
– S. : T'as vu comment je lui ai appris ! »

Dans ce dialogue, les élèves tiennent différents rôles. Yadaly découvre le concept de cercle en apprenant à le tracer. Luan est très présente malgré son unique intervention, elle veille à la précision de l'apprentissage. Samy modélise le rôle du médiateur en sollicitant, en demandant des précisions, en verbalisant le raisonnement qui guide le tracé de Yadaly (il pense à haute voix) et en validant la démarche. Yadaly peut ainsi comprendre les critères de son auto-évaluation et conclure par « *J'ai fait un rond !* » Lorsque Samy annonce fièrement : « *T'as vu comment je lui ai appris !* », il fait plus qu'être satisfait d'avoir joué le rôle de l'enseignant ; il prend conscience de la démarche utilisée et des questions importantes à se poser dans un domaine de savoir donné. Durant tout cet échange, Samy a pratiqué de nombreuses activités de métacognition et il a ainsi enrichi sa compréhension.

– Second exemple (dans la même classe) : « Je sais et je sais pourquoi je le sais. »

Après une phase de recherche collective sur les caractéristiques du « carré » à l'aide du *modèle opératoire du concept*[14], un groupe d'élèves est chargé de proposer une trace écrite pour la classe.

– L. : « Un carré, ça a quatre segments de la même longueur. Un carré, ça a quatre angles.

– N. : Non, un carré, ça a quatre angles droits.

– S. : Bon, je dessine un carré avec la règle.

– S. : Non, avec ton angle droit.

– S : Un angle droit ?

– N. : L'angle droit... la feuille qu'on a découpé (gabarit)...

– S. : Oui, l'angle droit, mais pour faire les traits là, je fais avec la règle. Je fais 7 cm.

– N. : D'accord.

– S. : Tu peux écrire que le carré a quatre segments de la même longueur et qu'un carré a quatre angles droits, mais il faut qu'on soit tous d'accord.

– L. : Pour bien faire un carré, il faut un angle droit. Le carré est fermé et les quatre segments sont de la même longueur. »

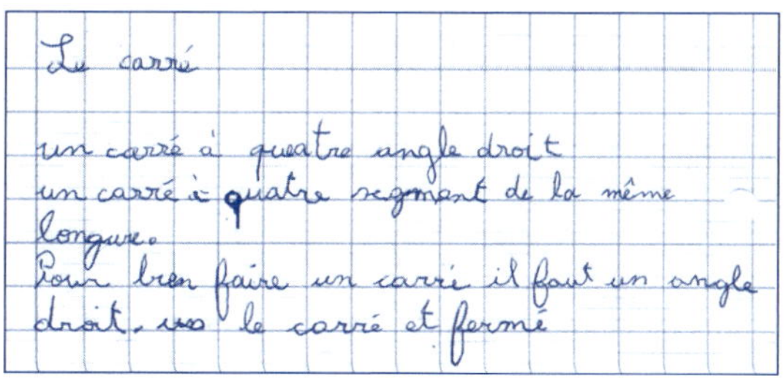
Le carré
un carré à quatre angle droit
un carré à quatre segmant de la même
longure.
Pour bien faire un carré il faut un angle
droit. le carré et fermé

14. Voir le schéma « Le modèle opératoire du concept » p. 230 (et sa version couleur sur www.editions-retz.com).

Dans cet échange, les élèves tentent de se rappeler la définition du carré, mais celle-ci ne satisfait pas l'ensemble du groupe et demeure incomplète. Pour s'assurer de sa validité, les élèves reprennent la démarche initiée en classe à l'aide d'exemples et de contre-exemples.
Il est intéressant de noter que l'erreur se dote ici d'un statut particulier : elle devient un point d'appui pour préciser la compréhension. Le recours à l'exemple tracé permet en outre de produire des *actes de compréhension* ; l'élève prend conscience des critères nécessaires à l'évaluation de son savoir et il peut ainsi s'autoévaluer. C'est le début de la responsabilisation.

Pour réduire les inégalités, il est important de créer une « communauté d'apprenants », une culture de la classe qui suscite un « esprit d'équipe » et qui permette un partage de compétences. Se crée ainsi un lieu de régulation des inégalités de départ, où la différenciation est « traitée » de manière quasi naturelle, et, du coup, forcément appropriée. On peut même envisager plusieurs équipes hétérogènes – bien réparties – où chaque membre doit réussir la tâche pour que l'équipe « gagne ». Solidarité et responsabilité vont de pair. En plus des capacités cognitives, ce sont ainsi des compétences sociales et une éthique collective qui se développent.

Questions posées par des conseillers pédagogiques du primaire

1. Les procédures proposées concernent l'apprentissage de l'abstraction et la construction des concepts. Mais parmi les apprentissages que l'enfant, l'élève, doit faire durant sa scolarité, il n'y a pas que des concepts. En ce qui concerne l'acquisition des attitudes et des savoir-faire, quelles peuvent être les contributions de vos travaux de recherche ?

Cette question est intéressante. La façon dont elle est posée montre qu'il y a un présupposé : une attitude ou un savoir-faire ne sont pas considérés comme des concepts et ne peuvent donc pas s'apprendre comme des concepts. Ce présupposé correspond, je pense, à une conception du savoir qui est prédominante : le savoir est conçu comme un contenu, plutôt statique, un ensemble de réponses ou d'explications abstraites. Les savoir-faire sont d'un autre ordre, qui serait déconnecté du savoir.

Les procédures proposées sont fondées sur une autre conception du savoir, plus dynamique. C'est ce qui fait qu'elles peuvent contribuer à l'élaboration de « savoir-faire » et d'« attitudes ».

Rappelons comment un concept se définit :
– le mot (l'étiquette), qui se réfère :
  • d'une part, à des attributs (les caractéristiques qui permettent de distinguer, d'identifier, d'expliquer) ;
  • d'autre part, à des situations-exemples, où le savoir s'exprime dans sa forme plus concrète, le savoir en action ou la situation de communication.

Prenons le concept d'*argumentation*. Je pourrais, d'une part, l'expliquer (en désigner les attributs), d'autre part, observer une argumentation en train de se dérouler. Dans ce dernier cas, je me trouverais donc devant l'exemple d'une situation d'argumentation. Les deux vont ensemble, ce sont deux expressions du même concept. L'idée ici est de relier le concret, ou le savoir en action, à son explication abstraite. Certains « savoir-faire » ou « attitudes » se mettent en place sans qu'on en parle, sans qu'on les explique, en les laissant dans l'implicite. Mais si l'on veut les améliorer ou comparer, par exemple, « dialoguer » et « argumenter », il faut des mots pour les décrire et des expériences pour se les représenter en même temps. On est donc dans la conceptualisation.

En ne séparant plus savoir et savoir-faire, mais en les concevant comme deux facettes d'un même concept, on n'a plus besoin de découper le « savoir ». Savoir, savoir-faire et savoir-être arrivent ensemble, dans les situations dans lesquelles on va avoir à mobiliser des connaissances. Dans cette conception, tous les savoirs sont en même temps des savoir-faire, et le problème est plutôt de pouvoir les actualiser, les mobiliser, sous forme de « compétences », dans les situations nouvelles que l'on rencontre. Il n'y a pas de savoir-faire sans savoir : « Connaître est un processus, non pas un produit », nous rappelle Jerome Bruner. En traitant le *faire* et le *dire* ensemble, en passant par les situations diverses, plus concrètes, pour arriver à les situer dans un contexte plus large, on est à la fois dans le savoir, le savoir-faire et le savoir être. C'est bien ce qui correspond à une compétence, et c'est ce qu'on vise. Pratiquer la démarche régulièrement échafaude et consolide ces compétences.

Le *modèle opératoire du concept* devient alors un outil pratique permettant de bien préciser le comportement ou le « savoir faire » que l'on cherche à rendre explicite pour l'élève[15]. Dans cette perspective, tout savoir peut donc être conçu comme conceptuel[16]. Tout comportement (ou attitude) – qui ne se limite pas à une imitation sans prise de conscience – qu'on souhaite pouvoir reproduire dépend d'une conceptualisation. Quand celle-ci est partielle (ou fausse), le « comportement » s'avère difficile à reproduire.

2. Quelles sont les perspectives d'évolution, ou les souplesses possibles, des procédures très séduisantes mais aussi très modélisantes que vous proposez et quelles précautions prendre pour éviter de glisser vers la « méthode », voire la « recette » ?

La réponse à cette question importante est en partie donnée dans les questions précédentes : ce qui doit être répétitif, pour les élèves, c'est le *processus* de

15. Par exemple, « savoir justifier sa réponse dans une activité de compréhension de lecture », détaillé dans le scénario 1, p. 91 et suiv.

16. Voir p. 21 et suiv.

conceptualisation. Pour y arriver, le professeur adopte une posture d'écoute et d'interaction, et propose des supports variés et des activités (des procédures) qui vont solliciter les activités cognitives (processus) chez les élèves. La *procédure,* c'est-à-dire la démarche qu'il va proposer, ainsi que les situations peuvent varier, bien sûr. Il y a donc déjà des « variantes » multiples à faire à partir de la « méthode modélisante » (« exemples oui »/« exemples non ») qui est souple[17].
Cela dit, ce *format* (dans le sens de Jerome Bruner), ce *scénario*, qu'on peut ritualiser quand on a besoin de transmettre (ou de vérifier) la compréhension d'un concept, nécessaire pour des activités plus complexes, peut être très utile, justement parce qu'il est ritualisé. C'est une routine que l'on n'a plus besoin d'expliquer ; tout le monde peut entrer dans la démarche, conçue pour induire le processus. C'est rassurant, surtout pour les élèves qui ont des difficultés. Par exemple, prenons une explication de texte, où l'on demande aux élèves en quoi celui-ci est « satirique » : il faut donc savoir identifier ce qui permet de dire d'un texte qu'il est satirique ; il faut connaître des exemples différents du concept « satire » : donc, bien avoir intégré les attributs de ce concept[18]. L'idée de passer par une procédure qu'on ritualise facilite l'accès au concept. Les élèves qui en ont eu l'expérience sont par la suite demandeurs.

Des « routines » de ce genre peuvent être utilisées continuellement, sans, d'ailleurs, que les élèves aient l'impression qu'on « fasse la même chose » : on varie les supports, les situations, la durée, on change les structures d'interaction (grand groupe, petits groupes, dyade...), on passe par l'induction ou par la déduction (on donne l'étiquette d'abord et on propose des activités permettant d'identifier les attributs à partir des supports proposés, en partant d'une question, par exemple : « *En quoi les exemples suivants sont-ils des liquides ou pas* ? » (concept enseigné en sciences en CE1[19]). Des exemples variés à l'appui permettent à une équipe d'élèves de se mettre en recherche et de comparer ensuite leurs résultats entre eux, de « négocier le sens » en grand groupe avec l'enseignant. C'est le *processus* mis en œuvre qui compte.

---

17. En témoignent les quatre scénarios décrits dans cet ouvrage : leurs procédures sont différentes, mais elles visent toutes la conceptualisation.

18. Voir B.-M. Barth, *Le Savoir en construction*, *op. cit.*, chapitre 4, p. 83 et suiv.

19. Voir la vidéo « Les liquides », qui montre la préparation d'une leçon sur le concept « liquide » (conçue par Gérard Verney, maître-animateur en informatique, Toulon-3) disponible sur www.editions-retz.com.

Autre avantage avec cette « méthode » : en l'« empruntant » avec ses élèves « clés en main », on apprend à reconnaître le processus de la conceptualisation, telle qu'il s'exprime par les activités des élèves. La méthode proposée, en tant que démarche « modélisée », permet d'extérioriser la pensée, de la donner à voir. C'est dans ce but qu'elle a été conçue. On peut ensuite l'abandonner pour choisir d'autres stratégies, qui permettent également d'induire le processus. Toutes les méthodes ne se valent pas – l'important serait de savoir analyser la compréhension de ses élèves et de modifier les stratégies en fonction de cela.

Les perspectives d'évolution dépendent donc de la compréhension de la fonction du « modèle » – qui est déjà souple en soi. Il n'a pas besoin d'être reproduit à la lettre. Ce n'est qu'un exemple du concept « *scénario pour apprendre à conceptualiser* », mais il est très utile en tant que tel. C'est sa « généralisation » qu'il faut reproduire[20].

3. L'approche du concept par une démarche en forme de questions-réponses peut être assimilée par certains à un jeu de devinettes qui permet d'obtenir le produit attendu. Qu'est-ce qui est développé d'autre que l'aspect ludique et qui va permettre d'arriver à autre chose qu'un pseudo-concept ?

Un jeu de devinettes ne demande que des *réponses*, au mieux une série d'hypothèses non vérifiées. Notre approche demande, elle, des réponses *justifiées,* toute la différence est là ! Quand je devine, je donne une réponse, on me répond par juste ou faux – sans dire pourquoi c'est juste ou pas. Quand je donne une réponse justifiée, il faut réfléchir sur la preuve que je peux apporter pour confirmer ou infirmer une hypothèse. Il faut vérifier ma réponse par rapport à une source, il faut chercher les critères qui permettent d'argumenter, il faut porter un *jugement critique* en lien avec des critères pertinents, éventuellement porter un jugement de valeur. Il faut communiquer sa réponse, avec ses justifications, éventuellement l'argumenter.

L'intérêt de cette démarche est de combiner une pensée interprétative, qui peut être intuitive, créative (« saut dans l'inconnu ») avec une pensée analytique qui cherche à la vérifier. C'est le début d'une pensée « scientifique » qui se développe, celle qui émet des hypothèses pour répondre à une question et qui cherche ensuite à vérifier ou à prouver celle-ci. Il ne faut pas pour autant dévaloriser l'aspect

20. Voir le schéma « La médiation sociocognitive des apprentissages » sur www.editions-retz.com.

« ludique » ; c'est une qualité qui s'ajoute, le cerveau aime à s'amuser, surtout quand il s'agit de relever un défi !

4. La démarche préconisée est-elle facile à mettre en œuvre dans la réalité de la classe ?

Il faut savoir faire le lien entre sa pratique et le cadre théorique qui la fonde, les travailler simultanément, ne pas les séparer. Les futurs enseignants ont besoin d'être formés à cela et accompagnés dans leur démarche quand ils débutent. Il peut être difficile pour un enseignant seul de faire ce genre de « révolution » dans sa classe. Car il s'agit bel et bien d'une *révolution cognitive* : nous changeons de paradigme, de conception de l'apprentissage. Mais l'on se trouve ici en accord avec le *Référentiel des professeurs des écoles*, qui signale que « le professeur est capable de tirer parti des apports de la recherche et des innovations pédagogiques pour actualiser ses connaissances et les exploiter dans sa pratique quotidienne[21] ». Il faut également s'investir dans la formation continue et dans l'accompagnement des enseignants, favoriser les réseaux d'enseignants et le temps de concertation, et ne pas sous-estimer les efforts – déjà en cours – permettant d'accéder au changement demandé. Les principes pour apprendre énoncés dans cet ouvrage sont les mêmes pour les adultes qui continuent à apprendre, comme nous, l'enseignant. Inscrit dans une « logique de formation professionnelle tout au long de sa vie » et disposé à « remettre son enseignement et ses méthodes en question[22] », les enseignants doit acquérir une expérience cohérente. Cet ouvrage ainsi que mes ouvrages précédents se complètent et constituent un ensemble susceptible d'accompagner les enseignants qui souhaitent s'initier à cette approche. Si le relais des formateurs permet de soutenir et d'approfondir la réflexion, tout enseignant motivé peut y trouver les clés pour expérimenter dans la réalité de sa classe une démarche exigeante mais qui est loin d'être inaccessible : c'est par le tâtonnement, l'expérimentation (au départ, la préparation peut être plus longue : définition des concepts, choix d'exemples et de contre-exemples pertinents, ordre et modalités de présentation de ceux-ci ; familiarisation avec la gestion des propositions des élèves…) que les enseignants arriveront à tirer le meilleur de ces nouvelles manières de procéder. Il est préférable de commencer à plusieurs. Peu à peu, la démarche s'intègre dans une pratique pédagogique rénovée.

---

21. Voir le Référentiel du professeur des écoles (www.education.gouv.fr/cid48696/mene0900711c.html*)*, p. 8.
22. *Ibid.*, p. 7.

Je laisse également la parole à une équipe de conseillères pédagogiques qui ont eu envie d'essayer et qui se sont auto-formées à partir de mes livres précédents[23]. Voici leur témoignage spontané : « *En engageant dix enseignants dans ce groupe de travail "L'apprentissage de l'abstraction", nous visions un double objectif : promouvoir le développement professionnel des enseignants pour mieux favoriser la réussite de chaque élève. Les enseignants ont osé et, sans faire table rase du passé, ont interrogé leurs pratiques, accepté de penser autrement la construction du savoir. Ces professeurs des écoles chevronnés ont donc été dans un premier temps déstabilisés : s'interroger, par exemple, sur les attributs qui permettent de définir les concepts – de la PS au CM2 – et se rendre compte qu'ils ne font pas toujours consensus au sein du groupe est un premier sujet de questionnement. Penser l'organisation de concepts en réseau ne va également pas de soi, etc. Il faut aussi accepter de tâtonner, de faire des "faux pas" lors des premières séances.*

Au terme de l'année, le processus était engagé. D'abord individuelle, la démarche était devenue une aventure collective : des liens fédérateurs se sont créés, l'analyse partagée a mobilisé des compétences collectives. Une enseignante proche de la retraite nous disait que c'était pour elle un "souffle nouveau". *Un autre écrit :* "J'étais convaincu par la méthode, et malgré les difficultés du début, entraîné par le groupe, j'ai persévéré, systématisé les séances ; maintenant, les élèves participent tous, chacun donne son avis et argumente…"

Les progrès rapides des élèves dans l'observation, la comparaison, l'argumentation, la justification ; leur motivation, en grande section, à "résoudre l'énigme", les dialogues cognitifs *passionnés en grammaire, la participation progressive d'élèves en grande difficulté… sont porteurs de belles perspectives.*

Dans ce projet, il n'était pas question de former les enseignants selon une définition classique de la formation. On a piloté un groupe. Ainsi, le terme de formateur – médiateur *emprunté à Britt-Mari Barth prend tout son sens : nous avons veillé à créer un espace "sécure", à engager des apprenants adultes dans un processus d'élaboration de sens, la construction du savoir étant ensuite transférable à tout apprenant, enfant comme adulte. Chacun a cheminé à son rythme, a fait des liens avec des connaissances théoriques antérieures qui pouvaient alors s'éclairer. En opérant des allers-retours entre l'expérimentation et la lecture des ouvrages de Britt-Mari Barth, il est finalement aisé*

23. Carine Calafato, conseillère pédagogique départementale en arts visuels (département du Var), Nathalie Percheron, conseillère pédagogique auprès de l'inspecteur de l'Éducation nationale (circonscription de Toulon-2), témoignage de juillet 2012.

de s'approprier une démarche qui, peu à peu, devient "ordinaire". Cet apprentissage de l'abstraction a été un itinéraire personnel de formation, qui s'est enrichi des réflexions du groupe et des apports théoriques communs dispensés. »

Questions posées par des formateurs en entreprise

1. Quel regard porte la spécialiste de l'apprentissage que vous êtes sur les méthodes utilisées en formation des adultes ?

Une méthode n'a pas de valeur en soi, sa valeur dépend des principes qui la fondent et de la cohérence de son utilisation par rapport à l'objectif de l'apprentissage. Il faut se poser la question de ce que veulent dire *apprendre* et *réfléchir*, sur les conditions qui favorisent l'apprentissage. La façon dont on apprend devient aussi importante que ce qu'on apprend, et apprendre à apprendre devient un objectif essentiel. Mais il faut avoir une idée claire de ce qu'on met derrière le mot « apprendre » et la façon dont l'apprentissage peut se manifester. C'est *la* condition permettant d'évaluer une méthode.

2. Précisément, quelles questions doivent se poser les personnes en charge de l'ingénierie de formation ?[24]

Il convient de bien réfléchir à l'objet de la formation. Qu'est-ce qui est vraiment recherché ? Pour faire quoi ? Il convient de toujours veiller à l'adéquation entre les finalités recherchées et les méthodes utilisées, par rapport à un public donné ; de mettre davantage l'accent sur la prise de conscience, par les formés, du sens de ce qu'ils ont appris et de la façon dont ils peuvent l'utiliser ultérieurement. Être conscient,

24. Pour approfondir, se référer à D. Monsaingeon, « Se déplacer de "j'enseigne" vers "j'aide à apprendre" – Permettre une médiation entre l'apprenant et le savoir », in *Formateurs et formation professionnelle*, Éditions Lamarre, Paris, tome 2, 2005.

c'est pouvoir accéder à sa propre pensée et agir sur elle. Cela exige bien entendu, avant la formation, de rendre transparents le but de l'apprentissage et les façons dont les formés peuvent faire la démonstration des compétences acquises. Dans mon livre *Le Savoir en construction*, je développe cinq conditions qui favorisent ce processus.

– D'abord, pour rendre le savoir accessible :

1. Définir le savoir à enseigner en fonction du transfert recherché.
2. Exprimer le savoir dans des formes concrètes.

– Ensuite, pendant la situation d'apprentissage :

3. Engager l'apprenant dans un processus d'élaboration de sens.
4. Guider le processus de coconstruction de sens.
5. Préparer au transfert des connaissances et à la capacité d'abstraction par la méta-cognition (prise de conscience).

Cette grille peut être utilisée pour analyser une formation existante ou construire une formation nouvelle. Elle concrétise une approche pédagogique que j'appelle une « approche de médiation sociocognitive de l'apprentissage ».

3. Les entreprises qui envoient leurs salariés en stage se posent toujours la question de l'efficacité de la formation. Comment s'en assurer ? L'entreprise a-t-elle un rôle à jouer en mettant rapidement le salarié en position d'appliquer ce qu'il a appris ?

La question de l'efficacité s'exprime d'abord en termes de transfert souhaité (ce que le formé doit pouvoir faire plus tard avec ses nouvelles connaissances ou compétences) et concerne le choix de situations où il peut mettre en œuvre ses nouvelles compétences pour s'assurer qu'elles sont bien acquises. Pour cela, il faut choisir des situations pertinentes qui donnent l'occasion aux formés de s'auto-évaluer. Quand il faut apprendre un geste précis, il est sans doute important de pouvoir l'appliquer et de se rendre compte de ce qu'on peut désormais faire avec plus d'efficacité. D'autres apprentissages, plus complexes, sont plus difficiles à appliquer rapidement ; il faut trouver d'autres moyens pour constater le progrès. Mais quand l'adulte a conscience de voir une situation autrement, de pouvoir résoudre un problème avec des nouvelles « lunettes conceptuelles », il sait qu'il a avancé dans sa manière d'agir. Dans notre société, la compétence la plus importante est sans doute celle de pouvoir former soi-même un bon jugement pour guider son action, dans un contexte donné. Nous sommes là dans le domaine des « outils intellectuels », et *apprendre* devient alors *apprendre à utiliser ces outils*. Cet apprentissage se passe cependant toujours dans un domaine de connaissances spécifiques ; on ne peut pas porter un jugement critique sans ces connaissances. L'idéal serait alors de pouvoir se former à ces compétences de jugement, progressivement, domaine par domaine, en étant guidé par quelqu'un de plus expérimenté qui sait concrétiser la manière dont cette capacité s'exprime. D'une façon générale, on pourrait dire que la raison essentielle du « pourquoi ça marche » tient au fait qu'on arrive, par l'implication affective, cognitive et sociale des personnes, à les faire adhérer à la tâche et à les faire participer à la réflexion nécessaire pour construire un savoir. L'engagement dans une tâche d'apprentissage dépend en grande partie de l'idée que les apprenants se font des enjeux personnels impliqués. C'est là que la médiation devient très importante, par ce que le formateur-médiateur propose pour faire adhérer au projet, dans un premier temps, et pour susciter et instrumenter la pensée dans un second temps.

4. Les entreprises auront donc davantage besoin de formateurs-médiateurs ? Est-ce que le coach s'en rapproche ?

C'est la qualité de la médiation qui va en grande partie déterminer la qualité de l'apprentissage. Le formateur-médiateur est donc au cœur même d'une conception renouvelée de l'apprentissage et du savoir. Le coach se rapproche en effet du médiateur par le fait qu'il prend en compte les enjeux personnels, sans lesquels les personnes ne s'engagent pas. Mais il ne faudrait pas que ce soit au détriment des connaissances spécifiques nécessaires pour agir. Pourquoi ne pas former les seniors à être formateurs-médiateurs dans l'entreprise ?

En guise de conclusion

Tout au long de cet ouvrage, j'ai présenté des situations concrètes du processus enseigner/apprendre, nous avons observé « le savoir en construction », dans les classes. Je souhaite maintenant mettre en perspective ces situations dans un cadre conceptuel plus large, en posant la question « au nom de quoi transformer nos pratiques pédagogiques ? ».

Au nom de quoi transformer nos pratiques pédagogiques ?

Les fondements théoriques de l'approche ici exposée s'inscrivent dans le cadre transdisciplinaire des sciences cognitives qui continuent à évoluer – dans l'héritage de John Dewey, Lev Vygotski, Jean Piaget, Jerome Bruner… – vers une plus grande prise en compte de l'interaction entre le développement humain et la culture dans laquelle celui-ci a lieu. Le développement biologique ne se situe donc pas en dehors d'une culture ; celle-ci en fait partie intégrante, elle « *donne forme à l'esprit* », elle est à la fois un moyen et une expression de la cognition humaine. La condition du développement du petit homme est qu'il participe à la réalisation de son potentiel intellectuel. Il le fait à travers l'utilisation des outils que les cultures qu'il fréquente mettent à sa disposition. Deux présupposés, issus de la théorie de Vygotski, sous-tendent cette perspective : celui de l'origine culturelle de la pensée et de l'apprentissage, d'une part, et celui de la nécessaire *médiation*, sociale, sémiotique, technique, d'autre part.

L'évolution des sciences cognitives, que ce soit les neurosciences ou les sciences humaines, continue à renforcer l'idée que, pour apprendre, il y a nécessité d'une implication à la fois émotionnelle, sociale et intellectuelle. La recherche en anthropologie culturelle nous montre à quel point *la communication* est un facteur clé pour le développement humain. Dès les années 1970, celle-ci a mis en cause l'idée que « l'intelligence » serait une capacité cognitive générale qui se développerait indépendamment des contextes et des interactions. Des chercheurs comme Michel Cole, Jane Lave, Barbara Rogoff, Richard Schweder et d'autres insistent sur l'importance, pour susciter l'implication cognitive, du contexte authentique d'une activité dans laquelle le savoir se trouve incorporé. Un tel contexte se trouve, par exemple, dans un projet auquel on adhère et dans lequel on participe avec d'autres dans un but commun. Des élèves qui ne comprennent pas un apprentissage abstrait et décontextualisé à l'école peuvent être parfaitement capables de raisonnement dans une activité « située », où le contexte leur est familier. Nous devons à cette ligne de recherche culturelle la théorie de la « cognition située » et des pratiques pédagogiques qui s'en inspirent[1]. Dans cette perspective, l'engagement social, guidé par l'affectif, est le fondement de l'activité cognitive. Le développement social et le développement cognitif sont inséparables.

Par la suite, une conception dynamique et plurielle de l'intelligence a émergé, notamment la théorie des intelligences multiples de Howard Gardner (1984), plus cohérente avec une perspective théorique culturelle. Les intelligences sont ainsi considérées comme des potentiels ou des tendances intellectuelles qui s'expriment toujours dans diverses tâches ou divers contextes culturels. Il n'existe donc pas d'intelligence « pure » qui s'exercerait hors contexte. Pour être « intelligent » dans un domaine, il faut apprendre à utiliser les langages symboliques qui expriment chaque domaine de savoir. Par ailleurs, toute intelligence peut être mobilisée dans un large ensemble de domaines. Cela invite à varier les activités et les contextes qu'on propose pour acquérir – ou évaluer – telle ou telle compétence, à aborder un apprentissage de plusieurs façons, jusqu'à ce qu'on ait atteint un « terrain commun » d'où le sens peut émerger. Les contextes riches, liés à des situations précises, permettent aux intelligences de se déployer de manière plus féconde. Le rôle du médiateur est donc toujours essentiel pour permettre à la variété de potentialités existantes de s'exprimer et de se développer.

1. J. Lave & E. Wenger, *Situated Learning: Legitimate Peripheral Participation,* Cambridge University Press, Cambridge, 1991.

« L'action médiatisée » *(mediated action)* est par ailleurs développée par James Wertsch. Son analyse de « la médiation invisible[2] » montre bien comment les « discours » de la culture environnante de tous les jours, comme, par exemple, les stéréotypes, les préjudices, les tabous…, influencent, de façon non-consciente, des dispositions mentales, des manières de comprendre, de faire et de dire.

Dans la lignée de ces recherches, évolue aujourd'hui la théorie historico-culturelle de l'activité[3], qui permet de comprendre les interactions comme l'une des dimensions de l'activité elle-même. Les outils et les ressources qui sont utilisés pour atteindre un objectif jouent un rôle essentiel pour donner forme et contenu à l'apprentissage et pour comprendre comment celui-ci se fait. La participation à ces activités est motivée par la volonté des individus à y prendre part, à se coordonner pour atteindre des buts par une division des rôles, à partager des normes et des valeurs. Elle s'emploie entre autres pour analyser comment des institutions (lieux de travail, écoles…) fonctionnent pour offrir des conditions particulières d'apprentissage.

Enfin, dans le souci de contrebalancer la forte influence des valeurs actuelles d'efficacité et de rentabilité immédiate – ce qui donne la priorité à l'éducation scientifique, technologique, économique… –, la philosophe Martha Nussbaum[4] défend la valeur des sciences humaines, indispensables pour apprendre à voir le monde autrement, y compris du point de vue des autres, à développer l'empathie, à favoriser le sens de la responsabilité, à renforcer la capacité d'imagination et de pensée indépendante ; indispensables également pour comprendre la structure d'un argument, détecter un faux raisonnement, mettre au défi l'ambiguïté...

L'évolution de ces cadres théoriques se poursuit dans la continuité des intuitions de John Dewey[5] et de Lev Vygoski, et soutient les pratiques pédagogiques ici exposées. Elle nous incite à être plus attentifs aux processus d'apprentissage

---

2. J. Wertsch, présentation lors du congrès ISCAR (International Society for Cultural and Activity Research) tenu en septembre 2008 à l'université de Californie, San Diego, États-Unis.

3. Cultural Historical Activity Theory : CHAT. Initialement développée par Vygotski, Leontiev et Bakhtine, cette théorie évolue aujourd'hui avec les travaux de chercheurs comme Michel Cole, Yrjö Engeström, Yves Clot, Roger Säljö…

4. M. Nussbaum, *Not for profit : Why Democracy needs the humanities*, Princeton University Press, 2010.

5. J. Dewey, *The Child and the Curriculum*, The University of Chicago Press, Chicago, 1990 [1902].

des élèves et à l'ensemble des facteurs de l'environnement qui favorisent leur développement. Cette façon de comprendre l'enchevêtrement de l'environnement et de la pensée individuelle va à l'encontre de notre conception habituelle de la pensée, perçue comme étant indépendante des contextes et des interactions. Cependant, elle ne peut pas nous laisser indifférents, car cela veut dire que le développement des potentialités des élèves dépend de *notre* capacité à créer des environnements et des formes d'interaction et d'accompagnement qui permettent à tous les élèves de *donner sens* à ce qu'ils apprennent à l'école.

Au-delà du savoir, il s'agit de la transformation des personnes. Quand on construit son savoir, on construit sa personne, son identité. De fait, les connaissances sont inséparables de la capacité d'agir, de créer, et de participer à l'évolution d'une société. On ne peut donc pas faire l'économie du savoir. Mais il n'y a pas de savoir sans intention d'apprendre. L'enjeu de l'école devient alors *l'adhésion des élèves* à ce projet, lequel peut donner sens à leur vie en leur permettant de contribuer à une société au lieu de s'en exclure.

Quelles perspectives ?

Nous vivons aujourd'hui une mutation technologique et sociétale à nulle autre pareille, une révolution portée par le numérique, la culture multimédia : Internet, les réseaux sociaux, les smartphones, les tablettes multimédia... C'est un monde de l'hyperinformation – n'importe quelle donnée semble accessible en un clic ! –, mais aussi de la désinformation et de l'information manipulée. L'enseignement et l'apprentissage s'en trouvent modifiés : le tableau blanc interactif est devenu la norme dans certains pays, l'e-learning commence à entrer dans nos mœurs...

Les élèves ont également changé, inévitablement influencés dès leur prime jeunesse par cette cyberculture. Ils ne viennent plus à l'école avec les mêmes attentes – et l'école ne peut pas ignorer ce fait. Issus de la génération Y, « *digital natives* », ils sont experts en nouvelles technologies. Extrêmement rapides, ils zappent d'une information à l'autre, ils font du « *parallel processing* », mais leur capacité à structurer et à approfondir un sujet pourrait en souffrir. Ils ont l'habitude d'être en communication constante avec « le monde » grâce aux réseaux sociaux, communiquent au delà des frontières, et maîtrisent parfaitement les univers virtuels. Il y a un rapport nouveau à l'autorité, au savoir et à l'apprentissage ; élèves et professeurs ont accès aux mêmes informations.

Les mutations actuelles de notre société laissent penser que la nature de l'enseignement et de la formation va être amenée à changer radicalement. Les scénarios pédagogiques ici présentés s'inscrivent comme une étape dans ce processus en cours. Ils témoignent d'une rupture avec l'enseignement traditionnel, et manifestent une évolution de la compréhension des rôles des élèves et de l'enseignant dans le processus enseigner-apprendre. Mettre les nouveaux outils numériques au service des apprentissages peut participer pleinement à la modification des pratiques pédagogiques : c'est encourager l'interactivité, c'est redéfinir la place des apprenants et les rendre conscients de leur rôle d'acteur, c'est rétablir confiance et motivation chez eux comme chez leurs enseignants. Former les enseignants et les apprenants à bien se servir de ces outils favorise l'accès au savoir et contribue à diminuer les inégalités sociales face aux apprentissages scolaires.

Qu'est-ce qui a évolué dans nos manières de comprendre l'apprentissage ?

Au-delà même de ces mutations qui demeurent des moyens, non des finalités en soi, qu'est-ce qui a évolué dans nos manières de comprendre l'apprentissage ?

Ce que je retiens d'abord, c'est que nous n'apprenons pas seuls. Nous apprenons par l'interaction, avec les autres et avec les outils de pensée que la culture – notre environnement – nous rend accessibles. La qualité de ces interactions dépend de la qualité de la situation – avec qui et avec quoi nous pensons – et de la manière dont nous apprenons. Elle dépend également de l'image que nous avons de nous-mêmes et de notre capacité à participer à ces interactions, voire à y contribuer de façon créative. C'est surtout par l'affectif que l'engagement cognitif et la motivation vont être suscités, sans cette implication, l'apprentissage n'aura pas lieu. Dans un tel contexte, le « médiateur » joue donc un rôle essentiel, que ce soit au sein de la famille, à l'école, au travail, dans la société en général. C'est lui qui va mettre en place et solliciter une « culture » qui stimule et soutient ces interactions, qui s'ajuste à la diversité et qui va offrir la médiation nécessaire pour que chacun puisse s'engager et y trouver les outils dont il a besoin. On est, en effet, passé de la *transmission* à la *transaction,* pour viser la *transformation.*

Je reviens à Vygotski et Bruner : « Chaque fonction du développement culturel apparaît deux fois au cours du développement de l'enfant : d'abord comme une activité collective, sociale, puis comme activité individuelle, comme propriété intérieure de la pensée de l'enfant.[6] » ; « Il n'est donc plus possible de baser une théorie du développement sur le modèle de l'enfant isolé, et il est impossible de prendre en compte la façon dont l'enfant apprend ces systèmes sémiotiques sans spécifier les formes d'interaction qui permettent des rencontres avec eux.[7] »

Porter un autre regard sur le savoir qui se construit

Une telle façon de comprendre l'apprentissage comme « des rencontres » avec le savoir, dans une « activité conjointe », est un cadre théorique fécond permettant de soutenir notre approche : les apprenants sont accompagnés par quelqu'un de plus expérimenté qui les écoute et offre un cadre de référence et un langage pour interpréter ces « rencontres ». Il les initie aux modes de pensée, aux questions et aux outils spécifiques de chaque domaine de connaissance. Cependant, ce cadre théorique peut poser problème dans le cadre des pratiques pédagogiques qui prévalent dans le contexte scolaire actuel.

Dans la classe « ordinaire », il n'y a pas l'idée d'une telle communauté dont *l'attention conjointe* et la *concertation mutuelle* sont le fondement. La théorie prédominante est que chaque élève apprend individuellement et c'est à lui seul qu'incombe la responsabilité de « suivre » et de « comprendre » le cours. Dans une telle optique, les enseignants n'auraient donc pas à se préoccuper des *conditions de participation* des élèves ; ils n'ont pas à construire *d'outils d'analyse communs*, ou à gérer un quelconque *accompagnement* dans le processus même de compréhension. Pourtant, c'est cette médiation-là qui permet de rendre le sens accessible aux élèves, par des situations variées et multiples.

Dans notre perspective, l'activité des élèves en elle-même n'est pas suffisante, c'est l'interaction qui permet aux apprenants de formuler et de préciser leur pensée et d'y revenir par « un retour réflexif » pour l'ajuster. Jerome Bruner nous rappelle l'importance de ce retour métacognitif. La langue, notamment la langue écrite, impose des

6. L. Vygotski, *Pensée et Langage, op. cit.*

7. J. Bruner, *Le Développement de l'enfant, op. cit.*

contraintes, certes, mais, comme David Olson[8] l'a montré, une fois comprises, elles peuvent se transformer en ressources pour formuler et faire évoluer la pensée. Ce processus n'est pas spontané, « le bon enseignement précède le développement » nous dit Vygotski, qui nous rappelle également que le fonctionnement cognitif n'est pas inné.

Porter un autre regard sur l'élève qui apprend

Dans une interaction qui est structurée, avec des attentes mutuelles clarifiées et des rôles consentis, l'enseignant et les élèves – et les élèves entre eux – peuvent s'exprimer et coopérer pour réaliser ensemble une tâche. La relation de confiance peut ensuite évoluer dans la dynamique relationnelle de cette activité commune. C'est l'enjeu le plus important, car l'activité cognitive émerge dans ces espaces relationnels.

Une attention conjointe est ainsi maintenue vers un but précis, qui est d'élaborer le sens des savoirs disciplinaires. Progressivement, les apprenants ainsi formés deviennent conscients de la démarche cognitive ; ils l'adoptent consciemment et ils développent une plus grande capacité d'agir de façon autonome et de prendre plus de responsabilité dans leurs apprentissages. L'expérience positive leur donne par la suite une plus grande confiance pour prendre des initiatives, pour proposer eux-mêmes des interprétations, des exemples, des questions. Ils comprennent que les questions sont aussi importantes que les réponses.

Par la médiation de l'enseignant, les élèves acquièrent ainsi des outils de pensée qui deviennent des habitudes cognitives intégrées, disponibles pour interpréter et communiquer leurs expériences. *Apprendre* devient *apprendre à se servir d'outils intellectuels*, notamment les concepts clés de chaque discipline. Les apprenants peuvent sortir de ce « monde sur papier », ce monde abstrait, afin d'être capables de transférer les concepts dans le monde réel, de penser par eux-mêmes et avec les autres.

Dans cette perspective, le rôle de médiateur sert de lien entre les apprenants et ce qu'ils ont à apprendre. Il prend la posture de la métaphore du *colibri* d'André de Peretti, qui tient la distance « juste ce qu'il faut » : « Il y a *présence sans pres-*

8. D. Olson, *op. cit.*

sion, distance sans absence.[9] » La métaphore de « l'étayage[10] » indique bien que le « support » est passager et qu'il peut être retiré au fur et à mesure, quand la construction devient solide. Plutôt que de chercher à diagnostiquer les difficultés particulières de chaque élève, l'enseignant cherche d'abord à impliquer les élèves dans des activités qui vont les rejoindre et qui vont leur permettre d'entrer dans une interaction, avec des personnes aussi bien qu'avec des supports divers prévus – y compris des outils numériques. Il devient alors possible de les observer et de comprendre ce qu'ils comprennent, ou pas, de remarquer de quoi ils peuvent être conscients ou non, afin de guider les compréhensions autrement. Aucun ordinateur ne peut remplacer l'enseignant qui connaît ses élèves pour déterminer quand il y a incompréhension – et y remédier de façon pertinente. Les feed-backs fréquents et les questions élucidantes sont de bons outils pour situer les niveaux de compréhension. À partir de là, il est possible de varier et de personnaliser les supports en fonction des besoins constatés, de choisir des activités individualisées, de proposer des « tutorats » entre élèves forts et faibles, de grouper ensemble les élèves avec des difficultés similaires pour travailler avec l'enseignant ou une autre « ressource humaine », de mettre l'évaluation au service des apprentissages.

Quelles implications pour la pédagogie ?

Tout s'en trouve modifié. Pour l'enseignant, cela change la vision qu'il a des apprenants, sa relation avec eux, sa conception du savoir, l'idée qu'il se fait de l'autorité, de l'évaluation, de la finalité… Il a changé de *paradigme* (système de compréhension qui oriente la pensée, au sens de Thomas Kuhn), il ne se pose plus les mêmes questions, il ne conçoit plus son rôle de la même façon. La question n'est plus de savoir si les élèves sont intelligents, motivés, attentifs, bons élèves, si l'on a « couvert » le programme, si l'on a distribué les notes selon une courbe gaussienne. Les questions concernent plutôt la manière dont on peut utiliser les moyens qui existent (outils intellectuels comme outils matériels, y compris les TICE) pour outiller les élèves à *mieux penser et mieux apprendre* et à apprendre avec plus de *plaisir* : comment on peut les stimuler, leur proposer des défis, leur donner envie d'apprendre… tout en leur donnant *confiance dans leurs propres capacités* ainsi qu'un *sens de la*

9. A. de Peretti, *Pour l'honneur de l'école*, Hachette Éducation, Paris, 2000.

10. D. Wood, J. Bruner & G. Ross, « *The Role of Tutoring in Problem Solving* », in *Journal of Child Psychiatry and Psychology*, vol. 17, n° 2, 1976. Voir la traduction en français in J. Bruner, *Le Développement de l'enfant, op. cit.*

responsabilité vis-à-vis d'eux-mêmes et des membres du groupe-classe ; comment on peut *favoriser la collaboration*, encourager l'émulation plutôt que la compétition. La motivation – conçue comme une disposition à relever un défi, prendre une initiative, ne pas craindre les erreurs, avoir de la persévérance… – peut ainsi se construire.

Le statut des élèves en est modifié. Ils deviennent plus autonomes, ils développent leur capacité à agir, se voient auteurs de leurs apprentissages et sont plus confiants en eux-mêmes. L'autorité qui règne dans la classe est basée sur la confiance et le respect mutuels, bien que la relation demeure asymétrique : l'enseignant est toujours celui qui maîtrise le savoir et qui a la responsabilité de le transmettre et de l'évaluer ; mais au lieu de l'exposer et de le « contrôler », il met son savoir au service des élèves, afin de les assister dans leurs apprentissages. Les élèves ne se sentent plus comme un récipient qu'il faut remplir, mais comme des personnes dotées de capacités d'apprendre et d'entreprendre. Ils ont droit à l'exploration, aux initiatives, à l'hésitation, à l'erreur... Ils s'exercent à penser ensemble, à formuler une opinion argumentée, à « négocier le sens »… Les réussites progressives renforcent le sentiment de pouvoir agir efficacement, dans un cercle vertueux qui renforce la motivation.

Que devient l'autorité ?

L'autorité est ici interprétée dans son sens étymologique latin, *auctoritas* : « faire grandir ». Dans le contexte éducatif, il s'agit ainsi de donner une place plus grande aux élèves pour qu'ils participent et contribuent pleinement à l'acte éducatif. C'est une autorité « négociée », selon l'expression de Jacques Ardoino, qui soutient l'idée que « la participation des personnes sur lesquelles elle s'exerce devient alors la condition première de son efficience[11] ». Avec des règles du jeu consenties *(le contrat d'intersubjectivité*), la hiérarchie – qui est un fait – n'est plus ressentie par les élèves comme un pouvoir qui pèse sur eux ou les contrôle, mais plutôt comme une responsabilité partagée de faire aboutir la tâche commune. Ce « statut interactif » autorise à agir de façon intentionnelle, ce qu'on peut appeler l'*aptitude à agir* ou *« agency »*, en s'approchant du sens que Jerome Bruner lui confère. Pour l'apprenant, il s'agit de se sentir capable d'être un agent actif : « C'est un

11. J. Ardoino, *Propos actuels sur l'éducation*, Gauthier-Villars, Paris, 1969.

“Soi possible” qui régule l’espoir, la confiance, l’optimisme et leurs contraires.[12] » Mais comment demander aux élèves d’être autonomes et responsables, « agents de leurs apprentissages », si l’on ne les a pas outillés pour qu’il en soit ainsi dans la pratique quotidienne ? S’ils ne sont pas conscients de ce qu’ils savent et des domaines d’application respectifs de leurs « connaissances acquises » ? S’ils n’ont pas eu l’occasion de s’entraîner à poser les bonnes questions, à identifier, à localiser, à valider et à synthétiser l’information dont ils ont besoin pour y répondre ? S’ils n’ont pas perçu que c’est pour leur propre enrichissement ? L’autorité de l’enseignant est ici au service de l’*aptitude à agir* des élèves.

Qu’est-ce qui se développe chez les apprenants ?

Des habitudes cognitives

En donnant aux élèves l’habitude de réfléchir pour apprendre afin d’apprendre à réfléchir – qu’est-ce qui se développe ? Notre regard s’est d’abord penché sur les compétences cognitives. Nous avons pu en observer un certain nombre.

– *Une pensée connaissante*, équipée de « lunettes conceptuelles » dans différentes disciplines qui permettent de mieux discerner les différences et les similitudes, et de comprendre comment les choses sont reliées entre elles, comment le savoir se structure pour former un système cohérent.

– *Une pensée agissante*, qui cherche à comprendre, qui n’est jamais au repos, qui se pose des questions et utilise consciemment les différents modes de pensée pour donner du sens. C’est une pensée qui réagit, qui explore des solutions différentes.

– *Une pensée critique*, qui revient sur les arguments pour les vérifier à la source et qui ne se contente pas de vérités « assénées » : « *Il y a une explication, sauf qu’elle n’a pas de sens, elle ne répond pas à la question du début.* » (voir p. 101)

– *Un rapport plus autonome au savoir et à son élaboration*, puisque l’on comprend comment il se construit : « *Monsieur, est-ce qu’on peut se faire un concept aujourd’hui ?* » (voir p. 81)

12. J. Bruner, *L’Éducation, une entrée dans la culture*, Retz, Paris, 1996.

Des attitudes et des valeurs

Cette réflexivité de la part des élèves se retrouve dans les scénarios décrits dans l'ouvrage. Mais autre chose se déroule également. C'est comme si un *curriculum caché* était en train de produire d'autres compétences, d'ordre personnel, qui concernent des attitudes et des valeurs. On peut observer chez les apprenants, quel que soit leur âge :

– *Une plus grande tolérance vis-à-vis de l'altérité* : on apprend à écouter les justifications d'autrui, même si c'est pour ensuite contre-argumenter. On apprend à respecter la compréhension de l'autre en écoutant ses motifs et en essayant de les comprendre sans nécessairement pour autant les partager.

– *Une honnêteté intellectuelle* : on ne peut pas donner de réponses sans les justifier, sans se référer à des sources, sans chercher à apporter la preuve de ce qu'on veut soutenir. On apprend à accepter la critique, à réviser sa pensée.

– *Un goût de connaître* : il peut s'observer à travers les échanges entre les enfants, quand ils argumentent leur compréhension, quand ils veulent et peuvent démontrer pourquoi ils comprennent quelque chose de telle façon et expliquer, parfois avec beaucoup d'ardeur, pourquoi cela fait sens. Quand leurs explications sont reconnues, ils sont fiers de connaître et demandent souvent à recommencer : « *Les "exemples oui", cela nous aide à faire la différence… Cela complique un petit peu, c'est plus difficile avec ça…* [et un sourire illumine le visage de l'élève]… *mais moi j'aime ça !* » (voir p. 110)

– *Un sens de l'effort* : les efforts fournis pour arriver à comprendre n'ont d'égal que la satisfaction qui en ressort. Les élèves acceptent de prendre le temps, de renoncer à une gratification immédiate ; ils ne veulent pas abandonner leur recherche et il arrive souvent que la sonnerie dérange : « *La façon d'apprendre était bonne car tout le monde participait ; on disait ce que l'on pensait, sans avoir peur, on a envie de deviner l'idée, donc on cherche !* » (voir p. 50)

– *Une plus grande confiance en soi* : pouvoir distinguer ce que l'on sait de ce que l'on ne sait pas, comprendre comment le savoir se construit et comment on peut en savoir plus donnent confiance en soi. Comprendre que la construction de son savoir peut continuer toute la vie, qu'il n'est jamais trop tard, rend confiant et donne espoir : « *Ça peut marcher pour plein de choses, ça peut être utile... On irait plus vite et on apprendrait !* » (voir p. 110)

– *Une prise de conscience qu'on peut être responsable* de son propre apprentissage, qu'on peut exercer un certain contrôle sur sa propre pensée. Cela peut s'observer quand les élèves, de leur propre initiative, réutilisent les outils dans une autre matière ou pour un travail personnel.

– *Un sentiment d'appartenance et de citoyenneté* : chacun apporte sa contribution à un projet d'apprentissage commun ; on apprend à s'entraider pour trouver la solution, la coopération devient plus importante que la compétition et la solidarité peut se développer. *La classe se donne un nom : « Sherlock Holmes »*. (voir p. 126)

Apprendre et « vivre ensemble » dans une culture commune : une visée éthique

Dans la perspective « d'apprendre ensemble », c'est tout le processus enseigner-apprendre qui se trouve transformé. C'est une autre vision qui le sous-tend, une autre théorie d'apprentissage qui le guide. Il est possible de commencer progressivement à changer de démarche afin de constater que la posture suit, presque automatiquement, une fois que la dynamique interactionnelle s'installe. Le premier pas que les enseignants doivent faire consiste à se questionner sur ce qui engage leurs élèves pour mieux apprendre et sur des formes d'évaluation qui valorisent ce qu'ils savent.

Face aux défis nouveaux qui marquent notre temps, les élèves ont besoin de se sentir en confiance pour apprendre. Ils doivent, à long terme, être amenés à percevoir et à concevoir les problèmes fondamentaux et globaux, être ouverts aux savoirs de toutes les disciplines, savoir coopérer et inventer ensemble, maîtriser les technologies nouvelles et, surtout, apprendre à mobiliser les connaissances qui seront requises face à de nouveaux problèmes au moment où ceux-ci se poseront.

Il faut donc savoir « relier les connaissances », dans le sens d'Edgar Morin, percevoir des liens nouveaux ; cela demande une pensée curieuse, audacieuse, créative et innovante. Michel Serres[13] nous rappelle l'importance de la « procédure » qui unit le général et le particulier, comme dans la jurisprudence ou la médecine, les deux étant aussi importants pour comprendre un phénomène. Ces « procédures » véhiculent le sens, comme le font nos situations-exemples, d'une façon beaucoup plus directe qu'une explication abstraite, et valorisent également une façon plus concrète d'appréhender la réalité. C'est en effet une *façon renouvelée de connaître*.

Ce que les apprenants doivent intégrer surtout, ce sont les processus eux-mêmes, qui mènent vers la compréhension, vers l'élaboration du sens, vers le *discernement*. Cette forme de pensée doit être cultivée tout au long de la vie, et cela commence à l'école.

Donner envie d'apprendre, faire de l'apprentissage une expérience positive n'excluent pas que l'on vise des connaissances disciplinaires approfondies, nécessaires pour nourrir et exercer une pensée critique et créative, pour construire des compétences futures. En associant le sens de l'effort au plaisir de comprendre, comme les bons enseignants l'ont d'ailleurs toujours fait, cela peut mener au dépassement de soi et à l'excellence. Si l'*expérience scolaire* engage les élèves dès leur plus jeune âge – et c'est là qu'il faut commencer –, celle-ci donnera naturellement du sens à leurs études parce qu'elle les touche dans leur existence même et leur fait découvrir non seulement leur savoir en construction, mais aussi leur identité en devenir. C'est une question d'éthique.

Le défi est sans doute de construire une nouvelle « culture » à l'école, une « culture » qui donne sens aux savoirs et aux apprentissages. Ainsi pourra-t-on mieux répondre à la vision d'Albert Einstein : « Apprendre n'est pas un devoir, mais plutôt une opportunité enviable de prendre conscience de la force libératoire de la connaissance, pour l'enrichissement de sa propre vie mais aussi pour la société à laquelle on va appartenir. »

13. M. Serres, *Petite Poucette*, Éditions Le Pommier, Paris, 2012.

Bibliographie

Ageyev V. S., B. Gindis, A. Kozulin & S. M. Miller (dir.), *Vygotski et l'éducation – Apprentissages, développement et contexte culturel*, Retz, Paris, 2009.

Allal L. & L. Mottier-Lopez (sous la dir. de), *Régulation des apprentissages en situation scolaire et en formation*, De Boeck, Bruxelles, 2007.

Allard M.-A., «Apprentissage d'un concept méthodologique: le graphe en biologie», Bulletin *Biologie Géologie*, n° 1-2005 de l'APBG (Association des professeurs de biologie géologie) : http://www.apbg.org

Ardoino J., *Propos actuel sur l'éducation*, Gauthier-Villars, Paris, 1969.

Astington J. W., *Comment les enfants découvrent la pensée : la «théorie de l'esprit» chez l'enfant*, Retz, Paris, 2007.

Astolfi J.-P., *L'École pour apprendre*, ESF, Paris, 1992.

Astolfi J.-P. & M. Develay, *La Didactique des sciences,* PUF, Paris, 1989.

Aumont B. & P.-M. Mesnier, *L'Acte d'apprendre,* PUF, Paris, 1992.

Austin J., *How to Do Things with Words,* Harvard University Press, Cambridge, 1962.

Avanzini G., *La Pédagogie aujourd'hui,* Dunod, Paris, 1996.

Bachelard G., *Le Nouvel Esprit scientifique,* PUF, Paris, 1934.

Bachelard G., *La Formation de l'esprit scientifique*, Librairie philosophique Vrin, Paris, 1999 [1938].

Bachmann K. & M. Grossen, «Contextes et dynamiques des interactions entre apprenants dans une situation de mentorat», *in* L. Allal & L. Mottier-Lopez (sous la dir. de), *Régulation des apprentissages en situation scolaire et en formation*, De Boeck, Bruxelles, 2007.

Bandura A., *L'Apprentissage social*, Mardaga, Bruxelles, 1980.

Barlow M., *L'Évaluation scolaire – mythes et réalités*, ESF, Paris, 2003.

Barth B.-M., *L'Apprentissage de l'abstraction,* Retz, Paris, 2011 [1987]. Traductions : en italien, *L'apprendimento dell'astrazone,* La Scuola, Brescia, 1990 ; en suédois, *Medvetet lärande,* Natur och Kultur, Stockholm, 1991 ; en portugais, *A apprendizagem da abstracçao,* Instituto Piaget, Lisbonne, 1993 ; en arabe, Gherib, Casablanca, 2008.

Barth B.-M., *Le Savoir en construction,* Retz, Paris, 2009 [1993]. Traduction en portugais : *O saber em construçao, para uma pedagogia da compreensao,* Instituto Piaget, Lisbonne, 1996 ; en croate : *Razumjeti : sto djeca razumiju*, Profil Akademija, Zagreb, 2009.

Barth B.-M., *in* L. Allal (sous la dir. de), « L'Établissement de l'intersubjectivité comme outil de médiation : participer pour apprendre », *Régulation des apprentissages en situation scolaire et en formation*, De Boeck, Bruxelles, 2007.

Barth B.-M., Articles « Abstraction », pp. 33-34 ; « Affectivité : émotion et apprentissage », pp. 69-70 ; « Bruner », pp. 148-150 ; « Concept » pp. 203-204, in P. Champy & C. Etévé (sous la dir. de), *Dictionnaire encyclopédique de l'éducation et de la formation,* Retz, Paris, 3e édition, 2005.

Barth B.-M., « Le Transfert des connaissances : quels présupposés ? quelles implications pédagogiques ? », *in* A. Presseau & M. Frenay (éds), *Le Transfert des apprentissages : comprendre pour mieux intervenir*, Presses universitaires de Laval, Québec, 2004.

Barth B.-M., « La médiation dans les démarches d'apprentissage : un nouveau rapport au savoir », actes du colloque « La médiation : une nouvelle relation dans l'action éducative », *Les Cahiers de l'ISP*, n° 35, ICP, 2002.

Barth B.-M., « Lev Vygotski aujourd'hui : la pensée de Lev Vygotski, ses implications pour la pédagogie contemporaine », *Actes de la journée d'étude Laredesco*, sous la dir. de B.-M. Barth, ISP-Faculté d'éducation, Institut catholique de Paris, 2001.

Barth B.-M., « Participer pour apprendre : une pédagogie de médiation socio-cognitive », in *« Lev Vygotski aujourd'hui », actes de la Journée d'étude de LAREDESCO,* sous la direction de Britt-Mari Barth, ISP-Faculté d'éducation, Institut catholique de Paris, 2001.

Barth B.-M., « Construire des concepts : construire le passé pour comprendre le présent », *in* J.-L. Jadoulle & M. Bouhon (dir.), *Développer des compétences en classe d'histoire*, collection « Apprendre l'histoire ? », UCL, Louvain-la-Neuve, 2000, pp. 23-33.

Barth B.-M., « The Teachers' Construction of Knowledge », *in* B. Moon, J. Butcher & E. Bird (eds), *Leading Professional Development in Education*, Routledge - Farmer, Londres / New York, 2000.

Barth B.-M., « *L'Éducation, entrée dans la culture* de Jerome Bruner : note critique », *Revue française de pédagogie,* n° 122, INRP, 1998, pp. 163-65.

Barth B.-M., « Construire son savoir : apprendre dans un contexte de formation d'adultes », *in* E. Bourgeois (dir.), *L'Adulte en formation : regards pluriels*, De Boeck, Bruxelles, 1996.

Barth B.-M., « Le Rectangle bleu : le rôle du médiateur dans la cohérence du sens », *in* A. Bentolila (dir.), *L'École : diversité et cohérence, Les Entretiens Nathan*, Nathan-Pédagogie, Paris, 1996 pp. 11-25.

Barth B.-M., « Pratiquer la métacognition avec les élèves pour leur apprendre à réfléchir », *Cahiers pédagogiques*, dossier « Apprendre à raisonner », n° 344-345, mai-juin 1996, pp. 51-57.

Barth B.-M., « L'Émergence d'une psychologie culturelle et les processus de l'éducation », dossier réuni et présenté par B.-M. Barth, *Revue française de pédagogie*, n° 111, avril-mai-juin 1995, pp. 5-11.

Barth B.-M., « The Role of Contexts and Interactions in the Child's Construction of Knowledge », *European Early Childhood Education Research Journal*, EECERJ, vol. 3, n° 1, 1995, pp. 73-85.

Barth B.-M., « La Détermination et l'apprentissage des concepts », *in* J. Houssaye (dir.), *La Pédagogie, une encyclopédie aujourd'hui*, ESF, Paris, 1993, pp. 275-289.

Barth B.-M., « E importante stimolare il processo di astrazione ? », *Scuola italiana moderna*, n° 9, La Scuola italiana moderna, Brescia, Italie, 1993, pp. 45-48.

Barth B.-M., « L'Épanouissement intellectuel : un parcours interculturel », *Chercheurs en éducation*, INRP, L'Harmattan, Paris, 1992, pp. 55-65.

Barth B.-M., « Att förhandla om mening : fran "conceptions" till "concepts" », *Forskning om utbildning* (« Recherche sur la formation ») 4/92, actes du colloque « Undervisning-me dvetande-lärande » (« Enseignement-conscience-apprentissage »), université d'Uppsala, Suède, 1992, pp. 3-16.

Barth B.-M., « Helping Teachers' Become Better Teachers' of Thinking », *Teaching Thinking and Problem Solving*, vol. 13, Issue 1, RBS (Research for Better Schools) Lawrence Erlbaum, N.J., USA, 1991, pp. 11-18.

Barth B.-M., « From Practice to Theory : Improving the Thinking Process », in *Learning to Think : Thinking to Learn*, The proceedings of the 1989 OECD Conference, OECD – Pergamon Press, New York, Cambridge, 1989, pp. 115-127.

Barth B.-M., « Bruner et l'innovation pédagogique », *Communication et langages*, n° 66, Retz, Paris, 1985, pp. 46-59.

Barth B.-M., *L'Apprentissage des concepts : stratégies d'apprentissages et stratégies d'enseignement*, Les Dossiers du C.E.P.E.C., Lyon, 1981.

Bartlett F., *Remembering : a Study in Experimental and Social Psychology*, Cambridge University Press, Londres, 1932.

Baruk S., *L'Âge du capitaine – De l'erreur en mathématiques,* Le Seuil, Paris, 1985.

Baxandall M., *L'Œil du Quattrocento,* Gallimard, Paris, 1972.

Bentolila A. & M. Fayol, Observatoire national de la lecture, *Maîtriser la lecture*, Odile Jacob, Paris, 2000.

Berbaum J., *Développer la capacité d'apprendre,* ESF, Paris, 1991.

Bohr N., *Physique atomique et connaissance humaine,* Gallimard, Paris, 1991 (version originale 1958).

Boimare S., *Ces enfants empêchés de penser*, Dunod, Paris, 2008.

Bourdieu P. & J.-C. Passeron, *Les Héritiers*, Éditions de Minuit, Paris, 1964.

Bourgeois E. (éd.), *L'Adulte en formation, regards pluriels*, De Boeck & Larcier, Bruxelles, 1996.

Bourgeois E. & G. Chapelle, *Apprendre et faire apprendre*, PUF, Paris, 2006.

Brown A. L. & J. Campione, « Concevoir une communauté de jeunes élèves : leçons théoriques et pratiques », « Psychologie de l'éducation : nouvelles approches américaines », dossier réuni et présenté par B.-M. Barth, *Revue française de pédagogie,* n° 111, avril-mai-juin 1995, pp. 11-33.

Bruner J., *Pourquoi nous racontons des histoires ?*, Retz, Paris, 2010.

Bruner J., *Culture et modes de pensée : l'esprit humain dans ses œuvres*, Retz, Paris, 2000 [1986].

Bruner J., *L'Éducation, entrée dans la culture,* Retz, Paris, 1996.

Bruner J., « Y a-t-il une fin aux révolutions cognitives ? », dossier réuni et présenté par B.-M. Barth, *Revue française de pédagogie*, n° 111, avril-mai-juin 1995, pp. 73-84.

Bruner J., *... car la culture donne forme à l'esprit,* Eshel, Paris, 1991 (version originale 1990).

Bruner J., *Comment les enfants apprennent à parler,* Retz, Paris, 1999 (version originale 1983).

Bruner J., *Le Développement de l'enfant : savoir faire, savoir dire,* PUF, Paris, 2011.

Bruner J., *The Relevance of Education,* W.W. Norton, New York, 1971.

Bruner J., *Toward a Theory of Instruction,* Harvard University Press, Cambridge, MA., 1966.

Bruner J., *On Knowing : Essays for the Left Hand,* Harvard University Press, Cambridge, MA., 1962.

Bruner J., *The Process of Education,* Harvard University Press, Cambridge, MA., 1960.

Bruner J., J. J. Goodnow & G. A. Austin, *A Study of Thinking,* Wiley and Sons, New York, 1956.

Burloud A., *Cours de philosophie, psychologie*, Hachette, Paris, 1948.

Cardinet A., *Pratiquer la médiation des apprentissages*, Éditions Chronique sociale, 2012.

Cartier S., *Apprendre en lisant au primaire et au secondaire*, Les Éditions CEC, Québec, 2007.

Chaiklin S., M. Hedegaard & U. Juul Jensen, *Activity Theory and Social Practice*, Aarhus University Press, Denmark, 1999.

Changeux J.-P., *Raison et plaisir,* Odile Jacob, Paris, 1994.

Changeux J.-P. & A. Connes, *Matière à pensée,* Odile Jacob, Paris, 1989.

Charlot B., *L'École en mutation,* Payot, Paris, 1987.

Chauveau G., *Comment l'enfant devient lecteur – Pour une psychologie cognitive et culturelle*, Retz, Paris, 2011.

Cheng F., *Le Dialogue – Une passion pour la langue française*, Desclée de Brouwer, Paris, 2006.

Cohen R. & R. Söderbergh, *Apprendre à lire avant de savoir parler – Une nouvelle conception de l'apprentissage de la lecture*, Albin Michel, Paris, 1999.

Cole M., *Cultural Psychology: a Once and a Future Discipline*, The Belknap Press of Harvard University Press, Cambridge, Londres, 1996.

CRESAS, *La Pédagogie interactive*, INRP-ESF, Paris, 1991.

Csikszentmihalyi M., *Flow, the Psychology of Optimal Experience,* Harper & Row, New York, 1990.

Cyrulnik B., *De chair et d'âme*, Odile Jacob, Paris, 2006.

Damasio A. R., *Le Sentiment même de soi – Corps, émotions, conscience*, Odile Jacob, Paris, 1999.

Damasio A. R., *L'Erreur de Descartes*, Odile Jacob, Paris, 2010.

Daniel M.-F., *La Philosophie et les Enfants : les modèles de Lipman et Dewey,* De Boeck et Belin, Bruxelles, 1997.

De Ketele J.-M. & X. Roegiers, *Méthodologie du recueil d'informations*, De Boeck Université, Bruxelles, 1991, 5e edition 2009.

Delorme C., *L'Évaluation en questions,* ouvrage collectif sous la direction de C. Delorme, ESF, 1987.

Devauchelle B., *Comment le numérique transforme les lieux de savoirs : le numérique au service du bien commun et de l'accès au savoir pour* tous, Éditions Fyp, Limoges, 2012.

Dewey J., *The Child and the Curriculum*, The University of Chicago Press, Chicago, 1990 [1902].

Dewey J., *Expérience et éducation,* Armand Colin, Paris, 1968.

Dewey J., *On Education,* Selected writings edited by R. Archambault, The University of Chicago Press, Chicago,1964.

D'Hainaut L., *Des fins aux objectifs de l'éducation*, Éditions Labor-Nathan, Paris, 1977.

Doise W. & G. Mugny, *Le Développement social de l'intelligence*, Inter-éditions, Suisse, 1981.
Donaldson M., *Children's Mind*, Norton, New York, 1978.
Dreyfus H. L. & S. E. Dreyfus, *Mind over Machine : the Power of Human Intuition and Expertise in the Era of the Computer,* Free Press, New York, 1986.
Duru-Bellat M., *Les Inégalités sociales à l'école – Genèse et mythes*, PUF, Paris, 2002.
Feuerstein R., *Instrumental Enrichment : an Intervention Program for Cognitive Modifiability,* Baltimore University Press, 1980.
Feynman R. P., *Surely you're joking, Mr. Feynman !,* Bantam Books, New York, 1985.
Flavell J. H., *Cognitive Development*, Prentice Hall, N. J., 1976.
Fodor J., *La Modularité de l'esprit,* Éditions de Minuit, Paris, 1986.
Frenay M. & A. Presseau, *Le Transfert des apprentissages : comprendre pour mieux intervenir*, Les Presses de l'université Laval, Québec, 2004.
Gärdenfors P., *Comment homo est devenu sapiens – Sur l'évolution de la pensée*, Éditions Sciences humaines, Paris, 2007.
Gardner H., *Les Formes de l'intelligence*, Odile Jacob, Paris, 1997.
Gardner H., *Les Intelligences multiples,* Retz, Paris, 2008.
Gardner H., *L'Intelligence et l'école,* Retz, Paris, 1996.
Gardner H., *Leading Minds,* Basic Books, New York, 1995.
Gardner H., *Creating Minds,* Basic Books, New York, 1993.
Gardner H., *The Mind's New Science : a History of the Cognitive Revolution,* Basic Books, New York, 1985.
Gardou C., *Fragments sur le handicap et la vulnérabilité : pour une révolution de la pensée et de l'action,* Érès, Toulouse, 2005.
Geertz C., *The Interpretation of Cultures,* Basic Books, New York, 1973.
Gergen K. J., *Realities and Relationships : Soundings in Social Construction*, Harvard University Press, Cambridge, MA., 1994.
Gergen K. J., *Le Constructionisme social : une introduction*, Delachaux et Niestlé, Paris, 2001.
Gibello B., *L'Enfant à l'intelligence troublée*, Dunod, Paris, 2009.
Giglio M., « Activité créative dans des contextes scolaires d'éducation musicale : formes de collaboration entre les élèves et actions de l'enseignant – Développer des séquences pédagogiques et les observer », *Cahiers de psychologie et éducation* (46), 2010, pp. 5-7 : http://www2.unine.ch/files/content/sites/psy/files/shared/documents/publications/cahiers/Cahier46.pdf
Gilligan C., *In a Different Voice*, Harvard University Press, Cambridge, 1982.
Giordan A. & G. De Vecchi, *Les Origines du savoir,* Delachaux et Niestlé, Neuchâtel-Paris, 1987.

Goblot E., *Traité de logique*, Armand Colin, Paris, 1918.

Goleman D., *Emotional Intelligence,* Bantam Books, New York, 1995.

Goodman N., *Of Mind and Other Matters,* Harvard University Press, Cambridge, MA., 1984.

Goodman N., *Manières de faire des mondes*, Gallimard, Paris, 2006 [1975].

Guilford J.-P., *The Nature of Human Intelligence,* Mc Graw-Hill, New York, 1967.

Guitton J., *Le Travail intellectuel,* Aubier, Paris, 1951 et 1986.

Haas G., D. Lorrot, P. Moreau, J. Mourey & C. Ruth, *Classes et fonctions grammaticales au quotidien – Cycle 3*, coll. « Au quotidien », CRDP Bourgogne, 2009.

Hadji C., *Penser et agir l'éducation,* ESF, Paris, 1992.

Hameline D., *L'Éducation, ses images et son propos*, ESF, Paris, 1986.

Hoeben S., P.-M. Leroy & P. Reuter, *Miser sur les différences : être gagnants*, Éditions Laboir Éducation, Namur, 2010.

Holt J., *How Children Fail,* Pitman, New York, 1964.

Houssaye J., *La Pédagogie : une encyclopédie pour aujourd'hui*, ESF, Paris, 1993.

Houssaye J., *Le Triangle pédagogique,* Peter Lang, Berne, 1988.

Inhelder B., H. Sinclair & M. Bover, *Apprentissage et structures de la connaissance,* PUF, Paris, 1974.

Jacquard A., *Éloge de la différence*, Le Seuil, Paris, 1981.

Jadoulle J.-L., M. Bouhon & A. Nys (avec le concours de B.-M. Barth), *Conceptualiser le passé pour comprendre le présent*, coll. « Apprendre l'histoire », université catholique de Louvain, Louvain-la-Neuve, 2004.

Jadoulle J.-L. & M. Bouhon (dir.), *Développer des compétences en classe d'histoire*, coll. « Apprendre l'histoire », n° 3, université catholique de Louvain, Louvain-la-Neuve, 2001, pp. 23-33.

Jakendoff R., *Consciousness and the Computational Mind*, A Bradford Book, Cambridge, 1987.

James W., *Principles of Psychology*, Macmillan, New York, 1980.

Kambouchner D., P. Meirieu & B. Stiegler, *L'École, le numérique et la société qui vient*, Éditions Mille et une nuits, 2012.

Kandinsky V., *Du spirituel dans l'art et dans la peinture en particulier,* Denöel, 1989 (version originale 1954).

Kravtsova E. E., (Director of the Vygotsky Institute of Psychology, Russian State University for the Humanities, Moscou), « Higher Psychic Functions formation mechanisms in the context of L. S. Vygotski cultural-historical conception », présentation au congrès ISCAR 2011, La Sapienza, Rome.

Ladrière J., « Note de lecture : *Le Savoir en construction*, Britt-Mari Barth, Retz, 1993 », *Revue de l'Institut catholique de Paris,* n° 52, 1994, pp. 121-128.

Ladrière J., *L'Articulation du sens, discours scientifique et parole de la foi,* Aubier-Montaigne, Éditions du Cerf, Delachaux et Niestlé, Desclée de Brouwer, 1970.

La Garanderie A. (de), *Le Dialogue pédagogique avec l'élève,* Le Centurion, Paris, 1984.

Lampert-Shepel E., « Cultural-Historical Psychology and Activity Theory (CHAT) and Case Study Design : a Cross-Cultural Study of Teachers' Reflective Praxis in Two Russian and American Dewey Schools », *International Journal of Case Study Research and Application*, n° 2, 2008.

Lave J., *Apprenticeship in Critical Ethnographic Practice*, The University of Chicago Press, Chicago and London, 2011.

Lave J. & E. Wenger (ed), *Situated Learning: Legitimate Peripheral Participation,* Cambridge University Press, Cambridge, 1991.

Lecointre G. (sous la dir. de), *Comprendre et enseigner la classification du vivant*, Éditions Belin, Paris, 2008.

Legrand L., *La Différenciation pédagogique,* Scarabée, Paris, 1986.

Legrand L., *Pour un collège démocratique*, La Documentation française, Paris, 1983.

Leone S. & M.-F. Sayde, « L'Écrit au collège », *Connaissances Surdités*, mars 2011, n° 35, pp. 11-16.

Lévinas E., *Totalité et Infini – Essai sur l'extériorité*, Nijhoff, La Haye, 1961.

Lévine J. & G. Vermeil, *Les Difficultés scolaires*, Doin Éditeurs, Paris, 1980.

Lévine J. & J. Moll, *Je est un autre*, ESF, Paris, 2001.

Lévi-Strauss C., « Plus le savoir progresse, plus il comprend pourquoi il ne peut aboutir – Un entretien avec Claude Lévi-Strauss », *Le Monde,* 08.10.1991.

Lightfoot S. L., *The Good High School,* Basic Books, New York, 1983.

Linard M., *Des machines et des hommes – Apprendre avec les nouvelles technologies*, Éditions universitaires, Paris, 1990.

Lipman M., *À l'école de la pensée – Enseigner une pensée holistique*, De Boeck Université, Bruxelles, 2006.

Luria A. R., *Cognitive Development, its Cultural and Social Foundations,* Harvard University Press, Cambridge, Mass., 1976 (version originale 1974).

Lurol G., *Mounier I. – Genèse de la personne*, Éditions universitaires, Paris, 1990.

Marton F., D. Hounsell & N. Entwistle, *The Experience of Learning,* Scottish Academic Press, Edinburgh, 1984.

Maturana H. & F. Varela, *L'Arbre de la connaissance*, Addison-Wesley France, 1992.

Mead G. H., *Mind, Self and Society*, University of Chicago Press, Chicago, 1934.

Meirieu P., *Le Choix d'éduquer,* ESF, Paris, 1991.

Meirieu P., *Enseigner, scénario pour un métier nouveau*, ESF, Paris, 1989.

Meirieu P., *Itinéraire des pédagogies de groupe. Apprendre en groupe?* vol. 1, Chronique sociale, Lyon, 1984.

Merleau-Ponty M., *Phénoménologie de la perception*, Gallimard, Paris, 1976.

Meyerson I., *Pour une psychologie historique*, PUF, Paris, 1992.

Miller G., « The Magical Number Seven, Plus or Minus Two », *Psychological Review*, n° 63, 1956, pp. 81-97.

Monsaingeon D., « Se déplacer de "j'enseigne" vers "j'aide à apprendre" – Permettre une médiation entre l'apprenant et le savoir », *Formateurs et formation professionnelle*, Éditions Lamarre, Paris, 2005.

Montanegro J. & A. Tryphon (éds.), *Psychologie génétique et sciences cognitives,* Fondation Archives Jean Piaget, Genève, 1991.

Moyne A. *et al.*, « Formation et transformation de l'enseignant », *Chronique sociale,* Lyon, 1988.

Molander B., *Kunskap i handling,* Daidalos, Göteborg, 1993.

Molander B., « Tacit Knowledge and Silenced Knowledge : Fundamental Problems and Controversies », in *Skill and Education : Reflection and Experience,* Springer Verlag, 1992.

Morin E., *La Voie*, Fayard, Paris, 2011.

Morin E., *Les Sept Savoirs nécessaires à l'éducation du futur*, Le Seuil, Paris, 2000.

Morin E., *La Tête bien faite*, Le Seuil, Paris, 1999.

Morin E., *Introduction à la pensée complexe,* ESF, Paris, 1990.

Morin L. & L. Brunet (ed), *Philosophie de l'éducation*, De Boeck Université, Québec, 1992.

Mottier-Lopez L., *Apprentissage situé – Les microcultures de classe en mathématiques*, Peter Lang, Berne, 2008.

Muller Mirza N., A.-N. Perret-Clermont, V. Tartas & A. Iannaccone, « Psychosocial Processes in Argumentation », in N. Muller Mirza & A.-N. Perret-Clermont, *Argumentation and Education,* London-New York, Springer, 2009.

Nadeau M. & C. Fischer, *La Grammaire nouvelle*, Éditions Gaëtan Morin/Chenelière, Montréal, 2006.

Nisbet J., *The Curriculum Redefined : Learning to Think, Thinking to Learn,* Background paper for the International Conference, OECD, Paris, 1989.

Nisbet J. & C. McGuiness, « Teaching thinking in Europe », *British Journal of Educational Psychology*, n° 61, 1990.

Noël B., *La Métacognition*, De Boeck, Bruxelles, 2001.

Not L., *Enseigner et faire apprendre,* Privat, Toulouse, 1987.

Nussbaum M., *Not for Profit : Why Democraty Needs the Humanities*, Princeton University Press, 2010.

Oléron P., *Les Activités intellectuelles*, PUF, Paris, 1964.

Olson D., *L'Univers de l'écrit : Comment la culture écrite donne forme à la pensée*, Retz, Paris, 2010. Titre original : *The World on Paper : the Conceptual and Cognitive Implications of Writing and Reading*, Cambridge University Press, New York, 1994.

Papert S., *Le Jaillissement de l'esprit – Ordinateur et apprentissage.* Flammarion, Paris, 1981.

Paquay L., M. Altet & P. Perrenoud, *Former des enseignants professionnels : quelles compétences ?*, De Boeck, Bruxelles, 2012.

Parot F., *Pour une psychologie historique, hommage à Ignace Meyerson*, PUF, 1996.

Pennac D., *Chagrin d'école*, Gallimard, Paris, 2007.

Peirce C. S., *Écrits sur le signe*, Le Seuil, Paris, 1978.

Peretti A. (de), *Pour l'honneur de l'école*, Hachette éducation, Paris, 2000.

Peretti A. (de), *Présence de Carl Rogers*, Éditions Erès, 1997.

Peretti A. (de), *Pour une école plurielle,* Larousse, Paris, 1987.

Peretti A. (de), *Les Points d'appuis de l'enseignant : pour une théorie et une pratique de la pédagogie différenciée*, INRP, Paris, 1984.

Perkins D. N., « L'individu plus – Une vision distribuée de la pensée et de l'apprentissage », in *Revue française de pédagogie*, Psychologie de l'éducation, nouvelles approches américaines, dossier réuni et présenté par B.-M. Barth, n° 111, avril-mai-juin 1995, pp. 57-72.

Perkins D. N., *Outsmarting IQ : the Emerging Science of Learnable Intelligence,* The Free Press, New York, 1995.

Perkins D. N., *Smart Schools : From Training Memories to Educating Minds,* The Free Press, New York, 1992.

Perkinson H. J., *Since Socrate,* Longman Inc., New York, 1980.

Perrenoud P., *Développer la pratique réflexive dans le métier de l'enseignant*, ESF, Paris, 2010.

Perret-Clermont A.-N. & coll., *Relations interpersonnelles et développement des savoirs,* Del Val, Fribourg, 1988.

Perret-Clermont A.-N., *La Construction de l'intelligence dans l'interaction sociale,* Peter Lang, Berne, 1979.

Perret-Clermont A.-N. & M. Nicolet, *Interagir et connaître*, L'Harmattan, Paris, 2001.

Perret-Clermont A.-N., M.-L. Schubauer-Léoni & M. Grossen, « Contexte social du questionnement et modalités d'explication », communication au colloque international *Le Jeune Enfant et l'explication*, Paris-Sorbonne, 1990.

Piaget J., *Où va l'éducation ?*, Folio, Paris, 1988 (réédition).

Piaget J., *Recherches sur l'abstraction réfléchissante*, PUF, Paris, 1977.

Piaget J., *Psychologie et pédagogie,* Denoël-Gonthier, Paris, 1969.

Piaget J., *Logique et connaissance scientifique*, Gallimard, Paris, 1967.

Polanyi M., *Personal Knowledge : Towards a Postcritical Philosophy,* The University of Chicago Press, Chicago, 1958.

Postic M. & J.-M. de Ketele, *Observer les situations éducatives,* PUF, Paris, 1988.

Postman N., *The End of Education,* Alfred A. Knopf, New York, 1996.

Postman N., *Enseigner c'est résister,* Le Centurion, 1981 (version originale 1979).

Prigogine I., *La Fin des certitudes,* Odile Jacob, Paris, 1996.

Prost A., *Éloge des pédagogues*, Le Seuil, Paris, 1985.

Prost A., *L'enseignement s'est-il démocratisé ?*, PUF, Paris, 1985.

Prud'homme L., S. Ramel & R. Vienneau (éd.)., « Valorisation de la diversité en éducation : défis contemporains et pistes d'action », *Éducation et francophonie*, 39 (2), 2011.

Prud'homme L. & S. Ouellet, « Le Regard sur soi et sur son action de formation : luxe ou nécessité pour comprendre l'évaluation », *in* L. Lafortune *et al.*, *Réfléchir pour évaluer des compétences professionnelles à l'enseignement*, Presses de l'Université du Québec, Québec, 2008, pp. 179-201.

Putnam H., *Renewing Philosophy,* Harvard University Press, Cambridge, 1992.

Raisky C. & M. Caillot (eds), *Au-delà des didactiques, le didactique*, De Boeck Université, Bruxelles, 1996.

Reboul O., *L'Éducation aux valeurs,* PUF, Paris, 1992.

Reboul O., *Qu'est-ce qu'apprendre ?*, PUF, Paris, 1980.

Resnick L. B. (ed.), *Knowing, Learning and Instruction : Essays in Honor of Robert Glaser,* Lawrence Erlbaum Associates, Hillsdale, New Jersey, 1989.

Richaudeau F., *Sur la lecture,* Richaudeau Concepts, Albin Michel, Paris, 1992.

Ricœur P., *La Critique et la conviction*, Calmann-Lévy, Paris, 1995.

Ricœur P., *Soi-même comme un autre,* Le Seuil, Paris, 1990.

Rieber R. W. & A. S. Carton, *The Collected Works of L.S. Vygotski*, volume 1, « Problems of General psychology », Plenum Press, New York, 1987.

Rifkin J., *La Troisième Révolution industrielle : comment le pouvoir latéral va transformer l'énergie, l'économie et le monde*, Les Liens qui libèrent, Paris, 2012.

Rochex J.-Y., *Le Sens de l'expérience scolaire*, PUF, Paris, 1995.

Rochex J.-Y. & J. Crinon (sous la dir. de), *La Construction des inégalités scolaires :*

au cœur des pratiques et des dispositifs d'enseignement, Presses universitaires de Rennes, Rennes, 2011.

Rogers C., *Le Développement de la personne,* Dunod, Paris, 1968 (version originale : *On Becoming a Person,* 1961).

Rogers C., *Liberté pour apprendre,* Dunod, Paris, 1972 (version originale : *Freedom to Learn*, 1969).

Rogoff B., *Apprenticeship in Thinking; Cognitive Development in Social Context*, New York, Oxford University Press, 1990.

Rogoff B. & J. Lave (ed.), *Everyday Cognition : Its Development in Social Context,* Cambridge, 1984.

Rogoff B. & J. Lave (ed.), *Children's Learning in the « Zone of Proximal Development »*, Jossey-Bass Inc. Publishers, San Francisco, 1984.

Rorty R., *Contingency, Irony and Solidarity,* Cambridge University Press, New York, 1989.

Rosch E., « Principles of Categorization », in *Cognition and Categorization,* Erlbaum, Hillsdale, N. J., 1978.

Rosenthal R. & L. Jacobson, *Pygmalion à l'école*, Casterman, Paris, 1971.

Rousseau J.-J., *Émile ou De l'éducation*, Garnier, Paris, 1951.

Säljö R., « Learning and Mediation : fitting Reality into a Table », in *Learning and Instruction,* vol. 1, 1991, pp. 261-272.

Salomon G., *Distributed cognitions : Psychological and Educational Implications*, Cambridge University Press, New York, 1993.

Schlanger J., *L'Invention intellectuelle*, Fayard, Paris, 1983.

Schneuvly B. & J.-P. Bronckart (sous la direction de), *Vygotski aujourd'hui*, Delachaux et Niestlé, Neuchâtel, 1985.

Schön D. A., *The Reflective Practitioner : How Professionals Think in Action,* Basic Books, New York, 1983.

Schulte J., *Lire Wittgenstein*, Éditions de l'Éclat, Combas, 1992.

Schwartz B., *Une autre école*, Flammarion, Paris, 1977.

Schweder R., « Piaget's Challenge to Anthropology : Stories and Remarks From The Post-Structural Age », Invited symposium at the Conference « The Growing Mind », Centennial Celebration of Jean Piaget's Birth, Geneva, September 1996.

Schweder R., *Thinking Through Cultures*, Cambridge, Londres, Harvard University Press, 1991.

Searle J., *Minds, Brains and Science,* Harvard University Press, Cambridge, 1987.

Serres M., *Petite Poucette*, Le Pommier, Paris, 2012.

Serres M., « Distance et proximité », in *L'École et ses maîtres,* Les Entretiens Nathan, Nathan Pédagogie, Paris, 1997, pp. 141-149.

Serres M., *Le Tiers-Instruit,* F. Bourin, Paris, 1991.

Shore B., *Culture in Mind*, Oxford, New York, Oxford University Press, 1996.

Smith F., *La Compréhension et l'apprentissage*, Les Éditions HRW, Montréal, 1975.

Soëtard M., *Penser la pédagogie, une théorie de l'action*, l'Harmattan, Paris, 2011.

Soëtard M., *Pestalozzi*, PUF, Paris, 1995.

Stetsenko A., « Teaching-learning and Development as Activist Projects of Historical Becoming: Expanding Vygotsky's Approach to Pedagogy », *Pedagogies: An International Journal*, vol. 5 (1), 2010, pp. 6-16.

Stigler J. W., R. A. Shweder & G. Herdt (ed.), *Cultural Psychology : Essays on Comparative Human Development*, Cambridge-New York, Cambridge University Press, 1990.

Taba H., *Curriculum Development : Theory and Practice,* Harcourt, Brace and World, New York, 1962.

Tardif J., *Pour un enseignement stratégique – L'apport de la psychologie cognitive*, Éditions logiques, Montréal, 1992.

Thompson W. I. (ed.), *Gaia, A Way of Knowing : Political Implications of the New Biology,* Lindisfarne Press, Hudson, N. Y., 1987.

Tomasello M., *Aux origines de la cognition humaine*, Retz, Paris, 2004.

Tozzi M. (coord.), *La Discussion philosophique à l'école primaire*, CRDP, Montpellier, 2002.

Trevarthen C., « Une nouvelle perspective de la psychologie des jeunes enfants », colloque IEDPE, in *Communication et langages,* Retz, n° 91, 1992.

Trocmé-Fabre H., *Réinventer le métier d'apprendre*, Les Éditions d'Organisation, 1999.

Trocmé-Fabre H., *J'apprends donc je suis,* Les Éditions d'Organisation, Paris, 1987.

Van Der Veer R. & J. Valsiner, *Understanding Vygotski, A Quest for Synthesis,* Basil Blackwell Inc., Cambridge, 1991.

Varela F. J., *L'Inscription corporelle de l'esprit,* Le Seuil, Paris, 1993.

Varela F. J., *Autonomie et connaissance, essai sur le vivant,* Le Seuil, Paris, 1989 (version originale 1980).

Varela F. J., *Connaître les sciences cognitives,* Le Seuil, Paris, 1988.

Varela F. J., « Tracer un chemin en marchant, le regard d'un biologiste sur la nouvelle biologie », *Troisième millénaire,* n° 8, 1988.

Vermersch P., *L'Entretien d'explication en formation initiale et continue,* ESF, Paris, 1994.

Viau R., *La Motivation en contexte scolaire*, De Boeck Université, Bruxelles, 1994.

Vienneau R., *Apprentissage et enseignement – Théories et pratiques*, Gaëtan Morin, Chenelière éducation, Montréal, 2005.

Vygotski L. S., *Pensée et Langage,* La Dispute, Paris, 1998 (version originale 1934 ; version anglaise : *Thought and Language,* MIT Press, New York, 1962).

Vygotski L. S., *Mind in Society: the Development of Higher Psychological Processes,* Harvard University Press, Cambridge, 1978.

Wallach M. & N. Kogan, *Modes of Thinking in Young Children,* Holt, Rinehart & Winston Inc., 1965.

Wallon H., « Éducation et psychologie », 1961, repris *in* H. Wallon, *Psychologie et dialectique*, Messidor, Paris, 1990.

Wallon H., *De l'acte à la pensée,* Flammarion, Paris, 1970.

Wegmuller E., « Le Guide de production comme outil de régulation », *in* Allal L. & L. Mottier-Lopez (sous la dir de), *Régulation des apprentissages en situation scolaire et en formation,* De Boeck, Bruxelles, 2007.

Wertsch J. V., *Mind as Action*, Oxford University Press, Oxford, 1990.

Wertsch J. V., *Voices of the Mind – A Sociocultural Approach to Mediated Action,* Harvard University Press, Cambridge, 1991.

Wertsch J. V., *Vygotski and the Social Formation of Mind,* Harvard University Press, Cambridge, 1985.

Wertsch J. V., « La Pensée de Lev Vygotski et ses implications pour la pédagogie contemporaine », *in* « Lev Vygotski aujourd'hui », actes de la Journée d'étude de LAREDESCO, sous la direction de Britt-Mari Barth, ISP-Faculté d'éducation, Institut catholique de Paris, 2001.

Wiener R., *Cybernétique et société,* Éditions des Deux-Rives, Paris, 1952.

Winner E., (ed.) *Arts PROPEL: an Introductory Handbook*, Harvard Project Zero and Educational Testing Service, 1993.

Winner E., *Gifted Children,* Basic Books, New York, 1996.

Winner E., *The Point of Words: Children's Understanding of Metaphor and Irony,* Harvard University Press, Cambridge, Mass., 1988.

Wittgenstein L., *Investigations philosophiques,* Gallimard, Paris, 1961.

Wood D., *How Children Think,* Basil Blackwell, Oxford, 1988.

Wood D., J. Bruner & G. Ross, « The Role of Tutoring in Problem Solving », *Journal of Child Psychiatry and Psychology*, Volume 17, n° 2, 1976.

Wright G. (von), *Explanation and Understanding,* Routledge and Kegan, Londres, 1971. *Vetenskapen och förnuftet,* Bonniers Förlag, Stockholm, 1986.

Wright J. (von), *Reflections on Reflection,* opening lecture at the 4th EARLI Conference, Turku, Finlande.

Annexes

MÉMO N°1 :

CONCEPTUALISER

Conceptualiser, c'est :

Percevoir : Donner une signification aux sensations, discriminer, distinguer des différences. La perception est une discrimination sélective.

Comparer : Distinguer des ressemblances ou des différences en fonction d'un critère qu'il faut déterminer.
La comparaison est une activité analytique qui sépare les éléments d'une entité pour les examiner et pour en déterminer les liens. Pour comparer, il faut mettre deux (ou plusieurs) « éléments » différents côte à côte et les examiner à la lumière d'un critère choisi qui les réunit. La difficulté consiste à déterminer le (ou les) critère(s) pertinents dans un contexte donné. La comparaison suit la description et précède l'explication. Cette opération est au cœur d'une activité scientifique (créative) ; elle permet de faire des analogies, de créer des métaphores, de découvrir des liens nouveaux, de transférer ce qui est connu dans un domaine vers un domaine nouveau…

Faire une inférence (inductive) : Tirer une conclusion hypothétique : « Si…. alors… » Il s'agit de proposer une combinaison constante d'éléments (d'attributs) : si je me trouve devant une telle combinaison d'éléments (d'attributs), alors je tire la conclusion que… Ainsi se définit la capacité d'aller au-delà de l'information donnée pour arriver à une nouvelle conclusion hypothétique (à partir de quelques cas). On imagine, on invente, on a une intuition… avant de vérifier. Inférer comprend la capacité de reconnaître la relation cause-effet.

Vérifier l'inférence : Il faut vérifier l'inférence et la justifier par la présence des « attributs » dans les exemples (situations), donc retourner à la source.
L'inférence est hypothétique. En cas d'échec, il faut la modifier et recommencer la vérification.

Faire une hypothèse, vérifier, généraliser : L'hypothèse est l'anticipation d'une règle ou d'un principe général. Il faut étendre la conclusion à tous les cas qui présentent ces mêmes caractéristiques pour former un concept nouveau, concevoir une idée originale.

MÉMO N°2 :

LE CONTRAT D'INTERSUBJECTIVITÉ

Un contrat d'intersubjectivité vise à **créer la confiance nécessaire pour s'engager dans le processus enseigner/apprendre**. Il permet aux élèves et à l'enseignant d'avoir des présupposés communs quant au sens de l'activité qu'ils vont entreprendre ensemble. Quelle que soit la formulation, l'important est de faire adhérer tous les partenaires à des attentes mutuelles explicites (cognitives, affectives et sociales), qui sollicitent la participation à un projet commun, en créant un espace relationnel sollicitant la réflexion. Les élèves doivent comprendre qu'il y a une tâche concrète à laquelle ils sont invités à participer en interaction avec d'autres, et qui aboutit à une production.

Cette activité a un début et une fin, elle offre un défi intellectuel sans être trop difficile. On part de « ce qui est là », en accueillant la personne telle qu'elle est, sans juger sa compréhension initiale. Les erreurs sont permises ; elles servent de critère d'analyse. Par les structures d'interaction, on garantit une place à chacun, l'écoute et la prise de parole de tous. En outillant les élèves intellectuellement, on veille ainsi à ce que chacun puisse prendre la place offerte et réellement s'impliquer. L'évaluation est intégrée à l'apprentissage et peut, de ce fait, devenir un lieu de participation active des élèves et un moyen permettant de leur faire prendre conscience de leurs capacités d'apprendre.

L'enjeu de la médiation affective est d'aider l'apprenant à construire une image de lui-même qui soit valorisante à ses propres yeux. La prise en compte de l'affectivité s'inscrit dans les outils pédagogiques, qui encouragent des habitudes cognitives et des attitudes utiles pour apprendre et explorer l'inconnu. La motivation peut être conçue comme un ensemble d'attitudes qui favorisent l'engagement : être encouragé à prendre des initiatives, se voir reconnu le droit à l'essai et à l'erreur, être pris en compte comme un interlocuteur valable, ce sont là des facteurs de « l'environnement » sur lesquels la posture de l'enseignant peut agir.

MÉMO N°3 :

LE DIALOGUE COGNITIF

La démarche de la conceptualisation consiste pour l'enseignant à mettre le savoir « en action » à travers des situations qui sollicitent la participation et le jugement des apprenants. Elle permet de contextualiser le savoir abstrait avant de le décontextualiser pour le relier à une entité plus générale.
Le dialogue qui accompagne la confrontation des exemples et des contre-exemples est un moyen important pour clarifier, rectifier et faire évoluer les conceptions que les apprenants sont en train de construire, en confrontant leurs observations.

Cette confrontation se passe en trois temps :

✔ Dans un premier temps, **le savoir nouveau** (sous forme de situations-exemples) **est confronté au savoir existant des apprenants.** Ces derniers sont invités à laisser libre cours à leurs observations, qui ne sont pas jugées à ce moment-là. Il est important de laisser chaque apprenant s'exprimer librement en utilisant le vocabulaire dont il dispose. L'e nseignant commence par noter tout ce qui est dit au tableau. Ce temps permet aux élèves d'observer les propositions des uns et des autres. Ils se rendent ainsi compte que tout le monde ne voit pas forcément la même chose, ce qui enrichit leur propre regard. L'enseignant, quant à lui, rebondit à partir de ces observations.

✔ Dans un deuxième temps, il y a la **confrontation entre les conceptions des uns et des autres** : ce « conflit » conceptuel entre les élèves se manifeste par la discussion et l'argumentation, avec, toujours, une validation à la source : les exemples. À présent, il faut discerner avec justesse, preuve à l'appui ! Il est permis de s'entraider pour trouver les mots pour s'expliquer. Si un apprenant n'arrive pas à justifier sa réponse, un autre peut prendre la relève. L'enseignant guide, veille à la cohérence, rappelle la nécessité de justifier ses réponses. Systématiquement requise, la justification oblige ainsi à anticiper la cohérence des propos, et permet à chacun d'approfondir sa compréhension à travers la diversité des réponses. Au lieu d'être des obstacles à l'obtention d'une certaine cohérence, les différentes perspectives (y compris les « fausses conceptions ») conduisent à une compréhension plus approfondie de l'objet de la connaissance, ainsi qu'à la manière dont celui-ci se construit.

✔ Dans un troisième temps, il y a une « **clarification** » **entre les élèves et l'enseignant,** qui se manifeste par des questions élucidantes visant à affiner l'analyse et le jugement critique ainsi que la recherche des nuances et des mots justes. Les exemples nouveaux, notamment des contre-exemples, choisis pour mettre en question, pour étonner, relancent l'interaction et stimulent l'argumentation.

Le modèle opératoire du concept

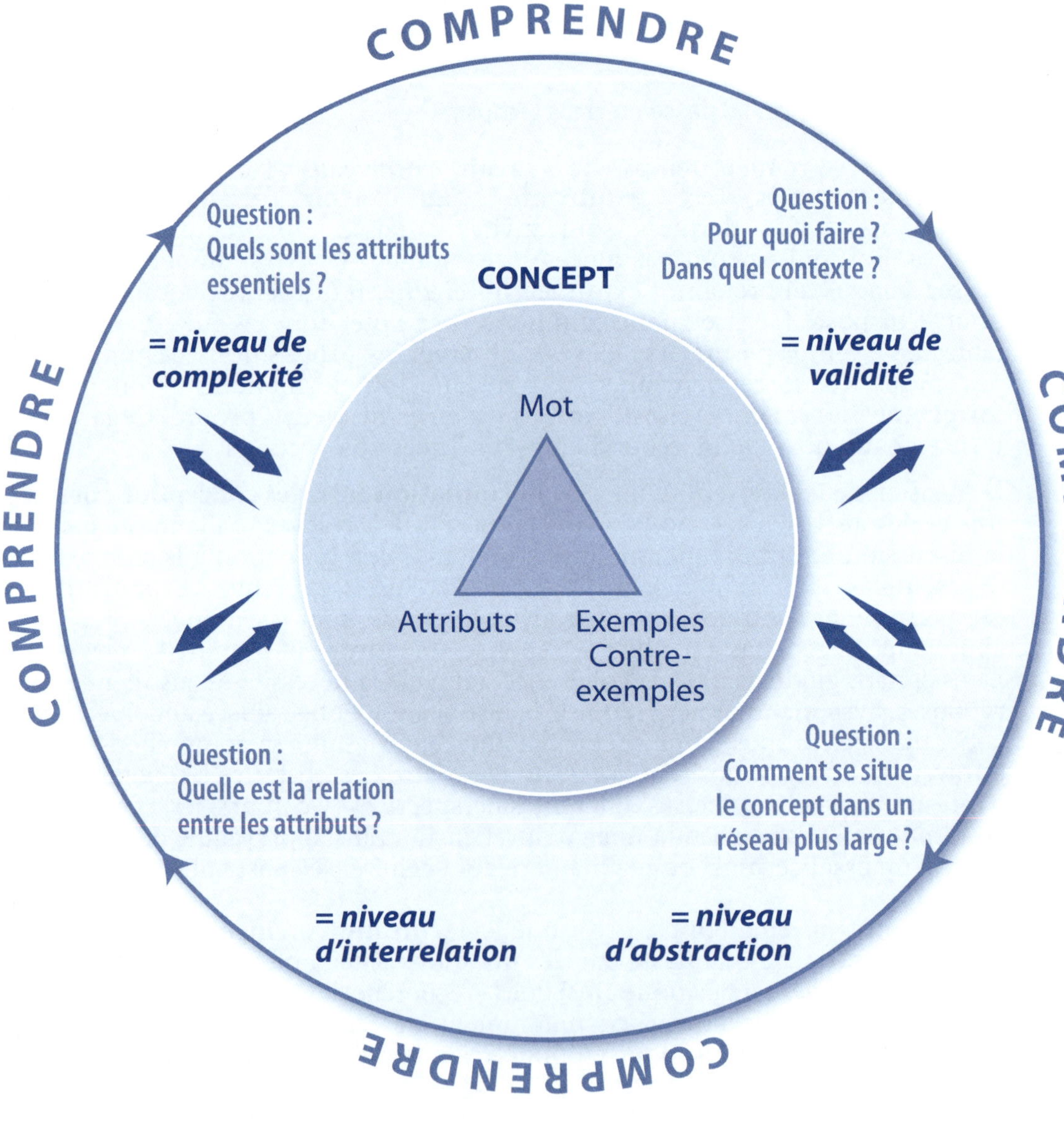

Modèle opératoire du concept : Le vivant, unité autonome organisée

Le concept de vivant est complexe et comporte beaucoup de zones d'ombre. Le modèle opératoire du concept permet de le rendre à la fois accessible et perfectible.

1. Se développer : naître, grandir, transmettre la vie, mourir.

La vie est mouvante, aléatoire. Divers modes de transmission de la vie coexistent en permanence, tels que la simple division cellulaire (bactéries), la parthénogenèse (abeilles, fourmis), le bouturage…
Parmi ces exemples, la procréation est le mécanisme à l'origine de **la diversité au sein d'une espèce.** Elle implique un **processus complexe** pour former les **gamètes** mâle et femelle qui, réunis par la fécondation, formeront une **cellule-œuf inédite.** Elle est à l'œuvre chez les végétaux, les champignons, les animaux, dont les êtres humains.

L'objectif est de permettre à chaque élève de comprendre la complexité du monde vivant et non-vivant dans lequel il se construit.
Les diverses populations d'un même milieu de vie, soumis aux variations environnementales, **interagissent** entre elles. Cela suppose une **vie sociale animale** avec une **phase d'apprentissage** des risques de la vie, le plus souvent brève mais longue dans le cas de l'espèce humaine.
Dans ce cas particulier, l'éducation, l'affectivité, l'imagination, les émotions, l'interaction dans le groupe contribuent à la construction de **chaque individu unique par ses origines et son vécu.** De fait, ce type de construction en fait une **personne au sens juridique**, responsable de ses actes et citoyen du monde.

2. S'alimenter en eau et en sources d'énergie

Un être humain ne survit pas plus de quelques jours sans boire. L'importance de l'eau traduit la spécificité de la Terre, seule planète du système solaire qui possède l'eau sous ses trois formes : gazeuse, solide et liquide.
Les végétaux tiennent la 1ère place dans le cycle de la vie. La chlorophylle énergisée par la lumière permet de **fabriquer leur matière organique** et l'**oxygène** à partir de l'**eau** et du dioxyde de carbone de l'air. Le résultat obtenu sous forme d'amidon constitue la base des molécules énergétiques.
Dépourvus de cette propriété, les champignons et les animaux recyclent la matière organique ainsi formée.

3. Interagir constamment avec le milieu et être sensible à ses variations

Tout être vivant est en interaction constante avec son milieu. Les êtres vivants habitent un milieu dont les paramètres physico-chimiques sont fluctuants. Par exemple, la présence d'une pierre entretient une humidité sous-jacente. Le déplacement de la pierre altère ce lieu de vie par dessèchement.
Lors de leur croissance, les végétaux effectuent des mouvements peu perceptibles pour l'œil humain, liés en particulier au phototropisme, à l'action du vent, à la pesanteur… Ils agrandissent leur territoire notamment par dispersion des graines.
Soumise à une rude concurrence, la vie des animaux dépend de leur mobilité nécessaire, entre autres, à la recherche de nourriture, d'abris et de partenaires sexuels. Face à un danger, les animaux utilisent des stratégies d'évitement ou d'attaque.

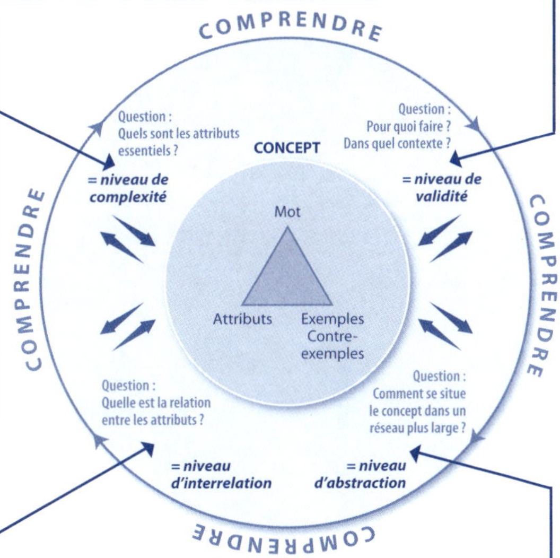

Le vivant et le non-vivant

Est **vivant tout organisme** capable d'**échanges continus de matière**, d'**énergie** et d'**informations** notamment génétiques. Il s'agit des micro-organismes, végétaux, champignons et animaux parmi lesquels les êtres humains.
Toute structure dépourvue de ces propriétés appartient au non-vivant. Celui-ci constitué de matières minérales désigne l'eau, l'air, le sel, les roches…

Les trois caractéristiques sont liées et dépendent les unes des autres. Le vivant est un concept conjonctif.
Rappel important, les sciences du vivant ne sont pas une vérité révélée mais le résultat d'interrogations sur le monde dont nous faisons partie. C'est ainsi qu'il a fallu 200 ans de confrontations avant que les scientifiques s'accordent sur le fait que tous les êtres vivants sont formés de cellules dotées d'un même plan organisateur commandé par l'ADN. La théorie cellulaire qui en résulte explique l'unicité, la diversité, et la parenté du monde vivant. Ces propriétés permettent, le cas échéant, la production d'organismes génétiquement modifiés (OGM).

Direction éditoriale : Sylvie Cuchin
Édition : Joëlle Gardette
Création maquette et réalisation annexes : ZAM Éditions
Réalisation : AGD Dreux
Illustrations : Sabine Nourrit
Schémas (pp. 15, 69 et 85) : Domino
Corrections : Florence Richard

N° de projet : 10198321 - **Dépôt légal :** juin 2013
Achevé d'imprimer en France en juin 2013 sur les presses de l'imprimerie Chirat

Chemin montant dans les hautes herbes, Auguste Renoir © BIS / Ph. Hubert Josse ; Archives Larbor

Les Meules ; fin de l'été, Giverny, Claude Monet © Dist. RMN-Grand Palais (musée d'Orsay) Hervé Lewandowski

Le Bassin aux nymphéas : harmonie verte, Claude Monet © BIS/Ph. Sonneville ; Archives Nathan

La Balançoire, Auguste Renoir © BIS / Ph. H. Josse ; Archives Larbor

Albert Cuyper (1585-1637), marchand à l'âge de 47 ans, Rembrandt © Dist. RMN-Grand Palais (musée du Louvre) / Hervé Lewandowski

À Nemi : rochers et buissons, Pierre Henri de Valenciennes
© Dist. RMN-Grand Palais (musée du Louvre) / Daniel Arnaudet

Les Nymphéas : le matin, Claude Monet © BIS / P. H. Josse ; Archives Larbor

Portrait de Dora Maar, Pablo Picasso © Succession Picasso 2012 © Dist. RMN-Grand Palais / Jean-Gilles Berizzi

Port-en-Bessin, avant-port, marée haute, Georges Seurat © Dist. RMN-Grand Palais (musée d'Orsay) / Hervé Lewandowski

Le Coucher de soleil écarlate, Joseph Turner © Tate, Londres, Dist. RMN-Grand Palais / Tate Photography

La Bouée rouge, Saint-Tropez, Paul Signac © Dist. RMN-Grand Palais (musée d'Orsay) / Hervé Lewandowski

Jeune femme assise dans un jardin, Auguste Renoir © Dist. RMN-Grand Palais (musée d'Orsay) / Jean Schormans